Príncipes,

sapos y

hermanas

ODIOSAS

El poder sanador
de los
cuentos de los
Hermanos Grimm

Príncipes, sapos y hermanas ODIOSAS

El poder sanador
de los
cuentos de los
Hermanos Grimm

DR. ALLAN G. HUNTER

Grupo Editorial Tomo, S.A. de C.V.
Nicolás San Juan 1043
03100, México, D.F.

1a. edición, agosto 2013.

©   *Princes, Frogs & Ugly Sisters*
    Allan G. Hunter
    Primero publicado en 2010 por Findhorn Press, Scotland
    117-121 High Street, Forres IV36 1AB, Scotland UK.

©   2013, Grupo Editorial Tomo, S.A. de C.V.
    Nicolás San Juan 1043, Col. Del Valle
    03100 México, D.F.
    Tels. 5575-6615, 5575-8701 y 5575-0186
    Fax. 5575-6695
    http://www.grupotomo.com.mx
    ISBN-13: 978-607-415-544-0
    Miembro de la Cámara Nacional
    de la Industria Editorial No 2961

Traducción: Graciela Frisbie
Diseño de portada: Karla Silva
Formación tipográfica: Marco A. Garibay
Corrector de primeras pruebas: Miroslava Turrubiarte
Corrector de primeras pruebas: David Cortés
Supervisor de producción: Leonardo Figueroa

Impreso en México - *Printed in Mexico*

Contenido

Reconocimientos

Tengo una deuda de gratitud con muchas personas, aunque en el momento en que sucedieron las cosas no todas ellas estuvieron conscientes de que sus comentarios y su guía habían sido de gran ayuda para mí. Eso es parte de la alegría que se vive en cualquier proyecto que se realiza dentro de un "flujo" de sincronía de cierto tipo. Las ideas llegan y no estamos seguros de su origen. Tal vez vienen del universo en sí o del inconsciente colectivo. Independientemente de cómo queramos llamarlo, la gratitud ciertamente es la respuesta más apropiada.

La primera persona a la que quiero expresar mi agradecimiento es Lilou Macé, quien me guió a pensar en esta dirección en primer lugar. Laura Warrell me ayudó a impulsar la idea, y a partir de entonces las cosas ganaron ímpetu. Doy gracias a Suzanne Strempek Shea por su generosidad, perspicacia y entusiasmo; comprobó ser una gran amiga; una y otra vez me dije al pensar en ella: "¿Cómo pude tener la fortuna de conocer a alguien así?". Todavía me hago esa pregunta. La pericia del Profesor Tom Shippey mantuvo vivo mi entusiasmo, y Baptist De Pape y Han Koorneef me mantuvieron alerta a las posibilidades y fueron muy generosos con su tiempo mientras trabajamos juntos.

En el Colegio Curry recibí considerable ayuda pues se me otorgó tiempo libre para trabajar en este proyecto: debo dar las gracias al Dr. Ronald Warners y al decano David Potash por hacer esto posible, y al presidente del Colegio, Ken Quigley, por su apoyo.

Quiero expresar mi agradecimiento a las administradoras de la Fundación Educativa y Caritativa Seth Sprague, la Sra. Arline Greenleaf y la Sra. Rebecca Greenleaf-Clapp, que fueron una inspiración para mí y me proporcionaron el apoyo que me permitió poner a prueba muchas de las ideas que aparecen en estas páginas en las clases que impartí como parte del Programa para Estudiantes con Honores en el Colegio Curry.

Thierry Bogliolo, por supuesto, merece un agradecimiento especial por tener fe en mis proyectos y por ser el editor más comprensivo que cualquier autor pudiera esperar. Gail Torr, que simplemente es la mejor publicista en este campo, recibe mi cordial agradecimiento y un sincero abrazo. Además, Nicky Leach, mi editor, hizo un excelente trabajo en el texto, y Damian Keenan hizo un trabajo espléndido en el diseño de la portada.

Muchas personas me ayudaron con su inspiración, como Marlena Erdos, Kelly Ferry, Briana Sitler, Simon Mason, Andrew Peerles (de Oxford University Press), David Whitley (de Homerton College, Cambridge University), y por supuesto, conté con la ayuda de mi esposa, Cat Bennett: nuestras conversaciones de cada noche sobre los relatos de los hermanos Grimm fueron una delicia y una fuente de comprensión, por las que siempre estaré agradecido. Anna Portnoy y Nick Portnoy me dieron más apoyo de lo que posiblemente reconocen y merecen mi gratitud especial. Sally Young de la Universidad de Harvard, un genio en lo que se relaciona con impulsar ideas, merece una mención especial y también una gratitud especial.

Introducción

Por qué necesitamos los cuentos de hadas

La Verdad, desnuda y fría, había sido rechazada en cada puerta de la aldea. Su desnudez asustaba a la gente. Cuando Parábola la encontró acurrucada en un rincón, ella estaba temblando de frío y hambrienta. Parábola se apiadó de ella, la levantó del suelo y la llevó a casa. Ahí la vistió con Historias, hizo que sintiera calor y la dejó ir. Vestida con Historias, Verdad tocó a las puertas de los aldeanos y la recibieron con los brazos abiertos en sus casas. La invitaron a comer a su mesa y a calentarse con el fuego de sus chimeneas.
—RELATO DE ENSEÑANZAS JUDÍAS[1]

Hace algunos años me invitaron a dar una presentación a una organización llamada The Man Panel (El panel de hombres).[2] Me pidieron que hablara sobre los obstáculos que suelen enfrentar los hombres y las mujeres cuando buscan una pareja ideal. Justo antes de empezar, una de las organizadoras, una joven de belleza extraordinaria que tenía unos treinta años de edad, se dirigió a mí y me dijo: "Quiero que sepa que todas las personas que están aquí esta noche están cansadas de ser Cenicientas. Y yo también. Quiero que esa hada madrina, quiero que ese príncipe aparezca, y pronto".

La miré y sonreí. "Parece que sólo conoces la versión de la historia que nos dio Disney", comenté. "Si lees la versión original, la de los hermanos Grimm, verás que no hay un hada madrina".

Ella me miró impactada, con los ojos como platos. "¿No hay un hada madrina?", exclamó.

"Así es. Y tampoco hay una calabaza que se convierte en un carruaje", continué. "Es más, Cenicienta no se queda ahí sentada esperando al príncipe. Se arma de valor y va a buscarlo".

"¿Lo va a buscar?".

"Definitivamente, y no sólo una vez, sino tres veces. El relato real te dirá lo que necesitas hacer para tener éxito en el amor, pero tienes que saber lo que dice y olvidarte de la empalagosa versión de Disney. Esa versión no te dice nada".

Me miró y asintió lentamente. "Supongo que tendré que echarle otra mirada a eso", dijo.[3]

Podría yo dar muchos ejemplos de este tipo de conversaciones, pero todos indicarían lo mismo. Me han enseñado, una y otra vez, la forma en que las versiones "saneadas" de los cuentos de hadas clásicos de la antigüedad nos han confundido. Hemos asimilado las versiones comercializadas, mientras que nadie lee las versiones auténticas que están llenas de sabiduría. Ha llegado el momento de restablecer el equilibrio. Si guiamos nuestro pensamiento en base a relatos erróneos, no nos estamos favoreciendo.

La sabiduría de las leyendas tradicionales

Durante generaciones, algunos de los conceptos más intuitivos sobre lo que significa ser humano se han codificado en una forma muy compacta: las leyendas tradicionales. Es cierto que no todas son de la más alta calidad, pero muchas seguramente lo son. Esta sabiduría ha sido comprendida por generaciones de oyentes y lectores embelesados, independientemente de su inteligencia, clase social, categoría, edad o etnia. De hecho, parece que entre menos culta sea la audiencia, mayor es la probabilidad de que un cuento de hadas cause en ella una verdadera resonancia e impacto. Una prueba de esto son los niños de todas partes. Los cuentos han proporcionado placer y deleite, y definitivamente muchos de ellos han sido una fuente de conocimientos verdaderos para generaciones de personas que no tenían libros de texto de psicología que pudieran consultar y no tenían terapeutas certificados a quienes consultar.

Las mejores de entre las leyendas tradicionales nos muestran situaciones relativamente dramáticas: por ejemplo, una madrastra que quiere matar a una joven, en "La pequeña Blanca Nieves". Luego, en lugar de mostrarle al lector la forma de eliminar a la madrastra o padrastro (que es lo que haría un relato moderno o un videojuego), las leyendas tradicionales tienden a mostrarnos una forma de enfrentar el problema, y al hacerlo, sanar a la persona perseguida. Quizás, matar al padre o a la madre que está causando el problema pudo parecer una buena idea en el momento del conflicto, pero como todos sabemos muy bien, eso no cura nada. Algunos de estos relatos, los mejores entre ellos, son relatos de sanación para momentos personales de transición y para traumas psíquicos. En este libro nos concentraremos en ellos.

HISTORIAS QUE SANAN

¿Qué hace que una historia sea una historia que sana? En primer lugar, debe describir una situación de tal manera que se le pueda reconocer. Un componente de la sanación emocional es el hecho de que la víctima reconozca que no está sola, que no es la única que ha tenido este tipo de problema; saber que otros han recorrido este camino y han sobrevivido puede fortalecerla. Eso es lo que hacen los miembros de un grupo de apoyo: intercambian sus experiencias y cultivan un sentido de solidaridad. Historias como las que nos ofrecen los hermanos Grimm ciertamente pueden tener estos resultados. En segundo lugar, para ayudar a la sanación, el relato debe ofrecer una solución posible o una serie de percepciones o técnicas que dan a la persona una idea de lo que puede hacer. Eso es lo que hacen los mejores de entre los cuentos de los hermanos Grimm, pero lo que debemos saber es cómo reconocer estas percepciones. Eso requiere que pensemos en términos de metáforas. Este libro está diseñado para ayudarnos a ver estas metáforas con mayor claridad.

Es desafortunado que las verdades centrales de estas historias, que en otras épocas se entendían en forma intuitiva y holística, se hayan descartado en épocas más recientes. En algunos casos, los relatos se han "modernizado". Por ejemplo, la forma en que Walt Disney Pictures hizo una adaptación de la historia del "Rey Rana" y le dio el nombre de "La Princesa y la Rana", una película que se estrenó en 2009. El hecho de que el título se haya alterado nos señala que se le ha dado un énfasis diferente. De hecho, en esta nueva versión ni siquiera se trata de una princesa y cuando besa a la rana (y el beso no existe en la versión de los hermanos Grimm), ¡ella se convierte en rana! En este tipo de readaptación creativa, las percepciones del relato original muy a menudo se descartan sin analizarse, y se hacen a un lado diciendo que son "anticuadas" o por cualquier otra razón despectiva de ese tipo.[4]

Por fortuna, este tipo de agresión no ha logrado desacreditar a los cuentos de hadas originales; de hecho, hay un creciente interés en lo que estos relatos pueden ofrecer. Podemos agradecerle esto al libro *The Uses of Enchantment (Los usos del encantamiento)* de Bruno Bettelheim, que se publicó en 1977.

Fue uno de los primeros libros que se atrevieron a tomar en serio las percepciones psicológicas de los cuentos de hadas populares.[5] En épocas más recientes, el brillante planteamiento del poeta Robert Bly sobre el relato de los Hermanos Grimm "Iron John" (Juan de hierro) en su libro del mismo nombre, ciertamente ha ayudado a muchas personas a ver el proceso de maduración desde otra perspectiva.[6] Gradualmente, estamos empezando a entender las percepciones psicológicas que estos cuentos nos ofrecen; si les prestamos atención.

Hace algunos años pude ver con claridad (en mi trabajo como maestro y como asesor) que la mayoría de las personas no tienen idea de la riqueza de percepciones que está a su alcance en las tradiciones populares, así que me enfoqué en la tarea de guiarlos hacia los cuentos de hadas y los relatos tradicionales. Empecé a usar cada vez más ejemplos tomados de relatos tradicionales y mitos, especialmente en mi trabajo como asesor. Descubrí, por ejemplo, que al hablarles a las personas que me consultan sobre "El Rey Rana" o al guiarlas hacia la versión completa de la leyenda sobre "Eco y Narciso", les ayudaba a ver el mundo en formas totalmente nuevas.[7] Se habría requerido mucho más tiempo comentar los temas relacionados sin utilizar los relatos. De hecho, sin ellos, tal vez habría sido imposible abordar estos temas en absoluto. Habrían parecido demasiado remotos para la mayoría de las personas y pronto los habrían olvidado. Los relatos nos proporcionaban una "herramienta", algo accesible en lo que pudiéramos centrar nuestras discusiones; y por supuesto, en ese momento empezaban a aparecer las verdaderas percepciones. El hecho de que estas breves leyendas y fábulas puedan revelar y definir temas tan poderosos, no dejaba de sorprenderme.

Estos relatos funcionaban de maravilla. Pero al mismo tiempo era evidente que un gran número de cuentos de hadas se habían modificado tanto al estilo de Disney, que llegaron a ser las sandeces más terriblemente sentimentales que uno podría imaginar. Todos tenemos el derecho de disfrutar lo que queramos, por supuesto; sin embargo, me parecía un oprobio que estos relatos tan profundos, tan valiosos, tan capaces de cambiar nuestra vida, se hubieran traicionado para convertirlos en películas que les gustaran a los niños. Yo sentía como si nuestro legado de sabiduría popular hubiera sido vendido.

En este libro, intentaré corregir este desequilibrio utilizando como punto de referencia la colección de los cuentos de los hermanos Grimm que se publicó por primera vez en 1812.[8]

EL ORDEN DE LOS RELATOS: UNA DESVIACIÓN NECESARIA

Cualquier lector que examine la colección de cuentos de hadas de los hermanos Grimm se dará cuenta de que no todo el material es de excelente calidad. Los relatos vienen en muchas formas y tamaños, y a veces no es fácil clasificarlos en categorías definidas. Algunos obviamente son historias de santos cristianos; algunos son anécdotas sobre la naturaleza de las cosas, similares a las fábulas de Esopo que se centran en animales. Otros tienen finales sorprendentes que presentan ante todo una solución simplista del conflicto y provocan una carcajada espontánea.

Al parecer, los hermanos Grimm estaban muy conscientes de esto cuando compilaron su famosa colección. Por ejemplo, crearon una categoría aparte de lo que ellos llamaron "Leyendas para Niños"; todas contienen enseñanzas relacionadas con la moral cristiana. Pero en su colección principal incluyeron una mezcla obvia de relatos.

Inmediatamente después del primer relato, "El Rey Rana", encontramos "El gato y el ratón hacen vida en común" (El cuento número 2). Aunque se le vea caritativamente, es un relato sencillo sobre el hecho de que los gatos y los ratones no suelen llevarse bien. La moraleja es bastante clara: el mundo está dividido en gente que ahorra y gente que gasta y no deberían asociarse. Es útil como una forma de reflexionar sobre un matrimonio carente de equilibrio, donde uno de los cónyuges (normalmente la mujer) se queda en casa y es ahorrativa, mientras que el hombre sale y se gasta todos sus ahorros. Pero como la moraleja es tan obvia, este segundo relato se olvida fácilmente. No contiene magia; a menos que consideremos que hay magia en el hecho de que los gatos y los ratones hablen y se entiendan.

El siguiente relato que eligieron los hermanos Grimm es la extraña historia "El hijo de nuestra señora" (El relato número 3), que al final contiene una declaración abiertamente cristiana sobre el perdón, y da la impresión de que el contenido doctrinal se introdujo en un relato más antiguo. Por tanto, los tres primeros cuentos de los hermanos Grimm nos dan tres ejemplos de sabiduría popular que son completamente distintos entre sí, lo que indica que ellos sabían que estaban trabajando con material que era muy difícil clasificar.

Después encontramos el relato número 4: *"Juan sin miedo* o la *Historia de uno que hizo un viaje para saber lo que era miedo"*. Este es un relato maravilloso que llega al corazón de cualquier tratado sobre lo que es el amor y lo que podría ser la valentía.

Nos muestra a un joven que no puede sentir miedo. Es tan temerario que cuando se le presenta la oportunidad de pasar tres noches en un castillo embrujado, sabiendo que si sobrevive, su premio será una princesa, no lo duda ni por un momento y acepta el reto. Repite una y otra vez que le gustaría saber qué se siente temblar de miedo, pero eso simplemente no sucede. Así que por tres noches trata a los fantasmas y a los demonios necrófagos como si sólo fueran brabucones alborotadores de un vecindario que él tiene que poner en su lugar. De hecho, al parecer, no tiene suficiente imaginación como para asustarse. Es alarmantemente literal y debido a eso permanece imperturbable. Por ejemplo, cuando llegan los demonios necrófagos y empiezan a jugar a los bolos con cráneos y huesos humanos, él participa en el juego. Interrumpe el partido por un momento, pero sólo para usar un torno y pulir los cráneos de modo que rueden con más precisión. "Miren, ahora rodarán mejor", dijo. "¡Hurra! ¡Ahora sí vamos a divertirnos!". Es obvio que este muchacho no tiene sentido de lo macabro.

Sobrevive las tres noches y rompe el hechizo, lo que significa que se gana a la princesa, pero cuando se casa con ella, ocurre algo que lo hace estremecerse con algo parecido al miedo. En el cuento, su esposa lo baña con una cubeta de agua fría en la que hay un pez. Ésta es una acción muy extraña, y hace que la cuestionemos. Esto ocurre cuando él está en cama dormido, su esposa es la que se levanta de la cama y le echa encima la cubeta de agua fría a la mitad de la noche; él la llama "mi querida esposa" mientras tiembla de frío, de modo que no es difícil relacionar esto con el sexo. El impacto del agua fría haría temblar a cualquiera, por supuesto, pero aquí no estamos en un mundo literal; estamos en un ámbito de metáforas. Cuando el muchacho está caliente en la cama, se tiende una emboscada contra su sentido de seguridad.

Para entender esto, tenemos que verlo como un ataque contra una actitud mental cómoda. ¿Quién de nosotros no ha despertado en medio de la noche debido a un ruido muy fuerte sintiendo que todo lo que considerábamos firme como una roca, tal vez no era tan firme? Tal vez en ese momento descubrimos con mayor intensidad lo que consideramos valioso. Pregúntaselo a alguien que fue despertado en medio de la noche por las alarmas de incendio que sonaban con toda su fuerza. Las personas salen corriendo de sus casas abrazando a sus esposas, a sus hijos y a su gato, pero tienden a olvidar los estados de sus cuentas bancarias. En esos momentos descubrimos quiénes son las personas que más queremos y el temor que sentimos por su seguridad, es un índice del amor que sentimos por ellas.

Como vimos en el relato, el joven se había mantenido despierto vigilando el castillo. Había estado despierto, y por lo tanto, esperaba que se presentaran disturbios. No había experimentado el impacto de ser obligado a despertar de manera inesperada estando dormido. Hay que obligar a este hombre práctico, de mente literal, a entrar al mundo de la imaginación, al mundo de los sueños, para que descubra el sentimiento del amor. Cuando lo hace, se estremece.

En forma simbólica, el relato señala elegantemente el hecho de que el amor, en gran medida, tiene sus raíces en el conocimiento de que la vida es corta, de que el amor es dulce y de que el hecho de ser aceptados por la persona que amamos es enormemente satisfactorio. El estremecimiento viene del conocimiento de la fragilidad de la vida y del amor, y de que tal vez un día todo nos será arrebatado de manera inesperada. Vemos esto en nuestros foros de televisión todos los días. Los sobrevivientes de un desastre se aferran unos a otros, pues de pronto algo hizo que se dieran cuenta de que podrían haber perdido a sus seres amados. En ese momento no ven al mundo en la misma forma.

Se podría decir que es una situación que revela el aspecto positivo del miedo. El joven de la historia experimenta el tipo de miedo que hace que uno valore profundamente el momento, y el estremecimiento brota del placer y del hecho de haber reconocido o entendido algo. ¡Qué forma tan maravillosa de describir la experiencia de estar en los brazos de la persona amada, disfrutando el momento, sabiendo que ese momento inevitablemente pasará! Los dulces que uno saborea estando consciente del rápido paso del tiempo se vuelven más dulces. Es una excelente percepción psicológica sobre el amor; y se transmite en una imagen visual muy potente, no con las palabras de una explicación, como las que yo he usado aquí, que deben parecer torpes si se les compara esta imagen.

Lo que podemos aprender de esto es que nadie, ni siquiera un hombre valiente, puede amar de verdad a menos que sea vulnerable. La valentía por sí sola nunca es suficiente. Poner la vulnerabilidad en el centro de este relato es asombrosamente moderno. Sin ella no puede haber amor. El amor se basa en un acto de la imaginación, lo que siempre nos hace vulnerables. Si ese no fuera el caso, simplemente nos casaríamos con la persona que tuviera la cuenta bancaria más cuantiosa. Pero el número de personas en nuestro mundo actual que no encuentran el amor porque no pueden permitirse abrirse o correr el riesgo de ser lastimadas, es quizás mayor que nunca. Este es el relato que necesitamos hoy en día, pues nos señala las áreas en que cometemos errores más a menudo.

Es obvio que este relato tiene fuerza y despierta nuestra imaginación. Pero justo cuando creemos que estamos avanzando hacia relatos interesantes, tenemos una decepción, pues el siguiente relato es "El lobo y las siete cabritillas" (cuento número 5), que tiene muy poco que ofrecer al lector. Después sigue "El fiel Juan" (cuento número 6); un relato complejo sobre la psique y las dinámicas de los padres de familia que se nos presenta con una gran cantidad de magia, lo que hace que la trama sea eficaz. El cuento número 7 vuelve a sorprendernos porque es una historia relativamente ofensiva sobre un campesino y las ganancias que sin querer obtiene de un soldado y un judío.

¿Cómo podemos interpretar esta mezcla? Vienen a mi mente dos posibilidades. La primera es que los hermanos Grimm pensaron que todos estos cuentos tenían la misma calidad y simplemente los reunieron. Eso parece poco probable. La segunda posibilidad es que los hermanos sabían perfectamente lo que estaban haciendo al presentar los cuentos en esa forma.

Si leemos el índice de su libro, encontramos que los cuentos que han captado nuestra imaginación a lo largo de generaciones; como "Cenicienta", "La pequeña Blanca Nieves", etc., se encuentran distribuidos a lo largo de la colección en la misma forma en que la fruta confitada o acaramelada se distribuye con uniformidad en un pastel de fruta bien preparado. De vez en cuando encontramos pepitas de oro de excelencia intercaladas entre material menos valioso.

CÓMO SE COMPILARON LOS CUENTOS

De hecho, los hermanos Grimm trabajaron muy de cerca con varios narradores talentosos, por ejemplo, Frau Katherina Viehmann, que tomaba su trabajo muy en serio e insistía en la precisión de las versiones que presentaba.[9] Esto nos lleva a creer que ella tenía un repertorio, una secuencia de cuentos. Como cualquier artista que ensaya su presentación, su propósito era complacer todos los gustos y dar a conocer, durante sus presentaciones nocturnas, un material que en verdad era excelente, ya que un espectáculo en un escenario podría rescatar ciertos giros estelares y presentarlos en momentos específicos del programa. Esto podría ayudarnos a explicar por qué algunos de los relatos no son memorables e incluso son de mala calidad. También nos ayuda a ver por qué la colección de cuentos dejó de tomarse en cuenta en los siglos posteriores: era difícil distinguir el trigo de la paja.

Vale la pena señalar en este momento que los hermanos Grimm tuvieron el cuidado de registrar quién les había dado cada cuento, pero cuando produjeron su famosa colección los mezclaron a su gusto. No presentaron juntos los cuentos de Katherina Viehmann, como tampoco presentaron juntos los cuentos que les proporcionó la familia Wild, la familia Hassenpflugs o la familia Haxthausen. También revisaron manuscritos medievales y otras colecciones "de la época de Lutero" buscando relatos interesantes.[10]

El resultado es que al leer los cuentos, en ocasiones encontramos grupos temáticos. Por ejemplo, los cuentos que se basan en las aves. "El Reyezuelo" (cuento número 171), "El Alcaraván y la Abubilla" (cuento número 173) y "El Búho" (cuento número 174), aparecen juntos, y con ellos un cuento sobre peces que tiene el mismo estilo, "La Platija" (cuento número 172), sólo para dar un toque de ligereza a la mezcla.

De inmediato notamos que "El Búho" cambia el foco de atención de la razón por la cual las aves tienen la apariencia o los cantos que tienen, a un comentario sobre las reacciones temerosas de la gente ante el búho, así que los temas de los cuentos se deslizan hacia otro ámbito de pensamiento. Es una forma hábil de presentarlos.

Lo cierto es que, a partir de esto, sólo podemos llegar a una conclusión: los hermanos Grimm sabían que en sus cuentos había una asombrosa variedad en cuanto a su tipo, longitud y valía, y trataron de presentarnos una amplia selección, sabiendo que unos cuantos, aquí y allá, eran magníficos. Los más valiosos de los cuentos siempre contienen un elemento de magia.

Los altercados históricos

Antes de seguir adelante, me gustaría abordar y resolver algunas complicadas disputas históricas que podrían desviar nuestro análisis de los cuentos. En primer lugar, tenemos la cuestión relacionada con la procedencia de los cuentos antes de que los hermanos Grimm los incluyeran en su colección.

Recientemente, la controvertida Ruth Bottigheimer ha intentado mostrar que nuestros cuentos de hadas favoritos, como "La Cenicienta", fueron de hecho inventados en el siglo XVI ya que existen versiones impresas antiguas de estos cuentos que pueden usarse como referencia.[11] Esta es una evidencia interesante pero ciertamente no es concluyente. El hecho de que los cuentos se pusieran por escrito o se publicaran en cierta fecha, no significa que no estuvieran en circulación otras versiones orales, y que tal vez hubieran existido a lo largo de generaciones.

Sabemos, por ejemplo, que relatos mucho más largos, como *Sir Gawain y el caballero verde* (que data aproximadamente del año 1375) y *Beowulf* (que probablemente data del año 800) existieron como tradiciones orales mucho antes de que se pusieran por escrito. En el caso de *Beowulf,* permanecen intactas en el texto suficientes referencias históricas gracias a las cuales podemos relacionar a algunos personajes con hechos históricos, algunos de los cuales vivieron aproximadamente doscientos años antes de la fecha probable en que la obra se puso por escrito.[12]

Además, sabemos que muchas tradiciones orales cambiaron al ponerse por escrito. Por ejemplo, *Los cuentos de Canterbury* de Chaucer (1387) presenta una mezcla de relatos, que supuestamente narraron diversas clases de personas durante una peregrinación. Sin embargo, es casi seguro que Chaucer esté recurriendo a la licencia literaria y esté aprovechando la oportunidad de explorar varios relatos ya existentes, a los que imprime su propio giro. Por ejemplo, tomó temas prestados del *Decamerón* de Boccaccio (1349-1351), que se basa en la misma premisa que *Los cuentos de Canterbury*, excepto que los viajeros supuestamente estaban huyendo de la plaga en Florencia y empezaron a narrar historias sobre el amor para pasar el tiempo.

Existen muchos otros ejemplos de licencia literaria en la narrativa. Marie de France y sus ciclos de *Lais* parecen ser similares en su propósito general, y muchos de estos relatos se basan en fuentes que pueden encontrarse en versiones escritas. Sabemos que Marie de France recitó sus historias en muchas cortes francesas, así que sus cuentos no estaban diseñados para la gente ordinaria o para el "pueblo". Aquí el hecho es que no se puede demostrar que las tradiciones populares sean relatos "puros" que se transmitieron en forma oral y no están contaminados con fuentes literarias. Las personas que narran historias, sin importar su tipo, siempre han tomado tramas, temas y relatos completos de otras fuentes. Un ejemplo reciente es el *Diario de Bridget Jones,* de Helen Fielding, que según la propia autora proclama, es una adaptación de *Pride and Prejudice (Orgullo y prejuicio)* de Jane Austen; un hecho que ayudó a incrementar las ventas, no a disminuirlas.[13]

Desafortunadamente, esto significa que no podemos estar completamente seguros del origen de ninguno de los cuentos con los que hemos crecido y que tanto nos gustan. Simplemente no existe suficiente evidencia; o mejor dicho, sólo hay suficiente evidencia para crear un espacio bastante amplio para argumentos y desacuerdos.

Así que me gustaría sugerir una forma de seguir adelante. Es obvio que algunos de los relatos destacan, pues tienen mucha más riqueza que otros. Consideremos que la obra de los hermanos Grimm, como fuente de información, es imperfecta, pero probablemente es la mejor que tenemos, y busquemos la profunda sabiduría que existe en muchos de sus relatos. Los hermanos Grimm fueron escrupulosos en su búsqueda de las mejores versiones de los cuentos, las versiones más auténticas que pudieron encontrar, y podemos usar su pericia como guía. A fin de cuentas, no necesitamos saber de dónde viene la sabiduría; necesitamos saber cómo aplicarla a nuestra vida.

Veámoslo así: cuando un barco se hunde en el mar, podríamos estar nadando hacia un bote salvavidas. Al llegar a él, no pensaríamos: "¡Pero este bote no parece venir de mi barco! ¿Puedo abordarlo? ¿Está permitido?". Supongo que si fuéramos exageradamente escrupulosos, podríamos negarnos a abordar el bote y acabáramos ahogándonos. Esa realmente es una opción, pero no es la opción que yo recomendaría.

Podríamos llevar esta comparación más lejos y decir que el hundimiento del barco podría verse quizás como el efecto devastador que tuvieron los sucesos históricos significativos que ocurrieron durante la Edad Media sobre la transmisión oral de los relatos tradicionales.

Podríamos señalar un gran número de sucesos históricos de este tipo. Para empezar, está el enriquecimiento que se produjo debido al oro y la plata que llegaron del Nuevo Mundo después de 1500. Esto causó trastornos en la economía feudal, desplazó aldeas completas y a la larga ayudó a despoblar la campiña europea. También tenemos el efecto de la Reforma Protestante que intentó acabar con las antiguas supersticiones y con cualquier relato que se relacionara con ellas. Como si eso no fuera suficiente, está el efecto de la contrarreforma, que aplastó enérgicamente la disconformidad, quemó en la "hoguera" a cientos de brujas y herejes, y se opuso violentamente a la tradición de narrar cuentos de hadas pues se consideraba que eran contrarios a la religión. Finalmente, podríamos señalar los desastrosos efectos de las guerras y las plagas que asolaban a Europa con cierta regularidad.

Los ataques contra la literatura y la tradición de contar cuentos han sido muchos y han sido devastadores; no obstante, las tradiciones populares han sobrevivido con tenacidad. Las cosas sobreviven en una cultura porque tienen resonancia. La gente valora las tradiciones populares porque siente que en cierta forma son benéficas.

Por tanto, podríamos perdernos en la discusión sobre el origen de estos relatos, y en el proceso podríamos perder el valor que existe en ellos y que nosotros, los lectores, podemos aprovechar. En cierto sentido, no importa de dónde "provengan" estos relatos. Por ejemplo, los cuentos de Chaucer pudieron originarse en una conversación que él tuvo en una taberna, pero lo importante no es su origen, sino lo que se ha logrado con ellos. Tal vez será mejor concentrarnos en lo que los hermanos Grimm nos dieron en sus ediciones y maravillarnos ante el virtuosismo de quienes compartieron con ellos estas historias. Tal vez los hermanos Grimm fueron quienes compilaron estos relatos e hicieron que llegaran hasta nosotros, pero eso de ninguna manera reduce la magnitud de los relatos en sí.

Casi no sabemos nada sobre los escritores del pasado, pero eso de ninguna manera reduce la utilidad de sus palabras. Shakespeare es el ejemplo más obvio. Es un hombre que tomó de otras fuentes todas sus tramas, tal vez exceptuando dos; lo que sabemos sobre su vida y sus actividades personales se basa ante todo en conjeturas y no en hechos reales que puedan verificarse. ¿Escribió todas las obras teatrales que se le atribuyen? ¿Colaboró con otros? (La respuesta es sí.) ¿Tenemos todas las obras teatrales que escribió? (La respuesta es no.) Incluso existen dudas sobre las fechas exactas de su nacimiento y su muerte, y algunos también tienen dudas sobre la forma correcta de escribir su nombre e incluso sobre su identidad. ¿Era él en realidad el Conde de Oxford? ¿Es eso importante? En realidad no. Las obras teatrales existen, al igual que los sonetos y poemas. Eso es lo importante.

Propongo que también veamos la colección de cuentos de los hermanos Grimm en esta forma. Tenemos algunos relatos confiables de gran valor. Veamos lo que pueden decirnos.

Principios guía

Estudiaremos algunos cuentos con los que estamos familiarizados y algunos con los que no estamos muy familiarizados; en cada caso, extraeremos de ellos las pepitas de oro de sabiduría que tal vez hasta hemos olvidado buscar. Y veremos que los mejores de estos relatos usan el concepto de los seis arquetipos que pueden encontrarse en la literatura más hermosa de nuestra civilización.

Cuando uso el término "cuentos de hadas" estoy tratando de ser específico. Mi enfoque aquí estará en los cuentos donde ocurre cierto cambio en el carácter o en la forma de reconocer algo, lo que normalmente se indica mediante un suceso mágico. Tal vez no haya un hada real en el relato, pero la existencia de la magia es suficiente para que se nos permita llamarlo cuento de hadas. La elección de la colección de los hermanos Grimm es acertada pues hoy en día la mayoría de las personas saben algo sobre los cuentos de hadas gracias al cuidado con que los hermanos Grimm eligieron estas historias. No intentaré investigar en los oscuros recovecos de la historia todas las variaciones que aparecen en estos cuentos.

Esto ya lo han hecho mentes mejores y más capaces. Yo, por mi parte, abordaré los cuentos que los hermanos Grimm eligieron como ejemplos relativamente confiables de la narrativa y que han llegado a ser, por derecho propio, una fuerza en nuestra cultura. Se podría decir que estos relatos, en su totalidad, han asumido vida propia, y esa sabiduría colectiva es lo que yo estaré explorando.

A continuación, me gustaría explicar el término "arquetipos", pues lo usaré con frecuencia. Si has leído *Stories We Need to Know [Relatos que necesitamos conocer]* y otros libros que he escrito, tal vez ya estés familiarizado con los arquetipos.[14] En ese caso, te aconsejo que te saltes la siguiente sección. De lo contrario, sigue leyendo por favor.

Los seis arquetipos

En general, los arquetipos pueden verse como las etapas de desarrollo que cada ser humano está llamado a experimentar y que se definen con tanta fuerza que es posible presentarlas en los relatos populares utilizando una figura que es fácil reconocer. Pero por favor date cuenta de que un arquetipo no es lo mismo que un estereotipo; por ejemplo, el "adolescente odioso" que vemos en las comedias sobre situaciones de la vida. Es posible ver que esa figura está viviendo una etapa de desarrollo; pero un arquetipo es algo más: va más allá de lo que es fácil definir y describe la forma en que la persona decide usar su energía.

Para ilustrar la forma en que las personas usan su energía, vamos a necesitar un ejemplo. Consideremos tres personas muy diferentes; por ejemplo, el director de una empresa, un granjero y un vagabundo. Son muy diferentes; pero lo que tienen en común es que responden al mundo y a sus retos. Ahora imaginemos que cada uno de ellos, en el fondo tiene miedo. Tal vez el director de una empresa trata de encubrir su miedo ganando dinero y en esa forma desarrolla su autoestima. Por el contrario, el granjero puede temer que no se le considere una buena persona, y por lo tanto hace exactamente lo que hacen todos los demás con la esperanza de ganarse un lugar en la sociedad y ser aceptado. Mientras tanto, el vagabundo también podría sentir miedo, y podría expresarlo como un miedo a establecerse en algún lugar para no tener que responder por su vida. Tres personas diferentes, tres respuestas diferentes, pero todas estas respuestas son la expresión de una actitud subyacente hacia el mundo y una forma de dejarse llevar por el miedo.

En este ejemplo en particular, a pesar de los disfraces superficiales, cada una de estas personas es un alma perdida que anhela tener un lugar en el mundo. Se les puede reconocer como una versión del arquetipo del huérfano: personas que prefieren esforzarse por encajar en lugar de tomar una decisión relacionada con su identidad; tienen miedo de actuar en una forma que sea una manifestación personal. Como los huérfanos de la vida real, necesitan encontrar a alguien que les dé seguridad, o un estilo de vida donde se les pueda proteger, y para lograrlo están dispuestos a sofocar su individualidad.

Por tanto, un arquetipo no tiene que ver con lo que son las personas o con lo que hacen para ganarse la vida; tienen que ver con la forma en que prefieren enfrentarse al mundo. Es una actitud de vida.

Cuando los vemos en esta forma, descubrimos que los arquetipos tienen una amplia variedad de formas, pero siempre corresponden a las mismas estructuras profundas de energía personal. Estos son los arquetipos:

EL INOCENTE

EL HUÉRFANO

EL PEREGRINO

EL GUERRERO ENAMORADO

EL MONARCA

EL MAGO

Estos seis arquetipos han existido en casi todas las grandes obras de la literatura occidental durante los últimos 3,500 años, incluyendo el Nuevo Testamento y el Antiguo Testamento de la Biblia, el Corán y muchas obras menos conocidas como novelas, poemas, leyendas populares y cuentos de hadas. Siempre aparecen en el orden en que aparecen aquí y siempre están involucrados en las mismas luchas. Esta parece ser una evidencia bastante concluyente de que esta idea tiene cierta validez.

La definición de arquetipo que estoy usando aquí es diferente a la que encontrarás en las obras de Carl Jung y sus seguidores.[15] No estoy tratando de desacreditar lo que dice Jung; simplemente quiero mostrar que existe otro aspecto que él no tomó en cuenta, pero que sin embargo tiene validez. Ahora veamos cómo aparecen los arquetipos en la vida y en qué forma revelan sus experiencias.

INOCENTES Y HUÉRFANOS

Todos iniciamos nuestra vida en este mundo como **INOCENTES**. Como bebés, amamos a otros y confiamos en ellos por naturaleza, y aunque tal vez no seamos muy buenos para hacer otras cosas, sabemos amar y confiar. Quizás eso no parece muy impresionante, pero tengamos en mente que es imposible tener una relación exitosa como adultos sin las cualidades de Amor y Confianza, que aprendemos a desarrollar desde que nacemos.

El adulto que es Inocente perdona con facilidad, como lo hace el niño que saluda con alegría a su padre que vuelve a casa, sin importar la clase de persona que sea su padre. En el mundo adulto, esto puede ser una bendición y una maldición. Necesitamos perdonar a otros y perdonarnos a nosotros mismos, pero si lo hacemos, algunas personas simplemente siguen tratándonos mal. La inocencia podría ser encantadora, pero es una estrategia de vida difícil. En "El Rey Rana", por ejemplo, la princesa está muy contenta jugando con su pelota cerca del pozo... hasta que la pelota cae en él. Ella es una inocente que está a punto de vivir un cambio.

Cuando las cosas salen mal, como en este caso, o cuando amenazan salir mal, entramos a la etapa del HUÉRFANO. Como su nombre lo indica, llega un momento en que las desilusiones del mundo hacen que nos alejemos de la seguridad de la familia y tengamos que arreglárnoslas solos, buscar dónde vivir o pedir ayuda. En los relatos populares, esto a menudo ocurre cuando una madrastra o padrastro obliga a un joven o a un niño a enfrentarse solo al mundo. "Hänsel y Gretel" es un ejemplo claro de dos Inocentes que se ven obligados a salir al mundo pues sus padres los han abandonado. Como huérfanos, toman la decisión potencialmente desastrosa de considerar que la casa de la bruja es un lugar donde pueden guarecerse; pero ahí se les obliga a obedecer y se les dice que los van a engordar para luego comérselos. Se encuentran en la situación de haber sido "adoptados" pero no en la mejor de las situaciones.

El huérfano también puede existir en otras formas. En "Cenicienta" por ejemplo, ella no tiene adonde ir cuando muere su madre, así que se le obliga a quedarse sentada entre las cenizas y a soportar malos tratos; ella es en realidad una Huérfana, aunque su padre sigue estando cerca. Pero cuando llega la noticia del baile, se da cuenta de que tiene una oportunidad de cambiar su vida. Esto es lo que la lleva a la siguiente etapa, la del **PEREGRINO.**

PEREGRINOS Y GUERREROS ENAMORADOS

El peregrino inicia un viaje en busca de una verdad con la que pueda vivir. Este anhelo de encontrar una verdad personal es lo que motivó a los peregrinos cristianos de la Edad Media que viajaban a santuarios lejanos como los de Jerusalén y es lo que les sigue dando energía en la actualidad. El Peregrino toma un sendero sin saber con exactitud hacia dónde lo llevará, pero está decidido a explorar lo que suceda a lo largo del camino.

En el centro de esta experiencia está el llegar a comprender nuestra relación con Dios o con la divinidad. Cada año van peregrinos a La Meca; viajan a Benares; visitan el lugar donde estaba el árbol Bo donde Buda llegó a la iluminación; caminan siguiendo las rutas que llevan a las grandes catedrales de España, Francia y otros lugares sagrados para expiar sus pecados o simplemente como un acto de devoción. En Nuevo México cada año se realiza la Peregrinación de Pascua al Santuario de Chimayo, al norte de Santa Fe, en la que a menudo participan familias enteras. Algunos de los peregrinos llevan cruces; algunos hacen todo el recorrido de rodillas. Llegan el Viernes Santo, a menudo después de haber caminado toda la noche. Es un momento de acción y un momento de fe. Pero otros tipos de peregrinaciones también son importantes, aunque se expresen en forma más modesta.[16]

En el cuento de hadas de "La Cenicienta", por ejemplo, esta peregrinación ocurre cuando Cenicienta va al baile tres veces. Sale del refugio de su casa, que es incómodo pero confiable, y se lanza a la aventura para poder conocer al príncipe y decidir si él es la persona ideal para ella. Vemos que huye del príncipe tres veces. Si sólo estuviera desesperada por tener un nuevo hogar, se hubiera aferrado a él de inmediato en el primer baile, y no habría descansado hasta tener el anillo del príncipe en su dedo anular. Pero ella sabe que lo que anhela no es solo una casa, sino la casa *correcta*.

Así actúa el Peregrino. Es la persona que podría rechazar muchas ofertas aparentemente tentadoras porque no considera que ninguna de ellas sea la adecuada. Los padres de familia de todo el mundo se han sentido desesperados con sus hijos cuando no se hacen cargo del negocio de la familia, se niegan a aceptar una carrera que se ha planeado para ellos o no se casan con el joven o la chica de la casa de al lado que parece tan agradable y que todo el mundo considera que sería su pareja ideal. Cuando el Peregrino permanece fiel a la búsqueda (no todos pueden hacerlo o no todos lo hacen), su confianza crece y puede tener acceso a la valentía necesaria para enfrentar al mundo.

En ese momento, el peregrino está listo para elegir una vida y luchar por esa vida porque es algo que él desea y ama. Es entonces cuando la persona se convierte en un **GUERRERO ENAMORADO,** una persona que tiene una creencia personal que vale la pena defender y sabe que esta creencia es digna y le ayuda a ser compasivo. Después de todo, no puedes luchar por algo o por alguien que no amas, y en realidad no puedes amar a alguien o algo por lo que no vale la pena luchar.

Este podría ser el momento en que una persona elige una carrera o un camino de vida, y también elije un compañero con quien vivirla; en cada caso, la elección debe ser auténtica a nivel personal. Esta persona actúa a partir de un núcleo de fuerza personal, pues los atributos de la valentía y la autoridad decisiva que lleva a la acción (El guerrero) se equilibran con las cualidades de compasión y comprensión (El enamorado).

En el cuento de hadas sobre "Rapunzel", el guerrero enamorado puede verse en la persona del hijo del rey, que a pesar de estar ciego después de escapar de la bruja en la torre, pasa siete años buscando a su amor perdido. Los ejemplos de esta actitud en nuestro mundo cotidiano podrían incluir a quienes abogan por la paz, la justicia, la conservación del medio ambiente; personas como Gandhi, el Dr. Martin Luther King, Jane Goodall, la Madre Teresa y otras personas menos famosas que han trabajado incansablemente para crear armonía en nuestro mundo. Son las personas que luchan por una causa o una creencia noble y que son capaces de cambiar el rumbo de la historia en sentido positivo.

Monarcas y magos

Tarde o temprano, todo Guerrero Enamorado tendrá que dejar de ser un ejército de una persona y empezar a entrenar a la siguiente generación de personas que trabajarán por la causa. Cuando esto sucede, brota el siguiente arquetipo, **EL MONARCA**. Como el monarca ideal, esta persona percibe las necesidades de todo el grupo. Está dispuesta a escuchar, a valorar y luego a actuar para favorecer los mejores intereses de toda la gente, no sólo de unos cuantos. Esta es la persona cuya tarea es percibir en quién puede confiar y a quién debe preparar para que asuma el liderazgo de la siguiente generación.

La historia está llena de ejemplos de gobernantes que no fueron capaces de hacer esto, que no podían delegar deberes y que no confiaban en nadie. Esta clase de gobernantes no duran mucho tiempo, como tampoco duran los gobernantes que simplemente se quedan con el dinero y se dan la gran vida.

Así como el guerrero enamorado debe equilibrar los atributos de los estereotipos "masculino" y "femenino" en relación con la decisión y la compasión, al Monarca le corresponde recordar esa lección más ampliamente para poder servir al bien común en una escala más amplia. Cuando un monarca trabaja adecuadamente en esta forma, el ego prácticamente desaparece. El Monarca no dice: "¡Miren lo que hice!", sino que tiende a desear que las personas que están involucradas en un proyecto reconozcan lo que hicieron juntas y vean que también son capaces de hacer mucho más.

El papel del Monarca es organizar a la población y llenarla de energía, no darles órdenes a diestra y siniestra como si fueran sus esclavos. Cuando lo logra, hay grupos de personas que se sienten inspiradas por lo que están haciendo y descubren que son capaces de hacer mucho más de lo que al principio consideraron posible. Se podría decir que eso es una especie de magia.

El líder que puede hacer que esto suceda está, por lo tanto, en la siguiente etapa de los arquetipos, **EL MAGO.** Es importante darnos cuenta de que no se trata de ondear una varita mágica y hacer que sucedan cosas contrarias a las leyes de la naturaleza. Se trata de poner a las personas en contacto con lo mejor y lo más fuerte de sí mismas, de modo que ocurra un cambio, un cambio milagroso, de acuerdo con las leyes de la naturaleza.

El Mago es la persona que puede cambiar la energía de una situación de modo que pueda haber mejores resultados. Hemos visto ejemplos de esto: El entrenador de un equipo no participa en el juego, pero sabe a quién elegir, sabe qué decir y cuándo decirlo, de modo que el equipo pueda lograr más de lo que sus miembros individuales piensan que podía lograrse. Otro ejemplo sería la abuela que le dice al niño las palabras exactas para lograr que deje de portarse mal; cosa que nadie más ha podido hacer. Otro ejemplo es el terapeuta hábil que sabe el momento preciso en que debe intervenir para lograr un cambio de vida en alguien. Otro ejemplo es Nelson Mandela cuando logró que Sudáfrica tuviera una transición política pacífica al terminar con el control gubernamental de la raza blanca. Parece magia. En cada caso, los logros del Mago brotan de la sabiduría y de poner el poder en manos de los individuos que deben tenerlo.

Estos son, en resumen, los seis arquetipos en el orden en que aparecen en la vida. Están presentes en muchos relatos populares y en las grandes obras de la literatura, y también podemos observarlos a nuestro alrededor todos los días. Como la literatura siempre ha sido una forma en que podemos explicarnos lo que somos, es posible que estos seis arquetipos sean una de las estructuras profundas de la psique humana; una de las formas en que damos sentido a nuestra vida. Tal vez sean una "estructura elemental" del comportamiento humano, tomando prestada una frase que el mitólogo Joseph Campbell adaptó del trabajo de Adolf Bastian.[17]

USOS DE LOS ARQUETIPOS

Una de las cosas que ha mostrado el trabajo que he realizado con los cuentos de hadas es que los arquetipos abundan en muchos de ellos, pero no en todos. La razón es que algunos cuentos son en realidad lecciones morales muy sencillas que no requieren un desarrollo en los personajes; por lo tanto, no se da el crecimiento que implican los arquetipos. Los personajes empiezan en un arquetipo y permanecen en él hasta el final de la historia. Sin embargo, en las historias más largas y más complejas que abordan el crecimiento psíquico, aparecen los arquetipos y operan exactamente en la misma forma que se ha explicado.

Esto no debe sorprendernos. En cierta medida, todas las obras literarias que llegaron a ser "grandes" durante las generaciones recientes, comenzaron como relatos tradicionales y como cuentos de hadas, o brotaron de ellos. Lo importante no es su fuente, sino lo que ocurre con el material en el último tratamiento que se le da. Por ejemplo, Shakespeare y Marlowe se robaban los argumentos de sus obras; de hecho, durante muchos siglos era de esperarse que los escritores tomaran la trama de sus obras de otras fuentes.

El propio Shakespeare se burla de esto en su comedia romántica *El sueño de una noche de verano*. Como podremos recordar, un grupo amateur de actores, la Compañía de Bottom, hace una presentación cómica de Píramo y Tisbe, que incluso entonces era un relato muy antiguo. En ella, Píramo y Tisbe son amantes y tienen prohibido reunirse, así que hacen arreglos para huir y encontrarse en la noche en las afueras de la ciudad, junto a la tumba de Ninus. Tisbe llega primero y la asusta un león que acaba de matar a un animal, así que huye. El león destroza su capa dejando en ella manchas de sangre y marcas de sus dientes. Cuando llega Píramo, encuentra la capa con manchas de sangre y temiendo lo peor se suicida con su propia espada. Tisbe regresa, encuentra a Píramo muerto y ella también se suicida usando la misma espada.

Todo esto ocurre en una obra teatral actuada en forma incompetente dentro de la obra teatral principal, y la audiencia que está en el escenario y la que está en el teatro ríe a carcajadas. Sin embargo, en caso de que no lo hubiéramos notado, estos sucesos son muy parecidos a los que experimentan los amantes que están en el escenario y que se están riendo de la obra teatral, dentro de la obra teatral. A ellos también les prohibieron casarse y por eso huyeron al bosque en la noche, donde ocurren confusiones que amenazan destruir su felicidad.

De hecho, acaban de arreglárselas para resolver todo esto. La ridícula presentación de Bottom y Compañía es una versión más sencilla de la trama de la obra principal, pero con un final trágico. Es casi como si Shakespeare reconociera el material en que se basa su obra diciendo: Esta es la semilla de donde nació mi obra.

Así es como los relatos se toman prestados y se expanden; en ocasiones más de una vez. Shakespeare también usa una trama similar en *Romeo y Julieta*, por ejemplo, y es difícil decir dónde termina el relato antiguo y dónde comienza la "literatura". Romeo y Julieta también huyen de su ciudad y se reúnen en una tumba durante la noche; Romeo cree que Julieta está muerta (cuando en realidad está dormida debido a una poción que le dieron) y se suicida. Luego ella despierta, ve a Romeo muerto y acaba con su vida utilizando una espada. El esquema general es muy parecido.[18]

Una búsqueda detallada de las fuentes podría revelar más información sobre los lugares de donde Shakespeare tomó sus ideas, pero no podría decirnos cómo o por qué decidió usar esos relatos en particular y no otros. Así que no tratemos de investigar la historia literaria o de leer la mente de Shakespeare. Por el contrario, digamos que en algunos relatos populares tradicionales hay una semilla de algo que es tan cierto y tan adecuado desde el punto de vista psicológico que merece que le prestemos atención. Podríamos llamarlo percepción, sabiduría o como queramos, pero al parecer está ahí; y tal vez esa sea la razón por la cual estos cuentos han persistido y la gente ha encontrado en ellos una rica fuente de inspiración.

Joseph Campbell describió la forma en que actúan estos relatos diciendo que apelan al "lenguaje del alma que es un lenguaje de imágenes"; él sugiere que es el mismo lenguaje inconsciente que experimentamos en los sueños.[19] Esta clase de cuentos nos hablan en un lenguaje que existe en el nivel primario de nuestra capacidad consciente. Esto es difícil de probar, pero siento que es cierto.

Tal vez esta percepción fue lo que hizo que el gran poeta W. H. Auden escribiera lo siguiente sobre la colección de los hermanos Grimm:

> Entre los pocos libros indispensables, de propiedad común, que podrían ser el fundamento de la cultura occidental... Difícilmente sería una exageración decir que estos cuentos se ubican después de la Biblia en lo relacionado con su importancia... Son hermosos.[20]

Auden escribió estas palabras en 1944, cuando se publicó una nueva edición de los Cuentos de Hadas de los Hermanos Grimm. Pudo haber hablado de ellos con desprecio. Después de todo, eran de origen alemán, e Inglaterra y Estados Unidos estaban inmersos en una guerra feroz contra Alemania en esa época. El propio Auden había salido de Inglaterra rumbo a Estados Unidos en el momento más crítico del bombardeo relámpago conocido como el Blitz de Londres, cuando la invasión de las Islas Británicas parecía inminente, así que no tenía una razón para mostrarse gentil sobre su punto de vista sobre cualquier cosa que viniera de Alemania. Sin embargo, les dio un apoyo incondicional, y lo hizo porque pudo ver la genialidad de estos relatos. Treinta años más tarde, Richard Adams, del *New York Times Book Review* se refirió a los comentarios de Auden:

> Todo lo que dijo Auden sigue siendo relevante y válido... Todos deberían tener y conocer los Cuentos de Hadas de los Hermanos Grimm; uno de los libros más extraordinarios del mundo; y ninguna persona de habla inglesa podría conseguir algo mejor que esta edición.[21]

Por lo tanto, esta es la edición que elegí para usarla y examinarla; para ver lo que podemos aprender, en base a estos comentarios. Al igual que Auden y Richard Adams, siento que estos cuentos deben leerse, saborearse y conocerse a fondo.

Lo que encontremos nos va a sorprender. En realidad existe una sabiduría profunda en muchos de estos cuentos, si estamos dispuestos a escucharla. Y la sabiduría llega al comportamiento humano en una forma tan profunda como alguien pudiera atreverse a llegar. Estos cuentos tratan sobre el amor, la desilusión, el crecimiento, el asesinato, la culpa, el perdón, el incesto y el abuso sexual. Y en cada relato hay suficiente información para que el lector pueda ver cómo sanar a partir de las situaciones desafortunadas que aparecen en ellos. Todo lo que comúnmente relacionamos con la psicología está ahí. Estos relatos también nos piden que nos miremos a nosotros mismos en una forma nueva; una forma que exige que veamos más allá de las preocupaciones cotidianas y de las soluciones prácticas. Nos piden que abramos nuestro corazón a las metáforas.

CAPÍTULO 1

El Rey Rana

TODO TIENE QUE VER CON EL SEXO

El primer cuento de la colección de los hermanos Grimm es "El Rey Rana". Todos creemos que lo conocemos. Se trata de una princesa y una rana, y el cliché indica que tienes que besar a las ranas antes de encontrar a un príncipe. Bueno, ¿adivina qué? En el relato original la princesa no besa a la rana en absoluto, aunque la rana sí se convierte en un príncipe. La única versión en la que la rana recibe un beso es la versión de los Estudios Disney; al crear su millonaria película de dibujos animados, los Estudios Disney traicionaron la parte central del cuento.

Miremos de nuevo este relato y veamos si podemos aprender algo más útil que besar a los anfibios.

El cuento empieza con una princesa, la más joven de su familia, y se nos dice que es tan bella como el Sol. Le gusta ir a la orilla de "la gran selva oscura" y sentarse cerca del pozo que está junto a una fuente fresca, donde ella juega sola atrapando una pelota dorada. Un día la pelota cae al interior del pozo. Ella empieza a llorar y una rana parlante le devuelve la pelota con la condición de que pueda sentarse junto a la princesa a la mesa, compartir su cena y luego compartir su cama. Cuando recibe la pelota, la princesa, por supuesto se aleja de ahí corriendo. La rana tiene que perseguirla y cuando presenta su reclamo, el rey, el padre de la princesa, le dice a su hija que debe cumplir su promesa.

Eso no le gusta a la princesa, por supuesto. La rana no es muy agradable, y cuando quiere compartir su cama, la princesa se rebela. Agarra a la rana y la estrella contra la pared con la intención de matarla. Eso no está en la versión de los Estudios Disney; que en lugar de esta escena ponen la del beso. Tal vez los ejecutivos de los estudios temían que presentar la versión de Grimm habría sido como animar a los niños a abusar de los animales. Pero este detalle es la clave que necesitamos para entender la historia.

La princesa tiene que enfurecerse antes de que pueda ocurrir el cambio mágico. Recuerda que la rana ya está en la recámara con la princesa cuando dice: "Estoy cansado. Quiero dormir tan bien como tú duermes, levántame, o se lo diré a tu padre". Se nos dice que esto hace que la princesa "se enfurezca". No la pone en el último rincón de la cama, sino que la lanza "con todas sus fuerzas" contra la pared.

Esta clase de reacción es de esperarse cuando se rebasan nuestros límites sexuales; y sin embargo, sólo cuando la princesa lanza a la rana contra la pared, se transforma en un apuesto príncipe. Además, en lugar de que ambos salgan corriendo a decirle esto al rey, ¿adivina qué? Él le cuenta su historia y la forma en que fue víctima de un encantamiento y "luego se fueron a dormir". Es bastante obvio que duermen en la misma cama. Él ya le dijo que al amanecer se la llevará a su reino como su esposa. Definitivamente hay sexo en el aire, aunque en esta ocasión parece que es por mutuo acuerdo.

La belleza de este relato es que trata sobre el sexo sin decirlo directamente. La princesa es la hija menor del rey y la más hermosa, y podríamos deducir que probablemente es su favorita, la niña de papá, acostumbrada a hacer su voluntad. Por eso llora cuando pierde la pelota dorada y por eso piensa que puede salirse con la suya y no cumplir la promesa que le hizo a la rana.

Por tanto, la pelota dorada no es simplemente utilería teatral. Es un símbolo de su superioridad excesiva, y la forma en que la recupera muestra su tendencia a manipular las reglas según su voluntad. También notamos que juega sola con la pelota. Como sabemos, una esfera solo tiene una superficie; está completa en sí misma. Por lo tanto, es un símbolo muy adecuado del "pequeño mundo" individual. Así como un rey tiene un cetro o un orbe, un símbolo dorado del mundo que representa su papel como gobernante en ese gran mundo, la princesa tiene su propia esfera dorada, una esfera pequeña.

Todo esto nos dice que en cierto momento de la infancia perdemos nuestro sentido de inocencia, de la misma manera en que la princesa perdió su pelota de juguete. Perdemos el feliz ensimismamiento que hasta entonces nos había hecho pensar que todo sería como nosotros quisiéramos. Nuestro sentido personal debe revalorar lo que está sucediendo porque ya no podemos salir adelante por nosotros mismos como antes, y esa es una sorpresa desagradable. En esta clase de situaciones, cuando lloramos pidiendo ayuda, en cierta medida nos sentimos molestos por el hecho de necesitar ayuda y eso hace que nos sintamos avergonzados y desilusionados.

Esto les pasa ante todo a los niños que a menudo quieren poder hacer las cosas por sí mismos. Lloran a gritos cuando no pueden controlar algo y luego, resentidos, aceptan la ayuda de otros. Es el mismo sentimiento que más tarde en la vida detiene a las personas e impide que vayan a ver a un médico o a un terapeuta porque sienten que deberían mejorar su salud por sí mismas y les molesta no poder hacerlo. Así que cuando llega la ayuda, aunque se recibe con gusto, tiende a verse como algo que no es muy aceptable: un anfibio.

Esta es una forma de comportamiento que vemos hoy en día en muchas formas. Conozco seres humanos maravillosos que por azares del destino son mecánicos automotrices. Con una frecuencia sorprendente, comentan que sus clientes adinerados los tratan con desprecio. Son gente rica que no puede creer que sus elegantes autos se hayan descompuesto. Así que descargan su ira, a la que tienen derecho, contra el mecánico, el hombre que está corrigiendo la situación. Es el mismo comportamiento que muestra nuestra princesa, aunque a gran escala. Quiere que se resuelva el problema, quiere que se resuelva de inmediato, y no quiere reconocer el hecho de que ella es parte de un mundo más extenso.

También debemos notar el detalle de que el pozo está junto al bosque oscuro. Durante generaciones, el bosque oscuro se vio como un lugar donde uno podía perderse. Es una referencia que resuena casi en todos los relatos; piensa en Hansel y Gretel que fueron abandonados, o en Blanca Nieves que se perdió en el bosque antes de encontrar la casa de los enanos. En las leyendas del Rey Arturo se presenta esta misma sensación sobre el bosque como un lugar donde la gente se pierde y pierde su sentido de identidad. En este relato vemos que el pozo está cerca de un lugar donde podríamos perdernos.

Cuando la pelota se cae al pozo, que es "tan hondo que no se puede ver el fondo", se nos pide que pensemos, míticamente, en llegar a las profundidades del inconsciente, a ese mundo opaco de incertidumbre y emoción, para sacar algo que se ha perdido temporalmente. Cuando la princesa recupera la pelota dorada, sale huyendo, pero sabemos que la pelota dorada de su yo restaurado ha estado en un lugar oscuro que ella todavía no está dispuesta a identificar. La princesa acaba de pasar a través de algo que la hará pensar en niveles más profundos de su psique, aunque ella no quiere hacerlo. Ha descubierto que necesita a otras personas y que necesita de ellas algo que no está muy segura de poder mencionar en una conversación social.

Cuando conocemos personas que han llegado a lo profundo de la psique, que es lo que hizo la rana, nos podrían parecer un poco aterradoras. Como descubrimos al final del relato, la rana había sido un príncipe y en su estado degradado ha tenido que pensar muy minuciosamente sobre lo que era antes. Se enfrenta a la desesperación y a la pérdida de su identidad; y como resultado, llega a un lugar donde puede saber quién es.

Esto es algo que la princesa no está segura de querer enfrentar en ese momento; quiere seguir jugando. Así que la rana la somete a una prueba. La invita a descubrirse a sí misma. Podríamos decir que es como un niño rico que por accidente se encuentra solo en un barrio bajo después del anochecer y es rescatado por un chico rudo de las calles. El mundo de la princesa nunca volverá a ser el mismo. Tal vez tenga que repensar muchos de sus cómodos prejuicios. Eso es todo un reto. Pero en términos convencionales, ella se ha negado a cumplir una promesa, así que tiene que aprender que su palabra debe ser un vínculo o un lazo para ella.

No le es fácil enfrentar eso. Ha sido una niña consentida, así que piensa que puede salirse con la suya y no cumplir su promesa. Parece genuinamente sorprendida cuando el rey, su padre, insiste en que debería actuar con honor. El rey tiene que "ordenarle" que permita que la rana entre al palacio, como nos cuenta la historia.

Recordemos que ella es "la hija de papi" y espera salirse con la suya. Sufre un gran impacto. Malhumorada, acepta hacer lo que dice su padre. Incluso trata de recurrir a las lágrimas pero se nos dice que el rey "se mostró disgustado y dijo: 'No debes despreciar a alguien que te ayudó cuando tuviste dificultades'". Esa es una lección moral directa sobre el respeto y la gratitud.

En ese momento, la rana parece comportarse como un absoluto patán. Es como un hombre que se las arregla para congraciarse con una joven y hace que ella se sienta obligada con él en diversas formas; espera un poco usando una especie de chantaje social, hasta que la joven cede y está de acuerdo en tener sexo con él. No estoy exagerando. Estoy seguro de que todos hemos visto casos como este. Son bastante comunes. Si necesitamos una prueba, sólo tenemos que pensar en la gran cantidad de mujeres que hoy en día no permiten que un hombre pague su cena porque no quieren tener ningún tipo de compromiso con él; y mucho menos un compromiso que tenga que ver con el sexo.

Bueno, la rana definitivamente se está portando como el tipo de hombre que usa coerción sexual. Y lo importante es esto: las cosas no pueden cambiar hasta que la princesa muestra enojo. Ella podría haber aceptado con debilidad lo que le exigió su padre y lo que la rana le hubiera obligado a hacer; en ese caso, habría actuado como una persona sin agallas, como alguien que no valdría la pena conocer, y mucho menos casarse con ella.

Por el contrario, ella descubre su fuerza interior. Se aleja de las palabras de su padre. Se rebela contra la insistencia de la rana y la lanza contra la pared. En ese momento ella, de hecho, reconoce que alguien debe estar en su cama, ¡pero no merece que sea una rana! ¡Merece algo mejor! Sólo cuando exigimos algo mejor mostramos nuestra verdadera calidad.

La princesa no está actuando simplemente como una prima dona; en realidad tiene ciertos estándares. Por eso ahora merece ser amada... y por eso se presenta el príncipe. Esa es la naturaleza de la prueba que él le pone. En términos cotidianos, podríamos decir que la forma en que las personas se comportan responde a lo que nosotros estamos dispuestos a soportar. Un cónyuge o una pareja que no se está portando bien, no se corregirá hasta que uno no muestre un auténtico enojo.

La princesa ha aprendido una lección de vital importancia para la vida. El enojo puede ser productivo, incluso necesario, y puede hacer que ocurran cambios verdaderos cuando decidimos no aceptar menos de lo que merecemos. Esa es una lección valiosa incluso en nuestros días. El número de personas que aceptan de su pareja mucho menos de lo que merecen sigue siendo un hecho desafortunado en la vida moderna. Son personas que se conforman con lo que se les ofrece, que se casan porque al parecer no pueden encontrar a nadie más, que son víctima de abusos y traiciones y sienten que lo merecen. Es obvio que nuestra princesa no va a permitir convertirse en esta clase de persona, aunque puedo pensar en muchas jovencitas que han seguido ese camino tristemente pasivo.

Cuando pedimos lo que deseamos, estamos empezando a amarnos a nosotros mismos lo suficiente para llegar a merecer un amor verdadero. Y en cuanto lo hacemos, le damos a la otra persona la oportunidad de ser la mejor versión de sí misma; y eso es un verdadero don. La forma en que nos amamos a nosotros mismos tiende a ser la forma en que otros nos amarán. Esta es una percepción que tiene una importancia muy profunda.

Si queremos ver este relato desde el punto de vista de los seis arquetipos de crecimiento personal, podemos ver que la princesa pasa a través de los seis arquetipos en el orden correcto. Empieza siendo Inocente, jugando como una niña. El problema es que no todo sale como ella espera. Primero, pierde su pelota, luego su padre le dice que tiene que madurar y ser responsable de sus promesas. Se siente ofendida y resentida, pero también siente que tiene que someterse; lo que representa el arquetipo del Huérfano. Por fortuna, su resentimiento hace que cuestione lo que se le está ordenando hacer, lo que representa el reto del arquetipo del Peregrino, y finalmente se pone en contacto con su enojo cuando lanza a la rana contra la pared. En ese momento está actuando como el arquetipo del Guerrero, que además tiene que enfrentarse a su oponente, el Enamorado, para que puedan unirse y formar el arquetipo completo del Guerrero Enamorado. Sin embargo, como ya hemos visto, cuando ella afirma su sentido personal del amor que siente por sí misma, está declarando que merece ser amada. Con esa única acción afirma que merece el amor, y eso hace que el amante cobre vida. Por eso los jóvenes duermen juntos en esta historia. Es una forma de dar a entender que ahora se han unido en el amor y la armonía; especialmente después del conflicto que tuvieron antes.

Entonces, al día siguiente cuando el carruaje llega, apareciendo como por arte de magia desde el país del Rey Rana, los amantes literalmente están listos para llegar a ser un rey y una reina. Simbólicamente, en términos de desarrollo personal, esto indica que al encontrar una relación verdadera en la que hay amor y confianza, los enamorados se elevan hasta llegar al arquetipo del Monarca. La princesa puede confiar en su propio juicio. Puede cumplir su palabra. Puede amar. Es una persona diferente a la niñita de la pelota dorada, y está lista para ser parte de una verdadera relación.

Esto abarca cinco de los seis arquetipos. Es interesante que el sexto se encuentre en la parte del relato que casi siempre se olvida, justo al final. La versión de los hermanos Grimm tiene el extraño episodio del sirviente, el Fiel Enrique, a quien le co-

locaron bandas de hierro alrededor del corazón para contener
el dolor que sufrió cuando su amo fue transformado en rana.
Ahora, las bandas se rompen produciendo un ruido fuerte,
tan fuerte que el príncipe cree que el carruaje está a punto de
destrozarse. Pero eso no sucede y las últimas líneas del cuento
nos dicen: "Solo fueron las bandas que se desprendieron del
corazón del Fiel Enrique cuando su amo fue liberado y pudo
ser feliz".

Por tanto, también podemos ver que el hijo del rey pasó
a través de las etapas de los arquetipos. Fue un Huérfano, un
paria. Siendo una rana, vivió en las profundas aguas y también
tuvo que pensar en sus propias profundidades. Cuando persigue a la princesa hasta el castillo, se vuelve un Peregrino y vive
su propia peregrinación. Cuando ella lo lanza contra la pared,
él debe tener fe en que esto le dará la libertad; de hecho, podría
matarlo. En ese momento muestra valor; el valor del Guerrero
Enamorado que arriesga la vida por lo que ama y por la persona que ama.

Tal vez lo que es aún más importante es que él ha visto
a la princesa tal como es, no como una persona de la familia
real que responde a él como al hijo de un rey. Él sabe quién es
ella y la acepta. Vemos que ninguno de los dos eleva su rango
al casarse. Los dos son miembros de la realeza, así que esto no
tiene nada que ver con la posición social ni con recibir una recompensa en términos de prestigio. Encontraron a su alma gemela. ¡Qué forma tan hermosa de decirnos que van a ser una
pareja ideal como amantes y como compañeros de vida!

No sería una exageración decir que la llegada del carruaje tirado por ocho caballos blancos es parte de este tema. La
historia nos dice que la gente adinerada se enorgullecía por
los caballos de sus carruajes, por la forma armónica en que
les entrenaba, por la forma en que trabajaban juntos para

que el carruaje avanzara con fluidez. El carruaje, por lo tanto, es un emblema de la armonía que debe existir en una pareja de jóvenes de la familia real. El relato nos dice que los caballos estaban sujetos con "cadenas de oro", un emblema adecuado del hecho de unirse para servir a una causa sublime, para asumir responsabilidad y valorar esa responsabilidad. El simbolismo indica que la princesa y el hijo del rey están al nivel del arquetipo del Monarca, controlan bien su carruaje de la misma forma en que dirigirán su reino y su propia vida.

En este relato, al hijo del rey y a la princesa se les permite tener crecimiento personal. No pueden hacerlo solos. Necesitan uno del otro. De manera similar, para cada uno de nosotros hay algunos aspectos de crecimiento espiritual que no podemos manejar solos. Tienen que experimentarse en una relación. Descubrimos en forma más plena quiénes somos cuando tenemos una relación, no cuando estamos aislados. Aprendemos sobre el amor amando.

La existencia del fiel Enrique, cuyo corazón fue rodeado por aros de hierro para impedir que se rompiera cuando su amo fue víctima de un hechizo, indica claramente a los lectores que este príncipe puede inspirar amor, respeto y lealtad; de hecho, esas son precisamente las mismas virtudes que esperamos existan en el matrimonio del príncipe y en su futuro papel como rey. Esto muestra que es digno de ser rey y también es digno de contraer matrimonio. Por esa razón el final del cuento es de hecho importante para nuestra comprensión de su significado general. Si hemos entendido el simbolismo, podremos ver que esta pareja de amantes actúa como Magos, al inspirar en el fiel Enrique, y en nosotros, un sentido más amplio de lo que puede ser el amor.

Es obvio que este no es un cuento de hadas trivial. Es el primer cuento de la colección de los hermanos Grimm, y es para ellos un punto de partida adecuado y firme. Nunca es fácil describir la maduración psicosexual de una manera accesible y fortalecedora, pero esta historia ciertamente parece lograrlo. También aborda algunas ideas muy antiguas, pues a lo largo de los siglos se ha considerado que la rana es un símbolo del sexo y la regeneración.

Como sabemos, las ranas pasan a través de varios cambios durante las etapas de su vida: los huevos que se ven en los estanques en la primavera, los renacuajos que viven en el agua, los anfibios que respiran aire. Se han usado las ranas para simbolizar el cambio y la regeneración desde la antigüedad: aparecen en las pinturas murales de Çatalhöyük que datan del año 5000 a. C. (Podría yo añadir que la civilización siempre ha enfatizado el carácter sagrado de los pozos, y la rana de nuestro cuento vive en un pozo.)[1] De modo que las ranas ciertamente tienen un antiguo linaje como símbolos; sin embargo, para nuestros propósitos al considerar este relato, lo importante aquí es la capacidad obvia de la rana para cambiar, pues es lo primero que los lectores y las personas que escuchaban este relato en la antigüedad habrían identificado.

La rana también sirve a otro propósito, ya que el hecho de que se transforme en un príncipe sugiere el cambio que tienen las jovencitas cuando empiezan a interesarse en los jóvenes. Hasta ese momento, podrían sentir que los muchachos son feos, sucios, incluso parecidos a las ranas. Cuando las hormonas empiezan a hacer su trabajo esa actitud cambia. Esta alteración también ocurre en los muchachos que podrían pensar que las chicas son tontas y son una pérdida de tiempo; hasta que la pubertad hace que cambien de actitud. La rana, el símbolo obvio del cambio, está presente en varios niveles para mostrarnos cómo la atracción sexual puede cambiarlo todo, al parecer de un día para otro.

Como se mencionó antes, el cliché de nuestro tiempo relacionado con "besar a muchas ranas" tiene su origen en la versión de Walt Disney sobre este cuento. El problema es que esta versión poco exacta elimina la única acción fuerte: el momento en que la rana es arrojada contra la pared, y al eliminarla se pierde todo el poder de este relato. Nos quedamos con una princesa tonta, de voluntad débil que recibe una recompensa sin una razón que la justifique. La versión de los hermanos Grimm ciertamente tiene más resonancia, y por esa razón merece recibir nuestro aprecio.

Los cuentos de hadas alterados por los estudios Disney pierden su energía y su relevancia pues con frecuencia pierden su mensaje. Pero hay algo que podría ser peor: las mujeres con quienes he hablado y han comentado algo sobre "besar a muchas ranas", consideran que eso es una parte necesaria del proceso de encontrar un compañero para la vida. Esa es la forma en que un cliché puede cobrar vida propia y volverse peligroso. Lo que estas mujeres están diciendo en realidad es que es necesario tener un gran número de relaciones insatisfactorias con patanes que las manipulan, antes de encontrar a un verdadero hombre. Cualquiera que diga eso, se está buscando problemas y miseria. Es en realidad un mensaje peligroso y no refleja este cuento de hadas en absoluto.

Vemos que la princesa sólo debe tener una "relación" antes de definir lo que necesita. Una vida amorosa satisfactoria no depende de cometer muchos errores, que en el momento de cometerlos sabemos que son errores pero esperamos que mágicamente den un giro y se conviertan en algo mejor. Actuar así no sólo es ilógico, es demente. Una vida emocional sana implica respetarnos a nosotros mismos, pedir lo que queremos y necesitamos, y luego asegurarnos de conseguirlo. Debemos empezar a hacer esto tan pronto como sea posible, y no tiene sentido besar a un gran número de anfibios si en realidad no

queremos tener anfibios en nuestra vida. Ese es el poder de
la metáfora. Debemos ver el patrón, no los detalles concre-
tos. Leer el cuento equivocado en una forma demasiado literal
siempre hará que acabes en la cama con un patán.

Por tanto, si ponemos nuestra atención en el patrón, lo
que vemos es que la princesa tiene una excelente autoestima
al principio, luego se siente perdida temporalmente, después
se reencuentra cuando restablece el sentido de su valía personal. En ese sentido, ella es como cualquier jovencita que
está madurando. Se siente bien en su mundo cómodo usual,
pero cuando los muchachos entran en escena, la joven puede
sentirse insegura y en este caso la princesa es abandonada por
la única figura masculina fuerte con la que cuenta, su padre.
Se queda sola con sus propias emociones y por cierto tiempo
podría desconfiar de ellas. Por eso su enojo es tan importante.
Surge espontáneamente y ella no lo suprime. De nuevo está
en contacto con su yo auténtico. Una relación verdadera debe
basarse en la autenticidad personal.

Esto es lo que necesitamos considerar cuando pensamos
en estos cuentos como cuentos sanadores. En "El Rey Rana"
vemos un proceso natural: en este caso, el hecho de crecer y
los retos que implica. Pero este relato también ofrece una solución: debemos volver a armonizarnos con nuestros sentimientos reales, pues nos llevarán a donde necesitamos estar. Este
es un relato que sana las confusiones que uno podría tener al
enfrentar a sus posibles pretendientes.

CAPÍTULO 2

El fiel Juan

UN RELATO SOBRE PADRES, CELOS Y ORGULLO

"El fiel Juan" es uno de los cuentos de los hermanos Grimm que más se ha ignorado, aunque siendo el sexto cuento, aparece al inicio de la colección. Es un relato que delinea en forma magistral la forma en que podrían darse las relaciones entre padres e hijos, y las barreras que pueden encontrarse en este campo. En esta historia, un rey está muriendo. Le dice al Fiel Juan, su siervo, que su heredero debe tener acceso a todas las áreas del castillo excepto a un cuarto que está cerrado con llave y dentro del cual hay un retrato. El rey teme que su hijo vea el retrato y se enamore de él, "sufra un desvanecimiento" y esté en peligro.

En realidad es un relato fascinante, pero sólo es posible entenderlo si se ve como una forma de metáfora de alto nivel; una metáfora en la que casi todo tiene un valor espiritual que supera los valores superficiales. Esta es una sinopsis del cuento como aparece en el libro de los hermanos Grimm.

Estando en su lecho de muerte, el rey le pide al fiel Juan que sea un "padre adoptivo" para su hijo, pero que impida que vea el retrato que representa a la "Princesa del tejado de oro". Después de la muerte del rey, por supuesto, cuando el joven príncipe recorre el castillo, pide que se abran las puertas del cuarto que está cerrado con llave. Como ahora él es el rey, El fiel Juan debe obedecerlo. El joven ve el retrato y de inmediato sufre un desvanecimiento: se enamora desesperadamente de la princesa que aparece en el retrato.

El joven rey parece estar al borde de la muerte, así que el fiel Juan elabora un plan para reunir todo el oro del reino y ponerlo en un barco. Después, cuando lleguen al país de la Princesa del tejado de oro, El fiel Juan fingirá ser comerciante, le llevará artículos de oro a la princesa, que adora el oro, se los mostrará y luego la convencerá para que suba a bordo del barco prometiéndole mostrarle más artículos de oro. Una vez que ella esté a bordo, el barco se hará a la mar.

Llegan al país de la princesa y El fiel Juan baja a tierra disfrazado de comerciante. Habla con una joven que lleva cubetas de oro llenas de agua y consigue una audiencia con la princesa. Ella ve los artículos de oro bellamente elaborados y acepta visitar el barco para ver más artículos. Todo sucede tal como se planeó y el barco se hace a la mar llevando a la princesa secuestrada. Cuando el joven rey se queda solo con ella, le declara su amor y poco después, cuando el impacto inicial se ha desvanecido, ella acepta casarse con él.

Las cosas parecen estar saliendo bien. Luego un día el fiel Juan está sentado en la cubierta del barco y escucha hablar a tres cuervos.

Un cuervo dice que cuando lleguen a tierra aparecerá un hermoso caballo color castaño y el rey lo montará; el caballo saldrá corriendo, se elevará volando en los aires y el rey "nunca volverá a ver la princesa". El cuervo dice que la única forma de evitarlo es que alguien monte el caballo antes que el rey y lo mate. Si alguien le habla al rey sobre esto, sus piernas, desde los pies hasta las rodillas, se convertirán en piedra.

En un tono lastimero, el segundo cuervo dice que eso no importa, porque cuando el rey llegue al castillo encontrará un gran platón donde lo estará esperando un traje nupcial; él se lo pondrá pero descubrirá que no está hecho de oro y plata sino de azufre y alquitrán, y eso le causará la muerte. La única cura es que alguien tome el platón y la ropa antes de que él se la ponga y los lance al fuego. Pero, de nuevo, si alguien le dice al rey lo que está sucediendo, el cuerpo de esa persona se convertirá en roca desde las rodillas hasta el corazón.

El tercer cuervo, en un tono aún más lastimero que los otros dos, dice que durante la boda la novia se va a desmayar. Lo único que puede salvarla es que alguien "tome tres gotas de sangre de su pecho derecho y luego las escupa". El castigo por revelar la información es convertirse en roca de pies a cabeza.

El fiel Juan no olvida su compromiso de proteger al joven rey. Poco después de la llegada del barco al puerto, El fiel Juan ve el caballo, lo monta de un salto, saca su pistola y lo mata. El rey no se queja ni lo cuestiona ya que, después de todo, El fiel Juan siempre le ha sido fiel. Luego, en el castillo, El fiel Juan le arrebata el traje nupcial al rey y lo lanza al fuego. El rey se queda desconcertado con esta acción, pero no dice nada. Pero cuando la novia se desmaya, y El fiel Juan toma las tres gotas de sangre de su pecho derecho y las escupe, el rey pierde la paciencia.

El fiel Juan es juzgado y condenado pues no puede decir nada, pues si lo hiciera se convertiría en roca. Estando en el patíbulo explica sus acciones y por supuesto, se convierte en roca en cuanto termina de hablar. El joven rey lamenta la pérdida de su fiel siervo y ordena que la estatua de piedra sea llevada a su habitación.

Un día, cuando el rey está lamentando la muerte de su siervo, la estatua habla y dice que puede recuperar su forma original y volver a vivir si el rey les corta la cabeza a sus pequeños hijos gemelos que están jugando cerca de ahí. El rey lo hace sin dudarlo y El fiel Juan vuelve a la vida de inmediato. Luego vuelve a ponerles la cabeza a los niños, les frota las cicatrices con un poco de sangre y vuelven a la vida como si nada hubiera pasado.

El rey escucha que la reina se acerca. Mete al Fiel Juan y a los niños en un armario y le pregunta a la reina dónde ha estado. Ella le dice que fue a rezar por el fiel Juan, y que quisiera que él volviera a la vida. Entonces el rey le dice que esto podría ser posible si ella estuviera de acuerdo en decapitar a sus dos hijos. Aterrada, ella dice que está de acuerdo en hacerlo, porque "se lo debemos, por su gran fidelidad". Cuando ella dice esto, el rey abre el armario y le muestra a los tres vivos y felices, lo que hace que todos se regocijen.

Indudablemente, este es un relato poco usual, pero contiene algunos mensajes que vale la pena analizar.

Es obvio que el rey, en su lecho de muerte, quiere proteger a su hijo de todo peligro; en este caso, del peligro de la fascinación erótica que podría sentir por la princesa. Así que podemos comenzar este relato viendo al fiel Juan como sustituto de un padre. Esto ayuda, porque el fiel Juan debe hacer el papel de padre sin tener la carga emocional que acompaña a la tarea de ser un padre biológico.

Nos preguntamos por qué un padre moribundo tendría el retrato de esta princesa. ¿Es una forma de comenzar con la trama?, o podríamos suponer que el rey, que está a punto de morir, sabe muy bien lo que el poder perturbador del amor puede hacer sentir a una persona, pues él mismo lo ha sentido. Ciertamente conoce a su hijo, pues el joven de hecho se desvanece cuando ve el retrato, exactamente como el rey lo había pronosticado. En este punto podríamos decir que lo que el joven sintió fue una simple obsesión y nada más. Pero fíjate en esto: cuando el joven rey ordena que se abra esa puerta, dice que nada se lo impedirá y que si alguien se opone a que él vea lo que hay en el interior de ese cuarto, eso será su "destrucción absoluta".

Esta es una declaración muy radical. Él es una persona que se niega a ser pasiva, tiene un impulso tremendo y no está dispuesto a ceder ante su siervo. Es un líder. Por tanto, la pregunta que surge es: ¿En qué medida acepta cada generación los deseos de las generaciones anteriores? ¿En qué momento es necesario ir más allá de lo que otros han dicho que es bueno para nosotros? El joven rey es un símbolo de todos nosotros cuando tenemos esta clase de experiencias. Si hubiera estado de acuerdo en no ver el interior de ese cuarto porque su siervo fiel le dijo que no lo hiciera, ¿qué clase de rey habría sido?

Pero este relato tiene mucho más que decirnos. Cuando El fiel Juan se ve obligado a encontrar una solución para la situación que vive su joven amo, elabora un plan. El rey debe tomar todo el oro que hay en el tesoro real y convertirlo en objetos hermosos para conquistar a la princesa. El fiel Juan elabora este plan porque el joven rey ha declarado que daría la vida por ella; y el fiel Juan siempre está dispuesto a proteger a su monarca. Vemos que en este relato hay varias ocasiones en que los personajes dicen que están dispuestos a hacer algo o morir en el intento. Aquí no nos enfrentamos a motivaciones débiles.

Y tal vez eso nos lleve a pensar en el oro. Es tentador verlo y el énfasis que se le pone es simplemente una forma de hacer que el relato sea más exótico y que la estima que sentimos por la princesa sea mayor. Pero si nos concentráramos en el oro, no captaríamos el mensaje. El oro siempre se ha considerado muy valioso porque no se oxida ni se corroe. Por lo tanto es un símbolo de la eternidad. El joven rey está dispuesto a dar todo lo que tiene (todo su oro) para conquistar a la princesa. Por tanto, el oro no sólo puede verse como dinero, sino también como el valor eterno que se atribuye a los sentimientos del joven rey hacia esta mujer. Así es el poder del amor. La princesa representa la naturaleza eterna e imperecedera del amor verdadero; no de un capricho erótico pasajero.

El joven rey nos expresa algo muy importante sobre la naturaleza de las emociones verdaderas. Cuando llegan a nosotros, nos causan un gran impacto y exigen que hagamos algo al respecto, sin importar el costo. En este momento, el rey necesita una figura paterna que lo guíe, y el fiel Juan llega para ofrecer un consejo paternal sin la necesidad de ser un padre. Al ayudar al joven rey en sus esperanzas románticas, El fiel Juan muestra su capacidad para sacrificarse y amar. Al hacerlo, asume el papel de padre, haciendo lo que un verdadero padre debería ser capaz de hacer por sus hijos pero que rara vez puede lograr. La sabiduría de este relato es que desplaza el papel de padre, que tiene una gran carga emocional, hacia una figura más neutral, y en el proceso, les muestra a los padres de familia, estén donde estén, cómo podrían estar presentes en la vida de sus hijos.

Estando en el castillo de la princesa, antes de hablar con ella, El fiel Juan ve a la hermosa joven que lleva cubetas doradas llenas de agua. Aparenta ser un comerciante y logra ver a las personas como son en realidad, no como aparecen ante el público. La joven que él encuentra se muestra respetuosa y hace lo correcto: lo lleva de inmediato con la princesa.

Debo señalar que la joven lleva dos cubetas doradas llenas de agua. Este es un detalle extraño, pero indica algo. En primer lugar, ella está haciendo su trabajo en un reino bien gobernado. Todos los castillos necesitan un abasto de agua. En segundo lugar, el oro es tan hermoso como ella, pero a final de cuentas, la vida cotidiana debe seguir su curso. Podrían llevar el agua campesinos sucios en cubetas sucias de madera, o podrían llevarla jovencitas hermosas en cubetas de oro. Sea como sea, alguien debe llevar el agua. Este uso poco usual del oro nos indica que este reino no enfatiza el dinero ni la ostentación: enfatiza la armonía, la belleza y la conexión afectuosa entre el gobernante y el súbdito. Si no fuera así, la joven habría huido a toda velocidad llevándose las cubetas de oro en un saco sobre sus espaldas.

Más tarde, convencen a la princesa para que aborde el barco y la secuestran. Esta es una acción problemática. Después de todo, ella ha tenido una actitud abierta y ha confiado en ellos; a diferencia del fiel Juan que ha sido engañoso, aunque haya actuado así por servir a su rey.

Una vez más, necesitamos ver esta acción desde otro punto de vista: debemos verla en forma simbólica. Al llevar todo ese oro consigo a bordo de un barco, el joven rey lleva a cabo una acción que equivale a ofrecer sus mejores recursos emocionales a la princesa, sin reservarse nada. Cuando al final ella puede ver la magnitud de su amor, acepta con gusto al joven rey como su esposo.

Si vemos esta explicación desde un punto de vista realista, no tiene sentido; pero si la vemos como un símbolo, podríamos decir que el joven rey entiende profundamente a la princesa, pues entiende el amor que ella siente por la belleza y la pureza del oro, y responde a ese amor. Podríamos decir que él la conoce y sabe lo que le interesa, y aquí no se trata del valor del oro sino de la pureza de espíritu que el oro representa. La joven con las cubetas de oro también nos transmite esto.

La princesa, por su parte, llega a darse cuenta de que el joven rey la ama y es testigo de la clase de hombre que él es: es alguien que la entiende y al mismo tiempo es fiel a sus propias emociones. Este ciertamente es un mensaje en clave, pero nos indica lo suficiente para que podamos ver que existen afectos más profundos que un capricho pasajero; hay una reciprocidad que hace que el joven rey y la princesa sean iguales. También debemos darnos cuenta de que el rey se embarca en un viaje, y al secuestrar a la princesa hace que ella también se embarque en un viaje. Ambos han dejado el territorio que es su hogar y están preparados para arriesgar todo lo que tienen por el ser amado.

En este momento, el fiel Juan escucha lo que dicen los cuervos. Vemos que los cuervos pronostican el futuro, así que se les puede relacionar con las tres Parcas (Moiras) de la antigüedad. Sin embargo, estos cuervos son muy explícitos sobre lo que va a ocurrir. Es necesario matar al caballo color castaño (la pistola es un anacronismo del siglo XVIII), y cualquiera que intente hablarle al joven rey sobre esta criatura se convertirá en roca desde los dedos de los pies hasta las rodillas; un castigo relacionado con la inmovilidad que es muy adecuado, ya que el caballo es un símbolo de movilidad, y también es un símbolo de poder, de energía y sobre todo, de orgullo al ser capaz de mostrar esa movilidad. Es necesario salvar al joven rey del orgullo de la ostentación personal que el caballo representa.

Por lo tanto, el traje nupcial, que debe arrebatársele y quemarse, podría verse como un emblema del orgullo de ser especial en un día especial. Este traje, como la túnica de Neso, que Hércules se vio obligado a usar y que le causó la locura, debe ser destruido para que el joven rey no se vea abrumado por su orgullo.[1] Es adecuado que el castigo por intentar explicar esto sea ser convertido en piedra desde las rodillas hasta el corazón; una zona que abarca los genitales y el órgano donde se concentran las emociones: el corazón. Se castiga la parte del cuerpo donde se concentran las sensaciones. También debemos notar que el traje nupcial cubre la mayor parte del cuerpo, desde el cuello hasta el nivel de las rodillas, así que una vez más existe una relación entre el objeto simbólico y la parte del fiel Juan que se transformará en piedra.

La tercera predicción es que la princesa tendrá una caída y un desvanecimiento y El fiel Juan tendrá que tomar tres gotas de sangre de su pecho y escupirlas. Cabe señalar que ahora le toca a la princesa desvanecerse, y lo hace durante el baile. Bailar, especialmente en el ritual en que los novios son los primeros en bailar en la boda, es un emblema de la capacidad que tienen de estar juntos en armonía, de llevar "el ritmo" juntos. El hecho de que la princesa se desvanezca y El fiel Juan tenga que salvarla, tiene un paralelo con lo que pasó con el joven rey, y en cierta medida muestra que la princesa está tan enamorada de él como el rey de ella. Se podría decir que el sentido de lo que podría llegar a ser su amor los tiene abrumados.

Lo triste es que, aunque las acciones del fiel Juan evitan que ocurran mayores desgracias, se ve obligado a explicar la razón por la cual hizo lo que hizo y de inmediato se convierte en una estatua de piedra, tal como los cuervos lo habían pronosticado. No obstante, tomar tres gotas de sangre del pecho derecho de la princesa es una acción extraña; tal vez tuvo que morderla. Pero quizás la entendamos mejor si vemos estas tres acciones del fiel Juan como la forma en que protegió al joven rey.

Como ya hemos señalado, el hecho de matar al caballo podría verse como la forma de eliminar la tentación de sentir vanidad por tener superioridad, y El fiel Juan salva al joven rey de eso. Los caballos finos son algo de lo que incluso en nuestros días se enorgullecen los ricos, y el caballo de un rey siempre es una fuente de prestigio. Ser capaz de controlar a un caballo fogoso es una metáfora: así como un buen gobernante tiene un caballo fogoso al que puede controlar, se espera que también sea capaz de mantener bajo control a un reino lleno de vitalidad. Lo único que tenemos que hacer es ver los retratos que hay en los museos y las galerías para darnos cuenta de la frecuencia con que los reyes aparecen montando caballos fieros, bufando, lo que contribuye al glamour del monarca.

El fiel Juan elimina la tentación de actuar con ostentación ante el público para que el joven rey se mantenga "con los pies en la tierra". Recordemos que los cuervos le dicen al fiel Juan que el caballo se irá volando. Esto es un emblema adecuado de la intoxicación del poder; pregúntaselo a cualquier adolescente que haya conducido el coche de sus padres a exceso de velocidad y haya recibido una infracción de tránsito por hacerlo.

Esta misma serie de valores se aplican a la ropa. La destrucción del traje nupcial puede verse como la intervención del fiel Juan para eliminar el orgullo superficial que se basa en las apariencias y que puede dominar a cualquier persona joven que es poderosa. Monarcas como el Rey Jorge IV de Inglaterra o el Príncipe Luis II de Baviera, apodado "el loco", han disfrutado la ropa fina; incluso al grado de descuidar sus deberes en su reino. Por tanto, las acciones del fiel Juan pueden verse como su forma de eliminar la tentación del orgullo personal y los delirios de grandeza.

¿Pero qué decir de las gotas de sangre? Esto es menos obvio y más sugestivo. A través de sus acciones, El fiel Juan muestra que la princesa es simplemente una mujer, un ser físico, no un espíritu o una deidad a la que se deba reverenciar o adorar.

Es de carne y hueso, y su sangre tampoco es algo especial: El fiel Juan tiene que escupirla. Este suceso parece estar diseñado para enfatizar la forma en que los jóvenes enamorados tienden a idealizar al ser amado y apegarse demasiado al gozo sensual del sexo que en cierta medida se desvanecerá con el tiempo. Sería fácil que el joven rey cayera en esta manera de pensar y olvidara que está casado con una mujer de carne y hueso.

Si se les ve en esta forma, las tres pruebas están diseñadas específicamente para educar al joven rey. Él necesita una figura paterna que se dedique a su bienestar y le diga que dedicarse a la búsqueda de caballos finos no es importante, como tampoco lo es la pompa y la ceremonia, y que la gratificación física y sexual, con su característica negativa de actuar en forma posesiva, tampoco debe llevarse a extremos. Se impide que el joven rey caiga en tres trampas que son adictivas en potencia. El amor verdadero no tiene nada que ver con tener una esposa que es un trofeo, ni con tener una apariencia que conquiste al mundo; y ciertamente es mucho más profundo que una vida sexual espléndida que inevitablemente tendrá que cambiar a medida que la pareja avanza en edad y llegan los hijos.

Estas son las ilusiones falsas del matrimonio. Lo sabemos muy bien en nuestro mundo, donde los hombres ricos e influyentes tienden a divorciarse de una esposa y luego casarse con otra que se parece mucho a la primera pero que es veinte años más joven. Al parecer no son capaces de enfrentar la realidad de envejecer en compañía de una persona real y prefieren caer en el engaño de una juventud perpetua.

Este es el cliché de nuestro tiempo y nos dice que el mundo en general no ha aprendido las lecciones de este cuento de hadas tan bien como quisiéramos. También nos dice que tal vez la persona que mejor imparte estas lecciones es una figura paterna que no teme hacer el ridículo o no ser comprendida. Algunas percepciones, en especial las que se relacionan con la naturaleza del amor, son demasiado importantes como para no compartirlas. En realidad, tomando en cuenta los matrimonios y divorcios que he observado, yo desearía que estas lecciones se hubieran impartido con mayor regularidad.

Sin embargo, El fiel Juan sufre. Aquí el elemento importante es que al hablar de las razones que tuvo para hacer lo que hizo, se convierte en una estatua de piedra. Esto impide que el joven rey tenga que castigarlo, pero también nos invita a ver que el rey estaba dispuesto a condenar a su siervo por el golpe que su orgullo personal había recibido. Se sintió indignado a nivel personal cuando su siervo se atrevió a tomar sangre del pecho de su flamante esposa, y no se detuvo a considerar que podría haberlo hecho por razones sobre las que él no sabía nada.

Después, la figura de piedra del fiel Juan es llevada a la recámara del rey. Si hubiéramos tenido alguna duda de que este relato se trataba del amor, el sexo y la fidelidad, este sería el momento en que su tendencia quedaría clara en nuestra mente. Poco tiempo después, la princesa da a luz a dos niños gemelos, que luego el rey debe sacrificar para hacer que el fiel Juan vuelva a la vida.

Los gemelos son un detalle interesante. Nos muestra que, como el fiel Juan ha salvado la vida de su amo y la vida de la princesa, ahora puede reclamar dos vidas. Al ocultar al fiel Juan y a los gemelos en un armario y pedirle a la princesa que acepte el sacrificio de sus hijos, se ofrece independientemente al rey y a la reina la oportunidad de estar de acuerdo en que ambos tienen una deuda con el fiel Juan, y están dispuestos a pagarla.

Esta parte de la historia es problemática para muchos lectores. Parece como si fuera algo añadido. Sin embargo, al parecer se relaciona con el tema de la historia, así que tenemos que preguntarnos qué está tratando de decirnos en un sentido temático. En cierta forma es alarmantemente obvio: un padre y una madre no deberían ignorar el llamado a hacer lo que es moralmente correcto, aunque pudiera parecer que les va a costar su familia. Hacer lo correcto es más importante que hacer lo que parece que es cómodo, en especial en el caso de un monarca reinante.

Aunque es posible que el sacrificio aparente de los niños pareciera repugnante a nuestra cultura moderna, de hecho parecería repugnante en cualquier cultura, debemos recordar que este *no* es un relato realista sobre lo que hacemos todos los días. No es un manual sobre la paternidad; es una metáfora y como tal, parece señalar que si permitimos que nuestras obligaciones morales hacia una figura paterna se pasen por alto... si no somos capaces de ver lo que nuestros padres y nuestros mayores hicieron por nosotros y no reconocemos el hecho de que no entendimos algunas de sus acciones en su momento, entonces los susurros de la duda invadirán nuestra habitación hasta que finalmente reconozcamos que seguramente hubo cierta sabiduría en esas acciones.

Necesitamos permitir que la sabiduría de nuestros padres vuelva a ser parte de nuestra vida, aunque tal vez hayamos rechazado sus puntos de vista en ese entonces. Quizás tenemos resentimientos por las acciones de nuestros padres y por la forma en que nos trataron cuando nos enamoramos. Tal vez estábamos equivocados en algunos de esos resentimientos. La lección es sorprendentemente simple: no podemos amar a nuestra pareja y a nuestros hijos totalmente sin que en algún momento entendamos por qué no pudimos comprender a nuestros padres, cuando lo único que ellos querían hacer era protegernos y guiarnos.

Este relato, por lo tanto, ofrece una lección de vida que es de vital importancia, en especial porque el joven rey también llega a ser padre y está a punto de enfrentar los mismos retos. Tanto él como la princesa necesitan ver que hay cosas que uno tiene que hacer y que al principio parecen dañar a los niños. Consentirlos no les hará ningún bien; a veces uno de hecho tiene que ser cruel para ser bondadoso.

Esto nos recuerda al rey moribundo al principio de la historia. Si acaso tenía un defecto, era su deseo de proteger a su hijo y de preservar su vida contra viento y marea. Imaginó que la Princesa del tejado de oro era el problema, cuando en realidad el problema era él. El deseo de evitar que un hijo tenga que aprender por el camino difícil tiene prioridad en la mente de cualquier padre de familia. Por desgracia puede provocar una actitud sobreprotectora en el padre, y eso sigue siendo común en la actualidad. Es obvio que en su lecho de muerte el rey pensaba que el amor apasionado era tan peligroso que su hijo no podría superarlo. Él personalmente había ordenado que el retrato se guardara bajo llave, pues jamás se habría permitido buscar esa clase de amor. Por lo tanto, el miedo que él siente hacia el amor hace que dude de la capacidad de su hijo. Tiene buenas intenciones, pero preferiría que su hijo llevara una vida mansa, a medias, y que no corriera riesgos para lograr la verdadera felicidad. En este relato, el joven rey y su esposa tienen que aprender que aferrarse a sus hijos no es lo indicado en ese momento; luego, cuando sus hijos sanan milagrosamente, podemos interpretar ese hecho como una especie de renacimiento de la relación de sus padres con ellos.

Quizás la mejor forma de describir esta situación es pensar en los padres que no están dispuestos a corregir a sus hijos.

Tal vez lo hacen porque se concentran tanto en ser especiales para sus hijos, en ser sus mejores amigos, tal vez lo hacen porque tienen miedo de no ser buenos padres y no son capaces de correr el riesgo de tener una relación estricta con sus hijos. Independientemente de la razón que tengan, los padres temen criticar al hijo y nunca lo corrigen. Casi podemos escuchar a sus ancestros revolcarse en su tumba; como la voz del fiel Juan que resuena como un eco en la recámara del rey.

Por tanto, este relato no es sobre el hecho de matar a los niños; por el contrario, es sobre el hecho de que no se les consienta y no se les valore a expensas de los principios. El joven rey y su esposa no quieren menos a sus hijos después de lo que ocurrió; simplemente no los ven en la misma forma. Al final del relato, el joven rey vuelve a ver al Fiel Juan vivo y dice: "Alabado sea Dios, él ha sido liberado; y también tenemos de nuevo a nuestros hijos". Hay que notar que los hijos se mencionan en segundo lugar.

Tal vez ayude aquí dar otro ejemplo sobre la relación entre padres e hijos: Puedo pensar al menos en un ejemplo en que un padre habitualmente permitía que un niño muy pequeño viajara en el asiento delantero del coche familiar sin ponerse el cinturón de seguridad. Esto, como sabemos, es una imprudencia. Cuando cuestioné a la madre sobre el hecho, respondió que el niño quería viajar en el asiento delantero y no le gustaban los cinturones de seguridad. Luego recordó (y esta es la parte más interesante) que cuando era niña odiaba que le dijeran que se pusiera el cinturón de seguridad, así que ahora, que ella era madre, no le iba a hacer eso a su hijo. Estaba completamente cerrada a una conversación razonable sobre el tema.

Lo que sucedió aquí era que la madre había tenido una reacción tan fuerte y visceral ante la forma en que sus padres hacían las cosas, que había creado una situación potencialmente desastrosa. Ella, por supuesto, tenía derecho a sus propios sentimientos y reacciones; sin embargo, no tenía derecho a poner a alguien más en riesgo debido a esos sentimientos.

Comprendo plenamente esta reacción, pero sólo hasta cierto límite. En mi propia vida, con frecuencia he tenido la experiencia de sentir que estoy hablando como mi padre cuando insisto en que quienes viajan en mi coche, especialmente los niños, usen el cinturón de seguridad; pero sé que de todos modos tengo que hacerlo. En esos momentos, pienso en el fiel Juan, que susurra a mi oído sus buenos consejos y trato de seguirlos.

Por consiguiente, este relato en su totalidad puede verse como una historia muy compleja y provocadora que le pide al lector que considere su papel como padre o madre de familia ante sus hijos, en especial en cuanto a sus deseos de ser sobreprotectores. El rey que estaba a punto de morir no habría podido ayudar a su hijo a encontrar el verdadero amor porque era obvio que temía al poder del amor. Por eso ordena que el retrato se guarde bajo llave. Por fortuna, el fiel Juan puede dar los consejos necesarios y ser escuchado, al menos en ocasiones. ¿Quién de nosotros no ha ignorado los consejos de sus padres simplemente porque venían de sus padres? Pero cuando estos consejos vienen de alguien que está sustituyendo a los padres, a menudo los escuchamos y los entendemos con toda claridad.

El fiel Juan quedó convertido en roca y fue llevado a la habitación del rey. Lo que hace que vuelva a la vida es el amor que recibe de otros y los consejos que les da, sin importar lo extraños que estos consejos parezcan. Se podría decir que mientras el fiel Juan fue una estatua representó una imagen adecuada de los padres que no están presentes en la vida de sus hijos debido a algún malentendido que destruyó esa relación. Con el paso de los años, continuamente he podido reconocer que muchas de las cosas que hacían mis padres y que me molestaban tanto en ese entonces probablemente se hicieron por mi bien y mostraban una gran perspicacia; pero yo simplemente no pude verlo en ese momento. Como sabemos, en muchos casos, la llegada de los nietos es lo que permite que todos los involucrados puedan percibir la dinámica de la paternidad y la maternidad bajo una nueva luz y puedan sanar en ese aspecto. Y eso es exactamente lo que vemos en este relato. De ninguna manera nos dice que debemos ceder ante nuestros padres en todo momento; pero sí nos pide que reevaluemos nuestra relación con ellos y la veamos bajo una nueva luz.

En lo relacionado con los seis arquetipos de crecimiento personal y espiritual, este relato es muy claro. En su lecho de muerte, el rey quiere que su hijo siga siendo un Inocente, o posiblemente un huérfano y que siga las reglas incluso después de la muerte de su padre. Cuando la princesa lo acepta, el joven rey está listo para ser un guerrero enamorado, alguien que ha luchado por lo que desea y que ahora puede amar a la princesa porque ella es digna de los esfuerzos que él ha hecho por ella. La princesa, por su parte, parece percibir estas cualidades en él, ya que acepta su amor sin mucha dificultad. Ya ha mostrado que es una princesa capaz en su propio reino, así que es una pareja digna para el joven rey.

Cuando el rey acepta lo que hace el fiel Juan, sin importar lo extraño que parezca, representa el arquetipo del monarca y está preparado para confiar en quienes él sabe que son dignos de su confianza. Pero llega a su límite cuando el fiel Juan toma sangre del pecho de su esposa. Eso lastima su orgullo. Está celoso y el elemento del ego, que está en la base del orgullo personal, es una fuerza poderosa y a menudo corrosiva que nos amenaza a todos. En cierta medida, el hecho de poner la estatua del fiel Juan en la recámara es su forma de reconocer que ha permitido que sus emociones lo controlen: podemos ver que al colocar la estatua en un espacio tan personal y tan sexual, él percibe esta situación, a nivel personal, como es en realidad: Celos sexuales que no son dignos de un rey. Esta extraña elección para la decoración de una recámara indica que esto no es simplemente una vaga disculpa pública; es un recordatorio diario que llega a lo profundo del corazón. Él dudó de la fe de su siervo, y por asociación, también dudó de la fidelidad de su esposa.

Cuando el joven rey da crédito a lo que sólo él puede escuchar (la voz del fiel Juan que brota de la estatua) y da los pasos necesarios para actuar de acuerdo a lo que cree, se convierte en un verdadero Mago. La magia brota del hecho de que los niños sanan, lo que implica que la siguiente generación tendrá plenitud. Esto sólo puede ocurrir porque el joven rey tiene una fe absoluta en lo que está haciendo y una confianza total en la sabiduría de las instrucciones que recibe.

En ocasiones, lo que es racional y puede explicarse no es la forma correcta de avanzar. En ocasiones tenemos que aferrarnos a nuestro sentido de fe y actuar de acuerdo con lo que sentimos. A este respecto, el final del relato tiene cierto parecido con la historia de Abraham e Isaac, en la que se le ordena a Abraham que sacrifique a Isaac, su único hijo, en el altar. Él obedece la orden, aunque siente que se le destrozará el corazón. Como recordamos, en el último momento Dios proporciona un carnero como sustituto y salva a Isaac.[2]

Este eco bíblico en el relato de los hermanos Grimm no puede ser accidental. En el caso de Abraham, la fe que se está poniendo a prueba es su fe en Dios; en el caso del joven rey, es la fe en su siervo. Pero debemos recordar que este es un siervo que es capaz de escuchar y entender el habla de los cuervos, de modo que es, al menos en parte, una especie de mago; está en armonía con la naturaleza y con la naturaleza humana. El fiel Juan nunca duda lo que tiene que hacer, ni pregunta por qué. Esto es lo que debe aprender el joven rey: debe confiar en su voz interior.

Podríamos optar por ver esta situación en nuestro mundo cotidiano como la persona que en su recámara privada, en la intimidad de su propia mente, recuerda un consejo que le dio una sabia figura paterna sobre la naturaleza de su relación. En ese momento, puede optar por ignorar esta sabiduría porque no es exactamente lo que él querría que fuera, o puede optar por actuar de acuerdo a ella. Si lo hace, esa será una decisión personal, y de hecho debe serlo, como se nos dice en este relato.

Vale la pena señalar que sólo después de haber decapitado a sus hijos, después de que han vuelto a la vida y después de recuperar al fiel Juan, es cuando el rey le pide a la reina que haga lo que él ya ha hecho, y ella acepta.

Si traducimos esto a una situación moderna, en ocasiones los padres tienen que ser firmes al controlar a sus hijos (¡en especial cuando se trata de gemelos, como en este relato!). Esta actitud estricta debe brotar de una decisión y convicción personal que nos dice que esta es la mejor forma de actuar. Si brota de cierta clase de acuerdo imperfecto entre los padres, entonces hay mucho espacio para que el hijo manipule al más débil de sus padres y reste fuerza a la decisión.

Este podría ser el caso: "Mamá dice que no puedo ir, pero si le pido permiso a Papá, el casi siempre acepta" (o a la inversa). O tal vez el padre que toma las decisiones podría decir que Susanita tiene que ir a un campamento este verano porque será bueno para ella, pero después de que la niña ha estado en el campamento todo un día, su pareja, que es más condescendiente, opina que seguramente Susanita los extraña y que deben ir por ella.

En el relato del fiel Juan, tanto el rey como la reina, independientemente, llegan a la misma conclusión sobre lo que debe hacerse; no porque uno de ellos hubiera convencido al otro o haya hablado con él para hacerle cambiar de opinión. Los padres se unen en una acción decisiva, y cada uno de ellos está seguro de que esa acción es la mejor. Esta parte del relato puede enseñarnos muchas cosas.

El tener confianza en nuestra voz interior, que en este relato se simboliza a través de la forma en que El fiel Juan susurra en la recámara, no está presente en muchas de nuestras vidas. La persona que odia su trabajo pero no lo deja porque la gente creerá que eso no tiene sentido, no está preparada para respetar su voz interior. La madre de familia que acepta que su hija adolescente vaya a una fiesta que ella sabe podría representar riesgos, sólo porque al parecer todas las demás madres están permitiendo que sus hijas asistan, está en la misma posición. Es interesante que cuando un padre o una madre castigan a un hijo o a una hija, los jóvenes lo comentan usando expresiones como "me cortan la cabeza". Una buena llamada de atención es a veces necesaria y nadie se va a morir.

Este relato es un desafío, pues no es fácil clasificarlo y está muy lejos de tener un final simplista. De hecho, más que dar una explicación verbal, presenta una imagen. Se nos pide que veamos cómo es el mundo, no se nos pide que lo analicemos. En este aspecto, somos como los personajes de la historia.

Entonces, ¿qué nos dice este relato? Nos muestra que cuando los muchachos se enamoran, necesitan la guía de sus padres; pero para guiar a un hijo, el padre debe asumir un papel diferente: el papel de consejero, no el de director. En estas circunstancias, el consejero exige confianza, no se debe cuestionar todo lo que él hace, ya que las explicaciones tienden a restarle vida a la relación, lo que en el relato se simboliza por el hecho de que el fiel Juan se convierte en una estatua de piedra. La escena desconcertante en que el joven rey decapita a sus gemelos, es simplemente la representación más extrema y dramática de lo que se requiere en lo que se refiere a la confianza. Es una metáfora. Incluso cuando los jóvenes aman de verdad y lo hacen con gran osadía, necesitan dirección, y la sabiduría de otras personas merece respeto, para que pueda darse un final feliz.

Cuando este concepto se expresa en esta forma, podría parecer simple; sin embargo, estoy seguro de que todos podemos recordar más familias en las que no se respeta a los parientes viejos y fieles, y se ignora su sabiduría, que familias donde existe armonía y una verdadera confianza. Tal vez Mark Twain lo expresó mejor cuando dijo: "Cuando era yo un muchacho de catorce años, mi padre era tan ignorante que casi no soportaba tenerlo cerca. Pero cuando cumplí veintiún años, me sorprendió ver cuánto había aprendido el viejo en esos siete años".[3]

El arquetipo del mago se revela en la armonía de la escena final. Cuando los padres actúan de acuerdo a principios sólidos y en base a la sabiduría, y son capaces de reconocer los buenos consejos que recibieron de sus mayores, ocurren cosas buenas. Aunque esto no siempre es el caso, como lo podemos ver en esta historia. Recordemos que el joven rey ignora la orden que su padre había dado en su lecho de muerte, según la cual nadie debería abrir la puerta que estaba cerrada con llave. Como hemos visto, esa orden no era válida, y el joven rey podría haber usado ese incidente y todo el episodio exitoso sobre el viaje que llevó a su matrimonio para señalar esa desobediencia y usarla para justificar un capricho posterior. Por eso, al final de la historia, es necesario ver que el joven rey está abierto a consejos que son buenos y realistas y que puede confiar en ellos. Esa confianza y ese equilibrio es lo que produce la sanación.

El relato no nos dice cómo vivir nuestra vida; no nos da órdenes. Nos pide que seamos conscientes de las tensiones que se acumulan alrededor del hecho de confiar en nuestros mayores a través de la historia de un joven que está madurando para alcanzar una autonomía personal.

Con esto regresamos al detalle importante de que el fiel Juan se convirtiera en una estatua de piedra; detalle que ahora podemos entender con más claridad. Ya hemos señalado la forma en que las partes del cuerpo que se transformarán en piedra si alguien le revela al joven rey la profecía, corresponden a la "prueba" que se presenta en cada caso. La predicción sobre el caballo, que representa la movilidad, hará que se petrifiquen los pies; el traje nupcial, que es un símbolo del orgullo sexual, hará que se petrifique el cuerpo desde los genitales hasta el corazón, y el hecho de morder el pecho de la novia, que se relaciona con ser posesivo y despierta sospechas, hará que también se petrifique la cabeza, que es la sede de la razón. Existe una correspondencia perfecta en estos símbolos.

No obstante, existe otro estrato de significado al que podemos tener acceso. Si El fiel Juan simplemente elimina los peligros que las pruebas representan para el joven rey, puede conservar su forma humana, pero si le *dice* a alguien por qué lo está haciendo, su destino es transformarse en una estatua de piedra. El mensaje implícito aquí es muy fuerte: cuando una figura paterna declara de manera unilateral lo que debe hacerse y les dice a sus hijos lo que tienen que hacer, corre el riesgo de que lo vean como una persona que prohíbe, como una fuerza monolítica tan inmóvil como una piedra.

A lo largo de generaciones, los hijos han deshumanizado a sus padres, sintiéndose ofendidos por restricciones que no entienden y que no se les han explicado. A veces, los hijos ven a los padres y a las figuras de autoridad como personas con rostros de piedra, inflexibles e inalcanzables. Pero si uno trata de razonar con el hijo y explicarle por qué algo no es bueno para él, siempre habrá ocasiones en que el hijo simplemente no está dispuesto a entender, ¡independientemente de la edad que tenga! A veces el padre o la madre tienen que tomar una decisión de nivel superior, sin explicaciones. Suficientes golosinas son suficientes golosinas; a veces simplemente tienen que tomar las llaves del auto, o decir "no". En esas ocasiones, las explicaciones detalladas no siempre ayudan.

De hecho, el relato nos da a entender que independientemente del curso de acción que sigan los padres, en ciertas circunstancias su destino será parecer inflexibles, como en el caso del fiel Juan cuando quedó transformado en una estatua de piedra. El relato nos recuerda que las familias no funcionan con fluidez. Existen puntos muertos o callejones sin salida, pero pueden superarse. Este es un consejo excelente para cualquier persona cuando alguien no está dispuesto a entender razones; la mayoría de las personas son parte de una familia y podrían tener la tendencia a cerrar su corazón cuando las cosas no ocurren como ellas desean y no entienden por qué. Este relato nos pide que recordemos esto para poder mantener abierto nuestro corazón.

El fiel Juan es un personaje muy extraño, una figura paterna que sabe en qué momento debe dar poder a un hijo. El propósito no es, como lo vemos en tantas familias, que la persona mayor se aferre al poder y a la influencia tanto tiempo como sea posible. El propósito es ayudar a dar poder a la siguiente generación apartándose el adulto en el momento oportuno. Eso permite que los jóvenes sean "reyes" y se encarguen de su propia vida, interviniendo lo menos posible. Esto es lo que permite que se desarrolle la independencia. Es un camino riesgoso, al parecer es más riesgoso que cualquier otro curso de acción. No obstante, es mucho más benéfico que usar mano de hierro o aferrarse a la autoridad hasta la muerte, lo que sólo haría que la siguiente generación tuviera una actitud infantil ante la vida.

CAPÍTULO 3

Hermano y hermana

LOS CHICOS Y LAS CHICAS SE DESARROLLAN DE MANERA DIFERENTE Y VEN EL MATRIMONIO EN FORMA DIFERENTE

El cuento número 11 en la colección de los hermanos Grimm es un relato poco usual que lleva el título de "Hermano y hermana". Tendremos que refrescar la memoria y recordar su argumento con el fin de alcanzar una comprensión total de él. En este relato, dos chicos, un hermano y una hermana, huyen de una madrastra malvada que además es bruja. Al ir corriendo tienen mucha sed, pero la bruja lanzó un hechizo contra todos los ríos. El primer río susurra una advertencia que sólo la chica puede escuchar: cualquiera que beba de este río se convertirá en tigre. Temerosa de que su hermano se convierta en tigre y la devore, ella hace que se aleje del río y siga caminando. El siguiente río también ofrece una advertencia, pero en esta ocasión el mensaje es que cualquiera que beba de ese río se convertirá en lobo; una vez más, la hermana lo escucha y aleja a su hermano. El tercer río advierte que cualquiera que beba de él se convertirá en un corzo macho (un ciervo pequeño). Pero en esta ocasión, el hermano tiene tanta sed que bebe agua del río a pesar de la amenaza, y de inmediato se transforma en un ciervo. La hermana se quita un "liguero dorado" y lo pone alrededor del cuello de su hermano, luego hace una cuerda con juncos y lo sujeta con ella para que no huya.

La hermana y su hermano, el corzo, encuentran una casa en el bosque. Viven ahí hasta que un día el corzo escucha los sonidos de una cacería y no puede evitar unirse a los demás corzos en su carrera. La hermana se lo permite con la condición de que cuando vuelva, se anuncie al tocar la puerta, que ella mantendrá atrancada para no correr ningún riesgo. Él deberá decir: "Hermanita, déjame entrar".

El primer día el hermano regresa sano y salvo, aunque los cazadores se interesaron mucho en este hermoso ciervo que lleva un collar dorado. Al día siguiente, recibe heridas leves pero puede volver a casa. Sin embargo, un cazador lo sigue y lo escucha decir la contraseña al llegar a la puerta; el cazador informa de esto al rey. El tercer día el rey va a la cabaña, usa la contraseña antes de que el corzo regrese, conoce a la hermana y le propone matrimonio. Los tres se van a vivir a su castillo y un año después la hermana tiene un hijo.

Mientras tanto, la madrastra malvada descubre el paradero de su hijastra y decide que su hija, que es fea y tuerta, debería ser la reina en lugar de su hermanastra. Madre e hija se dirigen al castillo y le dicen a la hermana que debe tomar un baño; ella todavía se siente débil después de dar a luz. La madrastra enciende una hoguera para calentar el agua, pero la calienta tanto que la joven se debilita más, se sofoca y muere. Entonces la madrastra utiliza hechizos para hacer que la hermanastra fea se vea casi como su hermana muerta, y le dice que se meta a la cama del rey.

Al principio parece que la treta tuvo éxito. Luego, a la medianoche, la hermana muerta regresa, alimenta a su bebé, acaricia a su hermano, el corzo, y luego se marcha. La nodriza del bebé está tan asustada que no puede hacer nada, pero se lo comenta al rey. El rey vigila la segunda noche, pero en el relato se nos dice que él "no se atrevió a hablar" con su esposa muerta cuando ella apareció. La tercera noche vuelve a observarla, habla con ella y eso le devuelve la vida.

La bruja tramposa y su nefasta hija quedan al descubierto. Como castigo, la nefasta hija es destrozada por criaturas salvajes; lo que refleja el temor que los hermanos sintieron cuando se perdieron en el bosque. Como un eco o reflejo similar, el castigo de la bruja es morir quemada en la hoguera, lo que nos recuerda la forma en que murió la joven madre sofocándose en agua hirviendo. Al final, con la muerte de la bruja, el hermano queda libre del hechizo que se lanzó contra él y recupera su forma humana.

Vale la pena analizar este argumento tomando en cuenta cada detalle porque de inmediato podemos ver que contiene varios elementos formales en cuanto a su organización. Hay tres ríos, tres días de cacería y tres noches en que la reina muerta aparece. El destino de la bruja y de su hija marca un paralelo con los miedos y las experiencias de la hermana. A partir de esto, surge una pregunta relacionada con el significado de esta historia.

En cierta medida, es bastante claro que se trata de una historia sobre la forma en que crecen las niñas. La hermana sabe que necesita a su hermano y es obvio que es menos impulsiva que él, si no fuera así, él habría tomado agua en el primer río. A medida que los niños crecen, hay en ellos una tendencia por luchar y afirmarse unos contra otros, y si el niño se hubiera convertido en tigre o en lobo, sólo se habría interesado en su propia supervivencia, no en la de su hermana.

Por lo tanto, aquí tenemos un indicio sobre el tipo de rivalidad que existe entre hermanos y hermanas; rivalidad que podemos ver en cualquier familia, y en cierta medida, en este relato la hermana controla al hermano por su propio bien. Pero cuando él se convierte en corzo, deja de ser útil y su hermana incluso tiene que refrenar sus impulsos por huir utilizando el liguero dorado. Esto es muy eficaz como una representación de la naturaleza dispersa de algunos jóvenes. En los primeros años de la adolescencia, los muchachos tienden a "volverse salvajes" y a ponerse en peligro. Desafortunadamente, en este relato la hermana no puede protegerlo por siempre, y a la larga, él siente que tiene que irse y participar en la cacería, ¡aunque los cazadores andan tras él!

La hermana sabe que la cacería representa un peligro para su hermano (como cuando en nuestros días un joven desea participar en deportes de alto riesgo), y sabe que también representa un peligro para ella. Habrá cazadores en el bosque, así que debe atrancar su puerta. Si quisiéramos otra evidencia que confirme sus miedos sexuales, sólo tenemos que recordar que Venus, la diosa romana del amor sexual, también es la diosa que se relaciona con la cacería y el origen de la palabra "venado" se relaciona con Venus. Como su hermano es un venado, la conexión que debemos hacer es bastante clara. Por lo tanto, la hermana es parte del drama que obviamente se relaciona con el sexo y con la emoción de la cacería.

Y de hecho, el rey se lanza en una cacería buscándola a ella. No obstante, nos damos cuenta de que ella tiene autocontrol, a diferencia de su hermano, y tiene un sentido común muy sólido. Además reconoce que el rey tiene cualidades muy valiosas, pues acepta que su hermano, el corzo, vaya con ella al castillo; de modo que no es la clase de bruto que sólo puede ver a un venado como comida.

Se podría decir que cuando ella da a luz y es asesinada, es "remplazada" por su hermanastra, una arpía tuerta. Si queremos ver esto como una transformación mítica, también podríamos decir que refleja los cambios que ocurren cuando las mujeres se vuelven madres. Durante cierto tiempo, no son las mismas criaturas sexualmente deseables que eran antes; están cansadas, tienen que amamantar y cuidar al bebé. Si el padre está presente en el nacimiento, a menudo se percibe que la mujer, al pasar a través de ese proceso doloroso, es una persona muy diferente, e incluso un ser aterrador. Según han dicho algunas mujeres, al estar dando a luz, han lanzado insultos y maldiciones contra sus esposos, culpándolos por haberlas embarazado, y por lo tanto por haberlas obligado a sufrir todo este dolor. Todo el proceso puede ser impactante para algunos hombres. La dulce y amorosa esposa asume, temporalmente, aspectos que hacen que parezca una bruja o una arpía.

El hecho de comprender esto ayuda a explicar la siguiente sección. La reina "muere" y reaparece como fantasma, como un ser responsable y amoroso que cuida de su hijo y de su hermano. Se podría decir que, en esta forma, el rey puede volver a ver su espíritu amoroso, así que la reclama como su esposa. Esta escena tiene una riqueza que se relaciona con el momento en que el esposo, al ver a su esposa y al recién nacido juntos, se enamora de ella más profundamente que antes, y ella se vuelve a enamorar de él. La sensación temporal de alejamiento que muchos esposos sienten cuando ven que su esposa concentra toda su atención en el recién nacido, se reemplaza por algo más grande, más generoso y más profundamente amoroso. En este relato, la acción del rey hace que su esposa vuelva a la vida, y ella "se muestra fresca, sonrosada y saludable".

Si vemos esta historia bajo esa luz, puede ser una forma sensible de apreciar la manera en que se desarrollan las jovencitas, a diferencia de la forma en que se desarrollan los varones, y de ver que el amor duradero se basa en algo más que una simple atracción. Cuando un lector está alerta al mensaje de este relato, podrá ver lo que puede pasar cuando llegan los hijos y cómo ese suceso puede enriquecer, y no amenazar, el vínculo del amor.

Si vemos al rey por un momento, podríamos decir que a partir de actividades típicamente masculinas como la cacería, él llega a un mundo de afectos verdaderos. Podemos descubrir ecos de esto cuando vemos jóvenes que parecen dedicarse totalmente a los deportes y pasar todo el tiempo con sus amigos. Son un grupo muy unido de muchachos, pero uno de ellos le presenta su hermana a uno de sus amigos y de pronto hay un romance en el aire. Durante la cacería, el rey sabe que el corzo es algo especial, y al saberlo tal vez percibe que la búsqueda de su vida debe centrarse en algo más vital que en tener una cornamenta en su castillo.

Es obvio que esta es una historia que capta el proceso de desarrollo de los chicos y las chicas, y habla sobre la transición que tienen las chicas de ser hermanas a ser amantes y luego madres con todo lo que ese cambio implica. De hecho, podemos elegir ver este relato como toda una serie de desarrollos en términos de arquetipos.

Los niños definitivamente empiezan como Inocentes y al huir de inmediato se vuelven Huérfanos. Después, vemos a la niña como una personita responsable y cautelosa: para ella, la fase del Peregrino es un periodo largo en el que debe ser paciente; es el periodo que pasa en la casa aislada atendiendo a su hermano, aprendiendo a amarlo y cuidándolo, aunque él no puede contribuir en absoluto al sostén del hogar. Su decisión de llevarlo consigo al palacio del rey es su forma de reconocer el vínculo de amor de la familia, equilibrado con el vínculo que ella comparte con su esposo. Son vínculos diferentes, pero no se puede abandonar uno por el otro.

Se podría decir que la hermana aprende el papel del guerrero enamorado luchando por su supervivencia y la de su querido hermano, antes de encontrar su expresión plena en el matrimonio. Ella sabe lo que son el amor y la devoción, y por lo tanto está lista para el matrimonio. Esto, por supuesto, hace que se convierta en una reina, y podemos ver a la pareja real en la etapa del Monarca. Sin embargo, hay otros aspectos que debemos considerar pues esta experiencia tiene una segunda parte.

En su papel como esposa y madre, la hermana da a luz y así inicia su papel como la encargada de nutrir a su hijo. Cuando su madrastra la secuestra y hace que se asfixie, ella "muere" metafóricamente porque su vida anterior nunca volverá a estar a su alcance. Pregúntaselo a cualquier padre o madre de familia. Muchos de ellos se refieren a su vida "antes de los hijos" en un sentido juguetón diciendo que las cosas nunca vuelven a ser lo que eran en esos primeros días de sencillez. Ahora la hermana es madre, y las responsabilidades adicionales del amor representan un ascenso espiritual: cuando el rey la ve y la reclama, no sólo está descubriendo de nuevo su amor por ella, sino que también descubre su nuevo papel y su nueva vida juntos. En este papel ellos ya no son el punto central, pues lo es la siguiente generación. De hecho, son los guardianes de la siguiente generación, son unos verdaderos Monarcas que trabajan juntos por el bien de todos. Es necesario señalar que cuando el rey elige este papel, tiene que reclamarlo, no sólo se le entrega, y entonces todo cambia. Una vez que él ha dado este paso, su esposa también lo reclama. Esta historia parece decirnos que ellos son iguales. Es entonces cuando aparece el arquetipo final, el Mago. La reina vuelve a la vida, las malvadas son castigadas y el hechizo que ha caído sobre su hermano se desvanece.

Cuando vemos el relato en esta forma, hasta los detalles más pequeños se vuelven importantes. Por ejemplo, el miedo de que su hermano pudiera convertirse en un tigre bebiendo agua del primer río, y de que pudiera convertirse en lobo bebiendo agua del segundo río, señala la forma en que los hijos pueden reaccionar cuando reciben malos tratos de sus padres. Su reacción inicial bien podría ser una furia iracunda, parecida a la de un tigre, que después descargan en cualquiera de sus hermanos o hermanas, pues no tienen a nadie más en quien descargarla. Cuando transcurre algo de tiempo después del trauma, la reacción podría ser simplemente enojo, pero menos directo. Como el lobo que asecha buscando algo que pueda robarse, el hijo puede volverse destructivo con una actitud menos abierta. Cuando el hermano finalmente bebe agua, se convierte en un corzo, irresponsable pero juguetón o impredecible, casi llegando al punto de ser autodestructivo. En base a mi experiencia con adolescentes perturbados, esta parece una interpretación precisa de la forma en que los jóvenes pueden adoptar una actitud de "no me importa" cuando se les ha maltratado. Esta es simplemente otra expresión de enojo, transformada por la tardanza.

La naturaleza comprimida de este relato es especialmente impresionante. Aparece tanta información en una forma tan sugestiva y provoca tanto el pensamiento, que sólo podemos llegar a la conclusión de que este relato pudo haber sido el punto de partida para todo tipo de discusiones sobre las relaciones entre personas de ambos sexos, en las que participaban quienes lo leían o lo escuchaban. Después de todo, uno de los objetivos de los cuentos es estimular el diálogo.

Es interesante que el siguiente cuento en la colección de los hermanos Grimm sea "Rapunzel" (El cuento número 12), otra historia en que alguien tiene que escuchar una contraseña para que una joven que se encuentra en un edificio lejano pueda conocer al hombre que le propondrá matrimonio. Recordemos que en el relato de "Rapunzel" el hijo del rey escucha que la Hechicera le pide a Rapunzel que haga bajar su cabello por la ventana, y al saber esto tiene la oportunidad de escalar la torre.

El siguiente relato en esta secuencia es "Los tres enanitos del bosque" (El cuento número 13), que comparte muchos detalles similares con "Hermano y hermana". Como en el cuento anterior, después de conocer al rey que será su esposo, la joven reina debe enfrentarse a su madrastra y a su horrible hermanastra. Aquí también la reina da a luz y es asesinada, en esta ocasión la lanzan a un río. Vuelve a aparecer como un pato, luego se vuelve fantasma y visita a su hijo tres veces antes de que el rey la reconozca. En ambos relatos, las palabras del espíritu de la reina (y del espíritu del pato) se dicen en verso, lo que es un detalle poco usual.

La decisión de los hermanos Grimm de poner juntos estos cuentos tan similares tiene varios propósitos. En primer lugar, nos muestra, muy al principio de la colección, que habrá muchas variantes y elementos repetidos en estos relatos, conforme los vamos leyendo. Tal vez otra clase de editor habría intentado mantener estos cuentos similares tan separados como fuera posible, con la esperanza de que nadie notara el parecido. Pero la decisión de los hermanos Grimm de agruparlos en esta forma nos señala la naturaleza peculiar de las repeticiones y nos ayuda a hacer conexiones.

Por ejemplo, podemos ver que tanto en "Hermano y hermana" como en "Los tres enanitos del bosque" la reina está muy débil cuando llegan la madrastra y la hermanastra; en ambos relatos ella toma un baño (en un relato lo hace en un cuarto donde hace demasiado calor y en el otro en un río) lo que provoca su muerte, y en cada caso es remplazada por la hermana odiosa.

Esto podría ser una forma de señalar el hecho de que algunas mujeres sufren una transformación muy profunda después de dar a luz; quizás es una forma de depresión postparto que hace que temporalmente se conviertan en una versión "fea" de sí mismas. En "Los tres enanitos del bosque", la madrasta incluso le dice al rey que no se acerque a la hermana fea, que está en su cama disfrazada como su esposa, porque tiene un "sudor terrible" (una clara indicación de que padece cierta clase de enfermedad postnatal). En "Hermano y Hermana" la excusa es que a la reina todavía no se le permite ver la luz. Estos indicios son suficientemente fuertes como para apoyar el argumento sobre la depresión postparto.

También podrían indicar el hecho de que tomar un baño caliente después de dar a luz es una buena idea, no sólo desde el punto de vista de la higiene, sino porque en forma simbólica representa para la madre una especie de bautismo, una forma de renovación; y que si no se toma en un entorno de atención y cariño, el resultado será altamente dañino en el aspecto físico. La madre que acaba de dar a luz necesita que se le guíe de regreso al mundo ordinario con suavidad y compasión. Este es un mensaje importante.

También debemos considerar las similitudes en la trama. En "Hermano y hermana" vemos que el rey tiene que reclamar al espíritu de la reina como su esposa. Anuncia: "No podrías ser nadie excepto mi esposa", y ella lo asegura y lo confirma: "Sí. Yo soy tu querida esposa". Estas son las mismas palabras que el rey usó cuando le propuso matrimonio ("¿Quieres venir conmigo a mi palacio y ser mi querida esposa?" y ella estuvo de acuerdo), así que podríamos presentar algunas sugerencias sobre su significado.

El reclamo y la respuesta parecen actuar como una renovación del acuerdo original, lo que representa un regreso al estado anterior de armonía sexual y emocional. El matrimonio cobra vida de nuevo por mutuo consentimiento, después de un periodo de alejamiento. En "Los tres enanitos del bosque" el rey tiene que romper el hechizo ondeando su espada tres veces sobre la cabeza del espíritu de su reina. Es imposible ignorar el significado del hecho de que un hombre mueva un símbolo fálico de gran tamaño sobre la cabeza de su novia precisamente en medio de la noche: está reclamando a su esposa y al mismo tiempo reclama la vida sexual de ambos.

Obviamente, este es un territorio de intimidad. Como bien lo saben las personas que han vivido la experiencia de ser padres, a veces es difícil reanudar la vida sexual de la pareja. La mujer todavía está sanando, e incluso podría estar temerosa de tener un nuevo embarazo; no es algo que pueda apresurarse. A veces, de hecho, tanto los hombres como las mujeres pierden el interés sexual cuando llega un hijo. Ese es, en parte, el mensaje que está detrás de este relato.

Incluso en tiempos modernos, muy a menudo se resta importancia a los malestares postparto tanto físicos como emocionales. Por ejemplo, las declaraciones de la actriz Brooke Shields sobre su experiencia de depresión postparto, que se revelan en su libro *Down Came the Rain, My Journey Through Postpartum Depression* (*Cayó la lluvia, mi viaje a través de la depresión posparto*, Hyperion Books, 2005), motivaron reacciones muy irrespetuosas por parte de algunos hombres, incluyendo al actor Tom Cruise. La cantidad de tiempo de televisión que se ha dedicado a la Sra. Shields y a sus comentarios indica que este es un tema de vital importancia para muchas personas, aunque es un tema que está al límite de lo prohibido y está rodeado de malentendidos.

Si vemos estos temas bajo esta luz, ciertamente podemos afirmar que "Hermano y hermana" y "Los tres enanitos del bosque" transmiten información que sigue siendo relevante para los lectores modernos. Estas historias no nos dicen abiertamente lo que deberíamos hacer ante estos problemas escabrosos; ese no es su propósito. Pero nos informan que esos cambios pueden ocurrir, que no son permanentes, y que como en tantos otros desafíos emocionales, la respuesta es el amor.

CAPÍTULO 4

Las tres hilanderas

y

Rapunzel

LA NATURALEZA DE LOS CUENTOS Y EL AMOR FRUSTRADO DE LOS JÓVENES

En este momento empezamos a notar algo en los relatos de los hermanos Grimm: es fácil dividirlos en relatos en los que los personajes crecen y cambian, y relatos en los que no ocurre ningún cambio. Por ejemplo, en "Un buen negocio" (el cuento número 7), el campesino tonto gana dinero pero sólo a través de su propia suerte de tonto. De manera similar, en "Las tres hilanderas" (cuento número 14), lo que salva a la hilandera perezosa de su destino es un final sorprendente, y al parecer ella prácticamente tampoco merece su suerte.

En resumen, el relato de "Las tres hilanderas" se trata de un príncipe que está dispuesto a casarse con una hilandera pe-rezosa basándose exclusivamente en su reputación de ser una buena hilandera; luego se entera que en realidad las que hacían todo el trabajo eran sus tres tías "feas", que aparecieron como por arte de magia. Cuando pregunta cómo llegaron a ser tan feas, las tres mujeres dicen que fue debido a las tres acciones que deben repetirse una y otra vez en el proceso de hilar estambre. Por trabajar con el pedal, una de ellas tiene un pie enorme, por humedecer el hilo con saliva, la segunda tiene un labio enorme, y por torcer el hilo, la tercera tiene un pulgar enorme. El príncipe, horrorizado de que su esposa pudiera llegar a tener estas deformidades, le prohíbe volver a hilar. Con eso se resuelve el problema.

Esta clase de historias están muy cerca del tipo de anécdotas que hoy en día consideramos chistes que se basan en juegos de palabras, tienen una frase clave que resuelve la situación pero en forma ridícula. Esto no significa que el relato de la hilandera perezosa carezca de mérito. Para comprender la forma en que opera el mundo, simplemente debemos notar que la trama señala algunos puntos específicos sobre los papeles que representan las mujeres.

Veamos la trama en su totalidad.

La chica perezosa en quien se centra la historia aborrece trabajar como hilandera, lo que hace enojar a su madre, quien la golpea. En ese momento la reina pasa cerca de la casa y escucha los gritos de la muchacha, así que se detiene para averiguar qué está pasando. Avergonzada al ser descubierta cuando daba rienda suelta a su enojo contra su hija perezosa, la madre dice que está golpeando a la chica porque no quiere dejar de hilar; afirma que su hija, de hecho, es una excelente hilandera.

La mentira es tan eficaz que la reina le ordena a la chica que vaya al palacio y trabaje ahí como hilandera, pues ella considera que hilar es una ocupación muy benéfica. En realidad, está tan interesada en el hilado como actividad, que le dice a la chica que si se pone a hilar y llena tres cuartos de hilo de lino en tres días, puede casarse con su hijo mayor (es decir, con el heredero al trono).

Es obvio que la chica no sabe hilar. En ese momento, aparecen las tres hilanderas: tres mujeres feas que prometen hilar todo el lino si pueden asistir a la boda. Ellas cumplen con su parte del trato, y la chica cumple con la suya e invita a las mujeres a la boda. Cuando llegan, el príncipe les pregunta por qué una de ellas tiene un pie enorme, otra un labio enorme y la tercera un pulgar enorme. Ellas explican que sus deformidades son el resultado de hilar lino. Entonces el príncipe le prohíbe a su esposa que vuelva a hilar porque quiere preservar su belleza.

Lo que destaca de inmediato es que existe una diferencia entre lo que los hombres quieren de sus esposas y lo que las mujeres quieren de sus hijas. La madre necesita una hija trabajadora; además, la reina piensa que una nuera trabajadora es una excelente idea, y considera que el ser trabajadora es la virtud más importante. Pero el príncipe quiere una esposa atractiva y el lino no le interesa en absoluto. Esto es un ejemplo típico de una actitud masculina. Tal vez, la fealdad y las deformidades de las tres "tías" son un comentario sobre la forma en que el trabajo arduo puede destruir la belleza de las mujeres e incluso su salud. Pero al parecer esa es la forma en que opera el mundo para los pobres, y las mujeres feas no se quejan; simplemente quieren que las inviten a la boda.

En muchos aspectos, esta historia es un retrato de los diferentes estándares que guían a las diferentes clases de personas, lo que tal vez haya sido la razón por la cual las audiencias que la han escuchado pueden sonreír y decir que es un reflejo de la forma en que opera el mundo. La buena suerte y la buena apariencia, e incluso unas cuantas falsedades bien manejadas, sumadas a mucho trabajo arduo realizado por personas a las que no se aprecia mucho, han elevado a muchas jovencitas que, tomando en cuenta otros aspectos, no tienen el talento para llegar a posiciones de riqueza e influencia. Las modelos cotizadas, las cantantes y las esposas envidiables nos lo recuerdan. No podemos evitar notar que la jovencita en sí no ha cambiado en absoluto. Sigue siendo perezosa. Por eso considero que este tipo de relatos son menos útiles, a pesar de la riqueza de comentarios sociológicos que contienen.

¿Qué es lo que hace que "Las tres hilanderas" sea un relato de menor calidad?

Tiene una trama en la que una jovencita es enviada al mundo como una huérfana. Se le asigna una tarea imposible. Recibe ayuda sobrenatural; muestra gratitud a las tres hilanderas y eso lleva a un final feliz. Hasta este momento, todas estas características son elementos estándar de los cuentos. No obstante, se podría decir que falta un ingrediente importante, porque la chica es completamente pasiva y no hace ningún esfuerzo por afirmarse en sus valores a lo largo de la historia. De hecho, ni siquiera podemos asegurar que ella tenga alguna clase de valores. No hay cambios en ella y su comprensión de la vida no aumenta. La magia resuelve el conflicto sin revelar su carácter.

Por esa razón, vale la pena señalar que el verdadero valor de la colección de los hermanos Grimm está en los cuentos que tratan sobre la transformación del carácter. A menudo, esa transformación se le revela al lector como un acto de magia. Sin duda en el pasado algunas personas pensaban que los héroes y las heroínas jóvenes encantados, literalmente estaban envueltos en la magia. Pero me gustaría mencionar que la existencia de hechizos en estos relatos no tiene el propósito de mostrar a los personajes débiles, sino el propósito de señalar cómo pueden ocurrir cambios y cómo deben asimilarse las experiencias negativas; de la misma manera en que en nuestros tiempos se considera que las experiencias traumáticas deben procesarse y comprenderse mediante una terapia.

Cualquier persona que tenga experiencia trabajando con la gente en un entorno terapéutico, habrá notado que a veces los cambios que experimenta una persona parecen ocurrir, casi mágicamente, en muy poco tiempo, aunque el trabajo que llevó a esos cambios hubiera llevado años. Parece magia, pero es el resultado de cambios internos y realizaciones muy profundas. No es fácil explicarlos o incluso describirlos. En la canción "Rock Steady", el cantautor Sting lo expresa así:

> Desperté esta mañana y algo había cambiado,
> era como si los cuartos de mi casa
> se hubieran reacomodado.[1]

Es difícil describir el cambio pero es fácil reconocerlo. Tal vez las autobiografías modernas y los relatos acerca de personas que han sobrevivido a traumas, que normalmente tienen varios cientos de páginas, se acercan más a mostrar en detalle cómo funciona esto. Y sin embargo, ¿cómo se puede "explicar" la acción de una persona que decide ir a Alcohólicos Anónimos y dejar la bebida? ¿Cómo se puede "explicar" que una persona decida dejar los narcóticos mientras que otras no pueden hacerlo?

En cierta forma, por supuesto, la comparación no es útil, ya que los cuentos de los hermanos Grimm se relacionan con el crecimiento y no con las adicciones. Sin embargo, en cada caso, lo que más importa no son los factores mecánicos exactos de la manera en que una persona puede cambiar y tener una vida mejor, pero los cuentos reconocen que existe una forma más productiva, de ubicarse considerando el otro aspecto de la dificultad. Cuando esto ocurre, parece magia.

Con esto llegamos a la historia de "Rapunzel" (el cuento número 12). Casi todos estamos familiarizados con los rasgos generales de esta historia, pero como en todo ese tipo de cosas, necesitamos ser precisos si queremos encontrar un significado confiable en la narración, así que conviene repasar el argumento.

Al inicio de la historia, una pareja de esposos desea tener un hijo, y poco después la mujer queda embarazada. Un día, cuando ella se asoma por la ventana, puede ver que en la hortaliza de la vecina, que es una hechicera, hay un sembradío de rapónchigo (Rapunzel), una planta silvestre cuya raíz, en forma de nabo, es comestible. Ella quisiera comer un poco de esa planta. Su solícito esposo se salta la barda y recoge algunos rapónchigos para hacer una ensalada. Es obvio que habían estado esperando este embarazo por mucho tiempo, y él quiere estar seguro de que la futura madre tenga todo lo que necesita. Al día siguiente, el antojo de la mujer por rapónchigo es más urgente, y de nuevo, el esposo va por él. Pero en esta ocasión la hechicera lo descubre y le ordena que cuando nazca el niño debe entregárselo.

A su debido tiempo, nace una niña y se ven obligados a entregársela a la hechicera, quien le da el nombre de Rapunzel. Cuando la niña tiene doce años, ya es muy hermosa. Entonces la hechicera la lleva a una torre que no tiene ventanas ni escaleras, y cada mañana se acerca a la base de la torre y le pide a la chica que haga bajar sus trenzas doradas para ascender sosteniéndose en ellas.

Un día, el hijo del rey pasa por ahí y escucha a Rapunzel cantando; entonces decide investigar. Descubre la forma en que la hechicera sube a la torre para visitar a la chica, espera su oportunidad y hace lo mismo. En cuanto el príncipe ve a Rapunzel, quiere casarse con ella y ella quiere casarse con él, pero no saben cómo liberar a Rapunzel y sacarla de la torre.

Rapunzel le dice al príncipe que traiga una madeja de seda cada vez que venga a verla, para poder hacer una escalera. Desafortunadamente, un día, durante la visita de la hechicera, Rapunzel menciona sin querer que su captora no es tan rápida al subir por sus trenzas como el hijo del rey. Furiosa, la hechicera le corta las trenzas a Rapunzel y se la lleva a "un desierto", donde más tarde la chica da luz a unos gemelos y luego se queda ahí, esperando al hijo del rey.

El hijo del rey llega a verla como de costumbre, subiendo por las trenzas que están amarradas en el gancho de la ventana. Cuando la hechicera lo enfrenta, él salta desde lo alto de la torre y cae sobre un arbusto de espinas. Este arbusto le salva la vida pero le saca los ojos dejándolo ciego. Entonces anda errante, perdido durante años, hasta que, por casualidad, vuelve a encontrar a Rapunzel en su casa del desierto. Ella está tan emocionada que derrama dos lágrimas, que caen en los ojos del hijo del rey devolviéndole la vista. Entonces se casan y son muy felices.

Muchas generaciones de lectores conocen este relato. El tema parece relacionarse con el anhelo. Los padres anhelan un hijo, la madre anhela comer rapónchigo, los amantes anhelan estar juntos. Si queremos, podemos ver esto como una parte importante del drama y darnos cuenta de que cuando los padres invierten demasiado deseo emocional en un hijo o hija, tienden a sobreprotegerlo, como lo hizo la hechicera.

Ella fue quien encarceló a Rapunzel en la torre cuando cumplió doce años, más o menos al principio de la pubertad, y se nos dice que ella ya es muy hermosa. A la hechicera, como ya sabemos, no le gusta compartir nada, ni siquiera las plantas de su hortaliza. Por lo tanto, podemos verla como una persona muy posesiva. Representa la forma en que los padres, las madres y las figuras paternas y maternas pueden reaccionar cuando se preocupan por la castidad de sus hijas. Se vuelven irrazonables y sobreprotectores y quizás lleguen a insistir estrictamente en las restricciones y en las horas límite para llegar a casa. Por desgracia, este no es un método infalible y tampoco es una buena idea, pues más tarde, la chica que recibe una educación conventual podría conocer a otras chicas que son más atrevidas en relación con el sexo y que podrían llevarla por el mal camino.

El hijo del rey ciertamente es atrevido en relación al sexo. No duda en encontrar la forma de llegar a lo más alto de la torre, y luego no pierde tiempo y le propone matrimonio a la chica, lo que nos recuerda al rey que usa la contraseña para entrar a la casa en la historia de "Hermano y Hermana", el cuento que precede a "Rapunzel" en la colección. El ascenso furtivo del príncipe a la torre es un reflejo directo de la acción del padre biológico de la chica cuando saltó el muro para robarse los rapónchigos al inicio de la historia. En ambos casos, la acción no es exactamente moral, pero es un acto de amor.

Curiosamente, el hijo del rey parece tardarse para llevarse a Rapunzel. Pudo haber regresado esa misma noche con una escalera, pero no lo hace, y poco después su amor queda al descubierto. Como ya nos dimos cuenta, ellos tuvieron sexo con la frecuencia suficiente como para concebir gemelos, así que la tardanza del príncipe podría representar algo psicológicamente interesante; es decir, la forma en que los amantes, en su propio mundo de placer, pierden contacto con la realidad y no hacen lo "correcto" desde el punto de vista de los estándares de la sociedad.

Esto no sucede porque los amantes sean inmorales. Sucede porque esa es la forma en que actúan los seres humanos cuando están atrapados en sus emociones. Es algo que vemos todos los días. Cada año, miles de jóvenes solteras quedan embarazadas. Esto no siempre ocurre porque sean ignorantes en el campo del control de la natalidad; a veces, es porque su estado emocional es tan intenso que se olvidan de la cautela cuando están bajo el dominio del amor. Las cifras sugieren que esto ya no es simplemente un fenómeno de adolescentes. Al parecer eso es lo que les sucede a los amantes incluso en esta época en que los anticonceptivos pueden conseguirse en cualquier tienda de la esquina.

Creo que es importante señalar este punto porque al hacerlo, podemos ver que el amor que comparte esta pareja es un amor virtuoso, aunque ingenuo. Quizás el hijo del rey es un oportunista, pero no es un depredador. Ambos son en esencia Inocentes arquetípicos y sufren años de separación antes de que la historia les permita reunirse. Las lágrimas de Rapunzel le devuelven la vista al hijo del rey. Como es obvio que él se siente atraído por lo que ve, esto parece un símbolo adecuado de la forma en que la atracción y la obsesión pueden finalmente convertirse en un amor verdadero, en el que los amantes se ven con claridad por primera vez. En su ceguera, lo que remplaza a la visión es la perspicacia.

Pero lo más emotivo es la forma en que este relato nos señala que cuando una figura paterna severa obliga a los jóvenes amantes a alejarse, el daño que se les causa bien podría ser físico, pues viven anhelando el amor perdido durante muchos años después de la separación. Cuando se ve en esta forma, la ceguera del hijo del rey es emblemática y se relaciona con la incapacidad de un amante frustrado para fijarse en otra persona como una posible pareja y no pensar en su primer amor, lo que tiene como resultado una incapacidad para seguir adelante en la vida.

Vemos que al parecer la hechicera causa la ruina de ambos amantes al impedir su amor. Su papel primordial en esta historia es impedir que la gente haga realidad sus deseos más ardientes, ya sea que se trate de unos rapónchigos o de la propia Rapunzel, y lo hace sin ninguna razón que alguien pudiera comprender. ¿Quién podría rechazar al hijo de un rey como futuro yerno? Sólo un padre o una madre ferozmente posesivos que no quieren que su hija sienta cariño por nadie más… nunca jamás. Y sólo un padre o una madre vengativos sostendrían esa prohibición ante el embarazo de su hija. El hecho de que la hechicera tenga una hortaliza privada y una prisión en la torre, muestra que quiere poseer y controlar las cosas y las personas, los jóvenes enamorados se rebelan contra el espíritu del amor propio. Este relato, por lo tanto, tiene que ver con los auténticos peligros que representa para los jóvenes un control demasiado estricto por parte de sus padres y con las heridas que el amor de los jóvenes deja en ellos cuando se ve frustrado por la crueldad; heridas que sólo podrán sanar cuando los enamorados vuelvan a reunirse.

He trabajado con muchas personas a lo largo de los años y todas recuerdan su primer amor con una fuerza muy especial. Casi todas están dispuestas a admitir que aunque esta primera experiencia del amor no llegó a ser una relación duradera, dejó una marca en su vida en lo relacionado con su futura elección de pareja. Algunas personas han dedicado décadas, después de ese primer amor, a buscar a alguien que fuera "igual" al amor que perdieron. Este es un tema que ha motivado una gran cantidad de estudios e investigaciones. Elisabeth Young-Bruehl, por ejemplo, ve este anhelo como una combinación de sensaciones de origen químico y hormonal y de impresiones antiguas que dejaron huella.[2] Es muy probable que la forma en que nos enamoramos por primera vez se convierta en un patrón que marca la forma en que nos enamoraremos en el futuro, y hablando en general, muchas personas sienten que esto es verdad. Es una especie de condicionamiento psicológico. El número de personas que conservan a lo largo de su vida las ilusiones románticas de sus primeros noviazgos escolares, es conmovedor en muchos aspectos. Esto es verdad ante todo si la relación no tuvo la oportunidad de realizarse y fue interrumpida o impedida.

En un contexto más siniestro y negativo, esto mismo tiende a ocurrir en el caso de niños y niñas que han sido víctimas de abuso; por lo general les ha sido muy difícil superar sus primeras experiencias sexuales y establecer vínculos emocionales sanos más tarde en la vida. Tienden a repetir el patrón que experimentaron antes. Tal vez Hollywood ha presentado el primer amor como algo muy romántico, pero sería prudente aprender la lección de que todos, en gran medida, hemos sido marcados por nuestro primer amor y nuestras primeras experiencias sexuales en formas que no nos es fácil comprender.

En el fondo, por lo tanto, este relato nos dice algo importante sobre el amor que nuestra sociedad, que se caracteriza por las libertades sexuales, tiende a olvidar, pues tal vez le parece que olvidarlo es lo más conveniente, pues al parecer muchas personas piensan que pueden borrar su pasado y seguir adelante con su siguiente pareja. La historia de Rapunzel nos recuerda una verdad básica sobre lo que somos, y lo hace con un toque suave y amable.

Conviene notar que la historia no nos dice lo que deberíamos hacer. No nos dice que existe una mejor forma en que los padres podrían controlar a sus hijas cuando se preocupan por ellas, o que podríamos evitar la forma en que el primer amor se graba en el cerebro. Sólo intenta presentar la situación para que estemos alerta a lo que está pasando.

Un relato de este tipo seguramente sería significativo para cualquier persona que lo leyera o lo escuchara en la antigüedad; los padres por lo general trataban de controlar a las personas con quienes se casaban sus hijos o hijas, y eso sigue sucediendo hoy en día. Esto no necesariamente es malo, como bien lo sabe cualquier padre o madre cuyos hijos se juntan con "amigos indeseables". La historia intenta mostrar un ejemplo extremo de la actitud de los padres para exponer a la luz esta tendencia y presentarla como tema de discusión. En el proceso, nos pide que consideremos los aspectos psicológicos que tal vez hemos olvidado analizar.

Antes de dejar atrás la historia de "Rapunzel", debemos abordar una objeción técnica relacionada con la forma que este relato ha tomado en nuestros días; me refiero a una variante que probablemente creó Madame de la Force, quien publicó su versión en 1698. Según Max Luthi, los hermanos Grimm sentían que su versión era, en el fondo, la verdadera, al compararla con cualquier otra versión disponible, y que la usaron basándose en esa creencia. Luthi argumenta que en las demás versiones europeas los amantes logran escapar usando tres argucias, lo que resulta ser "la estructura más obvia de un cuento de hadas, que sigue el típico ritmo de tres pasos".[3]

Luthi tiene razón al señalar que la escapatoria y las tres argucias son un estilo familiar al narrar historias, pero esa no es una razón para considerar si ese estilo es o no apropiado en este relato. Luthi dice lo siguiente sobre la versión de los hermanos Grimm: "¡Además es muy cautivadora!". Me gustaría usar esto como una razón para conservar esta versión. Es obvio que este relato es encantador y parece auténtico en una forma muy vital. Me parece que vale la pena aceptar los conceptos que ofrece sobre la forma en que actúa el primer amor, sin importar cuál sea exactamente el origen de estos conceptos.

Es posible que el final de este relato se haya tomado de otra narración tradicional, pero en realidad no tenemos una prueba convincente de ello. Por ejemplo, este final es similar al de "La doncella sin manos" (el cuento número 31), donde la chica permanece aislada con su hijo hasta que el rey la encuentra siete años después, y ella recupera sus manos (aunque no gracias a las lágrimas).

En "La doncella sin manos" también se enfatiza el sentido de la vista, ya que el rey encuentra a su esposa pero no la reconoce. Luego se queda dormido con un pañuelo sobre los ojos. Se le cae y es necesario volver a ponérselo, así que la joven le pide a su hijo que vuelva a poner el pañuelo sobre los ojos del rey que está dormido. Esto ocurre dos veces, y el rey despierta y reconoce a la joven. Por el énfasis que se da al sentido de la vista y por el hecho de volver a ver al ser amado, es un final muy similar al de "Rapunzel" en cuanto a su estructura general. Por lo tanto, podríamos argumentar que este final va muy de acuerdo con el espíritu de los cuentos de hadas más antiguos, aunque Luthi, convenientemente, ignora este hecho.

Tal vez esto haga que parezca que estoy seleccionando hechos que son adecuados para cada situación, pero como ya hemos visto en este libro, y lo seguiremos viendo, los elementos que están presentes en la trama de estos relatos tienden a ocurrir en realidad; en algunos casos, parece que los finales se toman de un relato y se adaptan a otros. No siempre es posible determinar cuál es el relato "original". En todo caso, ese no es nuestro propósito primordial. Lo que nos interesa es la razón por la cual, al menos durante doscientos años, estas versiones han sido tan significativas para tanta gente.

CAPÍTULO 5

Cenicienta

MADUREZ SEXUAL Y FORTALECIMIENTO PERSONAL: LA HISTORIA REAL

La historia de "Cenicienta" (el cuento número 21) es tan conocida que ha dado origen a toda una escuela de pensamiento, donde el "síndrome de Cenicienta" se ve como el problema de las jovencitas y las niñas de nuestra sociedad que se quedan por ahí, deprimidas, "esperando que llegue el príncipe". Este síndrome, sin embargo, tiene muy poco que ver con la historia, pues como podemos recordar, Cenicienta no se queda esperando, sino que va al baile para encontrarse con su futuro.[1]

La distorsión de este famoso cuento de hadas no es nada nuevo. Este relato era muy conocido incluso antes de que los hermanos Grimm empezaran a coleccionar sus cuentos. Se había publicado en una versión muy popular de Perrault en 1697, casi ciento veinte años antes. ¿Entonces por qué los hermanos Grimm lo incluyeron en su colección?

Al leer el cuento, de inmediato es obvio que existe una razón muy sólida para incluirlo, pues su versión es diferente a la de Perrault en aspectos muy importantes. Al parecer Perrault fue el primer escritor que introdujo en este antiguo relato la calabaza, el hada madrina y la zapatilla de cristal; también hay cambios en otros detalles. Los hermanos Grimm tomaron una decisión consciente al incluir una versión de la historia que ellos seguramente sintieron que era más auténtica que la versión de Perrault, hecha para agradar a los lectores. En realidad, nunca podremos saber si esta versión es de hecho más "auténtica". Simplemente estamos conscientes de que la versión de los hermanos Grimm tiene una potencia que la otra versión no tiene.

A continuación, se presenta una sinopsis de la versión de los hermanos Grimm; el escenario es el mismo que recordamos. Cenicienta es la hija descuidada de un hombre que se casa por segunda vez y la madrastra y las hermanastras son crueles con ella; la obligan a dormir entre las cenizas de la chimenea. Pero las hermanastras no son feas. La versión de los hermanos Grimm afirma que eran "hermosas y de facciones finas, pero viles y de mal corazón". Esto es diferente a la versión de Disney.

El padre va a la feria y les pregunta a las chicas qué quieren que les traiga. Las hermanastras piden regalos convencionales para halagar su ego: vestidos bonitos, perlas y joyas. Cenicienta, por el contrario, le pide a su padre que le traiga la primera rama que le tire el sombrero en su viaje de regreso a casa.

Esta es una petición muy extraña, y ciertamente se espera que la cuestionemos. En cierta medida, el sombrero de un hombre es un símbolo de su clase y de su autoridad. Esto definitivamente era el caso en la Alemania del siglo XIX, al igual que en la Europa del siglo XX en general. Por ejemplo, sólo se permitía que los hombres de ciertas clases sociales usaran sombrero de copa, mientras que los demás tenían que arreglárselas con gorras de diversos tipos; y por supuesto, la corona del rey era el máximo símbolo de autoridad. El sombrero era un símbolo de poder, y el hecho de que una rama tire el sombrero del padre, amenazando con quitarle la dignidad, representa un reto al orden establecido en la sociedad en que vive Cenicienta.

El padre regresa con los regalos para las chicas, lo que incluye una rama de avellano para Cenicienta. Ella la recibe y de inmediato la siembra sobre la tumba de su madre y la riega con sus lágrimas. Ella visita la tumba de su madre con regularidad, tres veces al día. Eso le indica al lector que, sin importar lo que Cenicienta esté viviendo, ella puede amar y ser leal, y sabe que merece el cariño de otros, aunque su madre esté muerta y las circunstancias en que vive sean adversas.

Por tanto, esto nos recuerda que la experiencia de haber recibido el amor incondicional de una madre puede ser una fuerza poderosa que un hijo o una hija conservarán en su interior y usarán como una fuente de fuerza el resto de su vida. Cenicienta nunca pierde esto de vista. El avellano crece y en sus ramas aparece un pájaro blanco que responde a todos los deseos de Cenicienta. Este pájaro es la expresión simbólica de este espíritu maternal.

Cuando se anuncia el baile, Cenicienta no se detiene. Quiere asistir y lo dice. La madrastra dice que sólo podrá ir si puede separar las lentejas que ella acaba de lanzar a las cenizas. Cenicienta llama a las palomas y a las tórtolas para que le ayuden, y limpian las lentejas en tiempo record. Las palomas son aves que se aparean y son fieles a su pareja, y las tórtolas han sido símbolos de fidelidad durante mucho tiempo, pues viven con su pareja durante toda su vida. Por tanto, es interesante que Cenicienta pida ayuda a miembros del mundo natural que se relacionan con el amor fiel y que además tienen una relación con el pájaro blanco que vive en el avellano.

El relato nos dice de manera específica que "dos palomas blancas" llegan a limpiar las lentejas, luego llegan las tórtolas seguidas de otras aves, así que es difícil pasar por alto este símbolo. Cenicienta, por supuesto, es en sí un ejemplo de fidelidad; regularmente visita la tumba de su madre. La relación que tiene con el mundo de las aves y con la naturaleza, nos dice que sin importar qué otros temas se traten en este relato, al parecer la historia tiene mucho que ver con el proceso natural del crecimiento de una chica hacia la madurez. Por ejemplo, ella sabe que tiene que asistir al baile. No sabe exactamente por qué, pero sabe que este es su momento. Las hermanastras, por el contrario, sólo están interesadas en la oportunidad de alcanzar el poder y una posición, si una de ellas llega a ser elegida como la esposa del príncipe. Es innegable que en Cenicienta podemos ver buena disposición y madurez, aunque ella no esté completamente segura de lo esto que significa.

La madrastra se sorprende al ver la velocidad con que Cenicienta limpió las lentejas y le asigna la tarea de sacar otro puño de lentejas de la ceniza, pero en esta ocasión son el doble, y la madrastra le exige que las limpie en la mitad del tiempo. Lo hace, de nuevo con la ayuda de las aves, que llegan en parejas, así que no podemos evitar notar una vez más el simbolismo de "encontrar una pareja". De nuevo, Cenicienta pide permiso para ir al baile y se le niega rotundamente. Vemos que pidió permiso tres veces y lo hizo con determinación. Esto se reflejará en los tres días que dura el festival.

Hay algo más que Cenicienta puede hacer. Va a donde está el avellano y pide ayuda. Debemos señalar que va a la tumba de su madre y al símbolo del amor que ella le tiene (pues el avellano crece en su tumba), y el pájaro hace que un vestido de oro y plata caiga en sus manos, con un par de zapatillas que hacen juego. Así que Cenicienta va al baile. No hay un hada madrina, no hay una calabaza que se convirtió en carruaje, ni ratones que se convirtieron en cocheros. Este relato es diferente; es un relato en el que Cenicienta tiene un papel más activo.

El avellano tampoco es un detalle que podamos pasar por alto. El cuento 210, el último de la colección, explica que el avellano es una protección contra las serpientes, pues en ese relato un avellano protege a la Virgen María. Por lo tanto, tenemos otro nivel de posible significado en el que se enfatizan la pureza y la protección ante la tentación. Esto no está en conflicto con lo que sabemos de Cenicienta: su pureza, su piedad y el hecho de sentir que su madre de alguna manera la está protegiendo.

Claro que los avellanos tienen muchos otros significados en muchas culturas, aunque uno de los más generalizados es que las personas que detectan agua en el subsuelo utilizando una vara, sostienen con suavidad una vara de avellano en las manos. Estas varas se inclinan, al parecer por sí mismas, cuando la persona camina sobre una fuente de agua. La ciencia todavía no ha determinado con precisión cómo funciona esto, pero de hecho funciona, y estos buscadores de agua han sido una figura familiar a lo largo de los últimos siglos, siempre que alguien necesita perforar un pozo.

El avellano es un símbolo elocuente de que la fuerza que Cenicienta atrae es el poder del amor maternal y también es algo tan profundo como el agua, que nos da la vida y que está esperando en las profundidades a las personas que saben cómo tener acceso a ella. Cenicienta puede tener acceso a la fuerza verdadera de su ser profundo y de sus instintos. Ella sabe que ha llegado el momento; y sabe lo que tiene que hacer. Esto ocurre en un nivel profundo e inconsciente de la psique.

En este momento, debemos reconocer que el príncipe también parece saber que para él ha llegado el momento de casarse. En un nivel profundo, ambos jóvenes reconocen su madurez sexual, y ambos están buscando a su alma gemela. Al parecer, esto es exactamente lo que pasa cuando se conocen, lo que se simboliza por el hecho de que el príncipe camina directamente hacia Cenicienta en el baile, la toma de la mano y se niega a bailar con nadie más. El relato es explícito en lo que a esto respecta. Él no cambia de opinión, sino que en cada ocasión declara: "Ella es mi pareja".

Cenicienta ciertamente triunfa en el baile. El primer día, ella se va al caer la noche y escapa del príncipe corriendo hacia un palomar y saliendo por el otro lado. Las palomas y los pichones vuelven a recordarnos el tema de las "parejas". Para cuando el príncipe ordena que se abra el palomar, Cenicienta ya no está ahí. El relato nos dice que Cenicienta lleva su vestido a la tumba de su madre, de donde el pájaro vuelve a tomarlo. La repetición nos ayuda a hacer más sólida la conexión con el amor de su madre.

El segundo día, Cenicienta tiene un vestido aún más hermoso, baila con el príncipe hasta el anochecer, pero en el último momento se le escapa saliendo del palacio. Trepa a un peral y luego escapa a su chimenea cubierta de cenizas después de haber dejado su vestido en el mismo lugar que el día anterior, y antes de que alguien pueda verla. El príncipe ordena que se derribe el peral para capturarla, pero ella escapa mientras los trabajadores van por sus herramientas.

Las acciones del príncipe en ambos días muestran que es más activo que en muchas otras versiones, y eso es importante. No se sienta a esperar. Se encarga de su destino, como lo hace Cenicienta. Como el árbol y el palomar están cerca de la casa, hasta el padre de Cenicienta empieza a preguntarse si la hija que él ha descuidado tanto podría ser la que está causando toda esa conmoción con el príncipe. Quizá en lo más profundo él reconoce algo de la valía interior de Cenicienta.

El tercer día del baile, Cenicienta aparece con un vestido que es incluso más hermoso que los anteriores. Cuando anochece, está ansiosa por irse y el príncipe se lo permite. Había ordenado que la escalinata se recubriera con resina, así que ella deja ahí su zapatilla izquierda, que es una zapatilla de oro, no de cristal. Esta última evidencia permite que el príncipe llegue al día siguiente a la casa de Cenicienta y pregunte quién es la dueña de la zapatilla.

Las tres formas que Cenicienta eligió para escapar se relacionan con el tema de las aves. Al esconderse en un palomar o en la copa de un árbol, Cenicienta es como un ave, y la resina que hace que su zapatilla quede pegada en la escalinata es en forma simbólica como el ajonje (materia viscosa con la cual, untando unas varillas se cazan pájaros). Esto relaciona de nuevo a Cenicienta con la libertad y con la pureza de las aves.

Como sabemos, la hermana mayor es la primera que se prueba la zapatilla. Le queda chica, así que su madre le dice que se corte los dedos de los pies para que le quede bien la zapatilla; se podría decir que es cirugía cosmética en su expresión más cruda. Cabalga con el príncipe, pero las dos palomas blancas que están en el avellano cantan diciéndole al príncipe que mire hacia abajo y vea que los pies de la hermanastra están sangrando. Él lo hace, y de inmediato la lleva de regreso a su casa. Se repite lo mismo con la segunda hermana, que se corta parte del talón para que le quede la zapatilla, pero las palomas la denuncian.

Al final, el príncipe regresa e insiste en que debe haber alguien más en la casa. Un hombre menos íntegro se habría dado por vencido en ese momento. Pero Cenicienta finalmente aparece, limpia y recién arreglada; la zapatilla le queda a la perfección y se nos dice en la historia que "él reconoció a la hermosa doncella que había bailado con él y exclamó: ¡Ella es la verdadera novia!". No había dicho nada similar en el caso de las otras hermanas.

De hecho, uno se pregunta por qué el príncipe no había notado la diferencia entre las hermanas, y esto es lo importante. Antes, el príncipe había dicho: "Nadie será mi esposa; sólo la mujer a quien le quede esta zapatilla", y habiendo declarado eso, tiene que mantenerse firme, aunque su argumento tenga puntos débiles. Después de todo, es un príncipe y tiene que cumplir su palabra. Cuando la hermana equivocada parece ser la novia que él espera, él la acepta, aunque sin duda se siente mal. Hay que recordar que en esta versión de la historia las hermanas son hermosas pero tienen "corazones viles y malvados", así que tal vez se podría perdonar al príncipe por estar de acuerdo y aceptarlas en primera instancia. En la versión de Disney las hermanas son tan feas que acabamos pensando que el príncipe es un tonto y que además está ciego. Sin embargo, esto distorsiona un tema que es tan fuerte en este relato: el hecho de que las apariencias externas no son lo único importante. Por eso el hecho de que el príncipe declare que Cenicienta es su verdadera novia y la reconozca, es tan importante. Sabe que Cenicienta es la mujer que él quiere, aunque no está bien vestida. Él está absolutamente seguro de que la quiere y no quiere a nadie más.

Esto en sí es una postura valiente por parte del príncipe; después de todo su novia parece una limosnera, ¿entonces cómo va a defender su elección? Pero su valor nunca flaquea. El príncipe ha demostrado ser valiente y ha cumplido su palabra, incluso cuando se da cuenta de que la dio apresuradamente; y esa es una lección importante. Además, también aprende a distinguir entre alguien que se ve bien y alguien que es buena. Casi lo aprendió por el camino difícil.

Aquí podemos considerar el simbolismo del baile, que a lo largo de generaciones ha sido el signo de la armonía y la concordia entre las personas, debido a que se mueven "al compás de un mismo ritmo". Estoy seguro de que todos hemos tenido la experiencia de sentirnos completamente cómodos bailando con ciertas personas, pero con otras sentimos que es una tortura. Esto revela una posible correspondencia entre el ámbito físico y el espiritual. En el mundo práctico, por supuesto, esto no siempre es así, pero ahora estamos en un mundo mítico así que tenemos que ver esto como algo simbólico. Lo importante no es quiénes somos o quién es nuestra pareja; lo importante es cómo nos sentimos cuando participamos en la danza de la intimidad con esa persona. Esto no tiene nada que ver con el rango, el linaje familiar o el dinero.

Vale la pena examinar otro detalle de esta versión del relato. Cenicienta huye al llegar la noche, no a la media noche, que es lo que vemos en la versión de Disney. El anochecer es una hora muy definida en una cultura que no tiene acceso a relojes de pulsera o de pared. Es una parte normal del día natural que es visible para cualquier persona. También es la hora en que la gente se va a la cama, y la noche y las camas tienen una relación muy íntima con los sueños y con el sexo. Cenicienta huye justo cuando parece que habrá un contacto sexual. ¿Por qué?

Esto es conveniente desde el punto de vista de la trama del relato. Las tres visitas de Cenicienta al baile permiten que el príncipe muestre, en tres ocasiones, lo decidido que está de estar con ella. Por tanto, ambos participan activamente en la búsqueda del otro. En esta historia ninguno de ellos se sienta a esperar. Esto, por supuesto, es la desventaja de las versiones en que aparece el hada madrina; hacen que Cenicienta sea pasiva y, por lo tanto, nos preguntamos por qué merecería ser amada.

Así que es sorprendente que esta jovencita valiente huya cuando podría aprovechar al máximo el momento para conseguir un esposo. Si preferimos ver este relato como un mito, podremos ver que nos ofrece una verdad psicológica.

Tal vez Cenicienta está lista para encontrar un compañero para toda la vida, pero como le sucede a cualquier chica que se acerca al matrimonio, hay momentos de pánico en que siente deseos de huir. Si ella simplemente se dejara llevar por sus deseos, tendríamos una historia que al parecer nos presenta a una jovencita muy osada pero poco inteligente. Sus huidas y el hecho de que regrese nos dicen que siente miedo pero que lo supera. Vuelve al baile en dos ocasiones después de su primer encuentro con el príncipe. Luego, cuando él pregunta por ella en su casa, ella no huye y se esconde, sino que se presenta. Es el momento adecuado. Él ha demostrado su amor por ella y ahora ella puede revelarse ante él.

Como te lo podría decir cualquier pareja, el momento en que una persona quiere decirle a otra "te amo", es aterrador en cierta medida. ¿Quién lo dirá primero? ¿Debemos esperar a que la otra persona lo diga? Aquí tenemos el mismo drama representado en forma diferente. En cada acción del príncipe, él demuestra que quiere a Cenicienta, a pesar de sus harapos; ese es el amor incondicional que ella aprendió de su madre y que ahora resurge en forma positiva; y ella sabe que ha llegado el momento de aceptar que esto es lo que ella merece.

En la versión de Disney, el baile se celebra en la noche, lo que es muy romántico. Desafortunadamente, oculta un aspecto importante del relato; es decir, que Cenicienta debe salir de la media luz de las cenizas y la chimenea y salir a la luz del día.

Se le tiene que "ver" en su plenitud y eso significa que ella debe permitir que se le vea. En tres ocasiones, él reconoce que ella es la mujer que quiere; después, la vuelve a ver a la luz del día, pero con ropa más pobre. El príncipe puede ver quién es ella, más allá de la ropa. La luz del día es emblemática en lo relativo a esto. No se trata de ilusiones ni de la suave luz de una fogata.

En la boda se presenta otra sorpresa, y también se relaciona con ver y con la luz del día. Las hermanas deciden caminar a ambos lados de la novia para que todo el mundo las vea. Camino a la boda, aparecen de nuevo las dos palomas, se posan en los hombros de las hermanastras y les sacan un ojo. Al regresar de la boda, cuando las hermanas vuelven a aparecer a ambos lados de la novia, las palomas vuelven a aparecer y les sacan el otro ojo. Las dos personas que intentaron desviar el curso del verdadero amor manipulando evidencias visuales, y para quienes la apariencia lo es todo, reciben ahora el castigo de quedar privadas de la vista. Esto es adecuado y temáticamente útil. No son los vestidos hermosos ni la belleza física de Cenicienta lo que la lleva al triunfo; es esa disposición interna y esa forma profunda en que los miembros de una pareja pueden reconocer que son el uno para el otro.

Ahora bien, eso podría parecer adecuado para un cuento de hadas, ¿pero puede decirnos algo sobre la vida real? Una vez más, sólo puedo decir que en mi trabajo como terapeuta, en muchas ocasiones las personas me han dicho que al ver a su futuro cónyuge tuvieron un momento de percepción interior que parecía ser totalmente contrario a la lógica, pero que era demasiado poderoso para poder ignorarlo.

Una mujer lo expresó en esta forma. Estaba en su primera cita con un hombre pero no estaba segura de sentir que él fuera una buena pareja para ella. Cuando estaban a punto de atravesar una calle muy transitada para entrar a un restaurante, ella instintivamente lo tomó de la mano. Me dijo que eso la sorprendió, pues normalmente no era un tipo de persona "romántica", y ciertamente no con personas que eran relativamente extrañas; pero una vez que se tomaron de la mano, ella supo que algo había cambiado. Y era cierto. Actualmente están felizmente casados y lo han estado a lo largo de doce años. Podría dar muchos ejemplos, algunos de los cuales son muy extraños a primera vista, pero lo importante simplemente sería que cuando ha llegado el momento adecuado, y cuando algo se reconoce a un nivel muy profundo, casi es nuestro deber actuar.

En lo que concierne a los seis arquetipos, Cenicienta empieza como Huérfana en el sentido más literal de la palabra. Luego cuestiona la estructura de poder que le impone su madrastra y se rebela contra esa estructura, de la misma manera en que un Peregrino cuestiona las cosas, hasta que está lista para luchar por lo que quiere. Ella hace que su valor crezca cada vez que regresa al baile, de modo que cuando está con el príncipe, es una Guerrera unida al aspecto de la Enamorada: es una auténtica Guerrera Enamorada. Cuando se casa con él, literalmente va a ser parte de una pareja de Monarcas, y como ha vivido en los niveles más profundos de la miseria y también en la riqueza de la vida de la corte, ella es, en muchos aspectos, la reina perfecta.

El príncipe, por su parte, es un huérfano; es "el hijo del Rey" que decide rechazar la vida que se ha planeado para él y tomar sus propias decisiones en el amor. Sigue lo que cree, no lo que es conveniente, y cumple con su palabra, incluso cuando comete errores. Cuando busca a Cenicienta, es un Peregrino que busca su verdad y demuestra que está dispuesto a luchar para ganarse a su novia. Después de todo, se arriesga a hacer el ridículo ante toda la gente, incluyendo a su padre, al casarse con una muchacha pobre. Pero sabe lo que quiere y necesita.

En su matrimonio demuestra las cualidades de un Guerrero Enamorado; cuando llegue a ser rey, esas mismas cualidades harán de él un Monarca de nivel superior. Puede ver más allá de las apariencias y descubrir las cualidades internas de una persona, y esa es la clase de sabiduría que es vital en cualquier gobernante.

La magia de este relato es que toda la naturaleza parece estar a favor de este amor; las aves, el avellano y el espíritu de la madre de Cenicienta encarnado en el árbol. Cuando amamos de verdad a alguien, en realidad no hay obstáculos de peso. Y eso es mágico.

Así que lo voy a explicar en detalle: lo que salva a Cenicienta es que es capaz de contactar en sí misma, con regularidad, ese sentido de amor incondicional que ella recibió de su madre cuando vivió el arquetipo de ser una Inocente. Ella puede reforzar esa certeza al volver a la tumba de su madre, y eso la impulsa, la sostiene y le proporciona las respuestas a sus problemas. Para cualquiera de nosotros, el poder más fuerte que tenemos es la confianza que brota de saber que alguien nos ama incondicionalmente. Esto permite que nos amemos a nosotros mismos. Nuestra tarea, conforme avanzamos en la vida, es permanecer en contacto con esto para que su poder pueda guiarnos. Entonces podrá surgir el arquetipo del mago.

Pero es obvio que esta versión es diferente a la versión de Disney o a la versión de Perrault, desde un punto de vista cualitativo. Esas versiones son buenas a su manera, pero esta variante parece enfatizar el hecho de que el amor que Cenicienta experimenta es, ante todo, un atributo natural y normal. El significado de la historia parece ser que si seguimos este sentimiento profundo, si confiamos en él y lo honramos, entonces cualquier persona que se casa, se convierte en un príncipe o en una princesa en lo relacionado con el bienestar espiritual y el crecimiento personal, independientemente de su rango en la vida.

Por otra parte, si te quedas con los brazos cruzados esperando a que llegue tu príncipe o tu hada madrina, entonces te prometo que esperarás en vano toda la vida. Cada uno de nosotros tiene que entrar a lo profundo de su alma y darse cuenta, como lo hizo Cenicienta, de que somos dignos del amor sin importar lo que digan aquellos que quieren humillarnos. Merecemos el amor y merecemos entrar en acción para ir a buscarlo, pero no en forma casual. Cuando sentimos que ha llegado el momento adecuado, tenemos que entrar en acción. Y eso podría requerir valentía. Tal vez tengamos que intentarlo varias veces antes de encontrar lo que deseamos. Además, cuando de hecho encontramos lo que queremos y necesitamos, podríamos temer, aunque sólo sea por un momento, que nuestra vida tenga una dirección completamente nueva. Podríamos querer volver a nuestro montón de cenizas, al que estamos tan acostumbrados. Pero no podremos quedarnos ahí.

En cierta medida, este relato nos da una percepción directa de la mente de una joven que se convierte en una Cenicienta, sentada entre las cenizas y descuidando su apariencia. En nuestra forma de hablar, podríamos decir que es una chica que se viste de negro, usa calaveras como accesorios, escucha música de tonos sombríos y demás. Esta fase es importante, ya sea que la califiquemos como gótica o como depresiva, pues podríamos decir que la persona está sumida en una especie de duelo, en cierta medida como cuando Cenicienta lloró la muerte de su madre, y que está protestando contra el mundo que no la ve o que no reconoce sus sentimientos. Debemos recordar que la madrastra y las hermanastras no son las únicas que la ignoran y la tratan mal (ya que se consumen en su búsqueda de lo que la sociedad considera valioso), sino que su propio padre tampoco puede verla como realmente es.

Al retraerse para vivir entre las cenizas, en su propio mundo, Cenicienta está protestando contra los valores inaceptables que ve a su alrededor. ¿Cuál es la diferencia entre ella y los chicos y chicas solitarios que prefieren dedicarse a los videojuegos en lugar de hablar con la gente? Al parecer son muy similares. Incluso, tal vez se parezcan más a los seguidores del reciente culto "Emo" que surgió en Japón: jóvenes que se visten al estilo gótico y que dan más importancia a sus emociones (por eso esta tendencia se conoce como "Emo") que a sus responsabilidades sociales. Se han vivido escenas de violencia cuando los ciudadanos "ordinarios" deciden castigar y golpear a estos jóvenes.[2]

Pero Cenicienta es en sí amorosa y al parecer no es difícil para ella atraer el amor de las aves que le ayudan. ¿Esto hace que no sea normal? De ninguna manera. Yo vivo cerca de la Plaza Harvard en Cambridge, Massachusetts, y en cualquier momento puedo ver una gran cantidad de jóvenes aislados, confusos, llenos de tatuajes y con múltiples *piercings*, congregándose en uno de sus diversos puntos de reunión. Quizás son rebeldes que todavía no han encontrado una causa. Cuando hablo con ellos, a veces me sorprende lo dulces y bondadosos que son detrás de esa apariencia. La historia de Cenicienta sugiere que lo que les falta a estos jóvenes es amor y aceptación personal que les ayude a sanar sus heridas, a salir de las cenizas.

Siempre que doy clases sobre esta historia y les hablo a los grupos sobre ella, con frecuencia surge una objeción específica. Las personas tienden a quejarse de que Cenicienta encuentra a su príncipe con demasiada facilidad y que sucumbir de inmediato al amor a primera vista es encantador, pero no es probable que eso le suceda a alguno de nosotros en el futuro próximo. Es una objeción válida. También podría aplicarse a cualquiera de los relatos en que los protagonistas parecen enamorarse en segundos, y es lo que les pasa a la mayoría de ellos.

Esta objeción sólo tiene fundamento si hablamos del mundo real. La primera persona que conoces en un baile y que al parecer ejerce una poderosa atracción sobre ti, podría no ser la persona idónea que debas elegir como pareja. Todo el mundo lo sabe, y estoy casi seguro de que la gente que vivió en la época de los hermanos Grimm también lo sabía. Pero podríamos decidir ver el tema del amor a primera vista en la historia de Cenicienta como un símbolo de algo diferente: la sensación de saber que esto puede sucedernos en cierto momento, y sentir que debemos aceptarlo.

En el punto central de toda narración hay una verdad: todos sabemos cosas que ni siquiera sabemos que sabemos, al menos no por el momento. La historia nos recuerda la sabiduría que tenemos y que tal vez preferimos racionalizar e ignorar. Después de todo, si fuéramos lógicos, Cenicienta debería renunciar a su intento de ir al baile pues no tiene ni la ropa ni los zapatos adecuados para hacerlo. Pero ella no permite que esto represente un obstáculo, y finalmente consigue la ropa y los zapatos. Su confianza en lo que ella es y en lo que debe hacer, y la certeza en la respuesta del príncipe, nos dicen que algunas cosas no son fáciles de explicar. Cuando llegue el momento adecuado, lo sabremos; después de eso, simplemente tendremos que actuar basándonos en la fe.

Esto nos deja con un cabo suelto. A Cenicienta con frecuencia se le relaciona con las aves y necesitamos averiguar por qué. Incluso el que huya al anochecer parece reflejar el hecho de que las aves vuelven a sus nidos al ponerse el sol. Las aves son, como hemos visto, símbolos de libertad. También son imágenes del alma. Cuando Juan el Bautista bautizó a Jesús, recibió al Espíritu Santo en la forma de una paloma, y a partir de entonces la paloma ha sido una imagen que está presente en casi todos los baptisterios de las iglesias; una imagen con la que habrían estado muy familiarizados los primeros lectores de esta historia. En este relato, las aves representan el espíritu de la madre de Cenicienta. Además las aves tienen temporadas muy definidas para aparearse, lo que coincide con el tema de estar bien dispuestos. Por lo tanto, podríamos ver que las aves representan al espíritu de la naturaleza, a Dios que nos guía cuando estamos en armonía con nuestros propios ritmos naturales. Si se les ve en esta forma, las aves que les sacan los ojos a las hermanastras lo hacen porque ellas han pecado contra la naturaleza al destrozar sus pies y se han negado al amor a causa de su egoísmo.

Esta es una historia de amor muy elocuente que puede llegar a lo profundo de la psique y que está viva hoy para nosotros, si estamos dispuestos a mirarla más de cerca. Una vez más, no tiene nada que ver con el hecho de que los príncipes rescaten a las niñas desvalidas. Tiene que ver con confiar en nuestro sentido de identidad interno, para que podamos llegar a ser un príncipe o una princesa al vivir nuestras propias relaciones. Eso depende, como hemos visto, de que reconozcamos el amor incondicional. Todos lo hemos experimentado, pero casi todos hemos olvidado el sentimiento que produce.

CAPÍTULO 6

La doncella sin manos

y

La novia del bandolero

El tema del bien y el mal

Aestas alturas ya debería estar claro que uno de los grandes logros de los cuentos que hemos estado examinando es que pueden abordar los temas más amplios de la vida en una forma muy sucinta. Además, los relatos con frecuencia contienen escenas violentas y perturbadoras. Por ejemplo, en la historia de *Hansel y Gretel* (el cuento número 15), el padre y la madrastra llevan a los niños al bosque porque no hay suficiente comida en casa, y los van a abandonar para que mueran de hambre o sean devorados por animales salvajes. Si esto intentara decirnos algo, sería que la vida era muy difícil para los pobres y que en un mundo así, a veces se veía a los niños como algo desechable. Se percibe que la ferocidad básica de algunos aspectos de la naturaleza humana yace justo debajo de la superficie.

Si podemos ver el mundo de Hansel y Gretel como un mundo agresivo, entonces también podremos darnos cuenta de que estos relatos no temen tratar los temas del bien y el mal. En la extraña historia de "La doncella sin manos" (el cuento número 13), que antes mencionamos en el capítulo 4, el Demonio reclama a la doncella después de engañar a su padre, pero la doncella es tan buena y capaz de perdonar que el Demonio no se la puede llevar, y ella incluso permite que su padre le corte las manos para que el Demonio no se lo lleve a él en su lugar. Luego ella anda errante por el mundo y conoce a un rey que se casa con ella y hace que le pongan unas manos de plata. Pero las cosas no marchan bien porque el Demonio falsifica unas cartas cuando el rey está de viaje y ordena que maten a la doncella. Ella escapa porque la madre del rey se apiada de ella. Entonces pasa siete años en el exilio, bajo el cuidado de un ángel. Al final sus manos vuelven a aparecer, el rey la encuentra y todo acaba bien.

Es un relato extraño; un relato en el que notamos que la doncella en sí está casi totalmente indefensa (lo que se simboliza por el hecho de que se queda sin manos). Aunque siempre está bajo el cuidado de un ángel, está lejos de los seres humanos. Es como si esta historia nos dijera que la inocencia y la bondad están a merced de cualquiera que quiera causarles daño. Por tanto, podríamos llegar a la conclusión de que las personas que ayudan a la doncella están realizando una tarea que corresponde a los ángeles, y que los ángeles sólo aparecen cuando no hay nadie más que realice estas tareas. Es una forma de pensar interesante sobre el significado de la caridad en relación con la sociedad humana; es decir, que nos corresponde la tarea de ayudar a nuestros hermanos menos afortunados, y que hacerlo es un deber sagrado.

Por lo tanto, la bondad se ve como algo frágil, incluso como algo desamparado. La bondad, representada por esta doncella, ni siquiera puede cuidar bien de sí misma, y como necesita ayuda, hace que se exprese la bondad de otros. Es elegante. Los siete años que tarda el rey en encontrar a la doncella después de que el Demonio manipula las cartas, nos indican que una vez que la maldad ha entrado sigilosamente incluso a las vidas más inocentes, tarda mucho en desaparecer, y que es necesario buscar la bondad activamente. Esta es una afirmación verdadera sobre la forma en que parecen ser las cosas. Un buen nombre (o la buena reputación) puede mancharse en un momento, pero se necesitan años para recuperarlo.

También podemos señalar que, por alguna razón, el hijo que tiene la doncella se llama "Dolorido". Vemos que nace en un mundo en el que existe la maldad, así que aunque él no sea malo, también sufre a causa de la maldad. Aunque no seamos culpables de nada, el efecto del mal es crear sufrimiento a nuestro alrededor. Pero en la historia el milagro es que la doncella recupera sus manos. Esta no es sólo una recompensa conveniente para la doncella. De hecho, podría ser una forma de decirnos que la condición normal del mundo es que la gente buena habitualmente es la víctima, pero que cuando vemos cómo son las cosas y aceptamos la tristeza de un mundo imperfecto, nos fortalecemos. La angustia puede dañarnos, pero nos hará más fuertes y menos indefensos, y podremos recuperar nuestras facultades para superar la angustia.

Esta es una idea compleja expresada en un relato corto. Describe diestramente el problema que la bondad enfrenta en el mundo; una cualidad que parece muy vulnerable e indefensa.

Esto nos lleva a esta pregunta: ¿cómo podemos enfrentar el mal? El gran poder de estos relatos es que nunca, ni por un momento, dudan de la existencia del mal, y eso es brutal y salvaje. Al tener esta actitud, estos relatos son diferentes a la ideología de algunos de los pensadores teóricos más recientes en el campo de la sociología que han intentado sugerir que el mal no existe en realidad. Según ellos, es simplemente el efecto de una sociedad que no está reglamentada adecuadamente.

Hay varios relatos que abordan esta pregunta: la famosa historia de "Barba azul" que asesina a sus esposas (los hermanos Grimm no incluyeron este relato en su colección); la historia de "El pájaro del brujo", que presentan los hermanos Grimm (el cuento número 46) y que es una variante de Barba azul; y el relato que analizaremos a continuación, "La novia del bandolero" (el cuento número 40) que es una tercera variación de "Barba azul".

En "La novia del bandolero", una jovencita debe casarse con un hombre que desde el punto de vista de su padre parece un buen partido para ella, pero ella tiene algunas dudas sobre él. Un día su pretendiente le pide que vaya a su casa pues tiene algunos invitados que quiere que ella conozca y le dice que marcará el camino con ceniza para que ella pueda llegar. Ella se siente intranquila y cuando llega a la orilla del bosque marca el camino con un puñado de chícharos y lentejas que lleva consigo.

Cuando llega a la casa, descubre que está vacía y lo único que hay en ella es un pájaro enjaulado que canta diciendo que esa es la casa de un asesino. En el sótano, la chica encuentra a una anciana que confirma lo que ha dicho el pájaro; ésta es en realidad la casa de un asesino y ella se ha visto obligada a ser su cocinera durante muchos años. Mientras ellas están hablando, los ladrones regresan con una chica muy hermosa que capturaron y la anciana esconde a la futura novia detrás de un barril de gran tamaño. Entonces, los ladrones empiezan a desnudar a su cautiva que no deja de gritar, y en una escena que parece la versión de una violación, la obligan a tomar tanto vino que acaba muerta, luego la destazan y empiezan a salar su carne. La referencia a la sal es interesante porque según una leyenda y una superstición muy antigua, el Demonio no puede soportar la sal (y en eso se basa la costumbre de lanzar sal sobre el hombro hacia el rostro del Demonio). Por tanto, aquí se nos dice en forma indirecta que estos ladrones caníbales no son demonios sino seres humanos.

Entonces, uno de los ladrones ve el anillo de la chica muerta, usa un hacha para intentar cortarle el dedo, y el dedo cortado vuela por los aires, llega al barril y entra por "el escote de la novia" como se describe en el relato. El ladrón se dispone a ir a buscar el dedo pero la anciana lo llama diciendo que la cena está lista. También le dice que espere a que amanezca y haya luz para seguir buscando el dedo. Por fortuna, la anciana puso en el vino una poción que adormece a los ladrones, y ambas mujeres escapan. Para entonces, las cenizas que marcaban el camino ya volaron en el viento, pero por suerte las lentejas y los chícharos siguen ahí; de hecho, se nos dice que ya germinaron y crecieron, así que las mujeres llegan a la aldea a la mañana siguiente, sin correr ningún peligro.

La chica le cuenta todo a su padre y elaboran un plan. No se suspende la celebración de la boda, pero se le pide a cada invitado que cuente una historia. Cuando llega el turno de la novia, ella dice que sólo quiere contarles un sueño, y entonces les cuenta lo que sucedió la noche en que estuvo en la casa del asesino. Cuando llega a la parte sobre el dedo que voló por los aires y entró por su escote, les muestra el dedo con todo y el anillo. Los invitados se levantan de un salto, atrapan al asesino, y él y toda su banda son ejecutados.

Obviamente, esta historia es sobre gente agresiva y salvaje, es sobre el mal en un nivel muy real; y nos pregunta qué haríamos ante este tipo de cosas. Para entender este relato totalmente, también debemos verlo desde un punto de vista mítico.

Lo primero que debe impactarnos es que la chica está recelosa desde el principio. Tal vez no tiene experiencia, pero no es ingenua. Al igual que Hansel y Gretel, se asegura de marcar el camino para poder regresar si es necesario. Existe un contraste interesante entre la relación de las cenizas que se esparcieron por el bosque (las cuales nos recuerdan a la muerte) y los chícharos y las lentejas que la joven lleva consigo. Cuando regresa al bosque ya han empezado a crecer y definitivamente representan la vida. Este es un relato que se centra en la bondad de la vida y la maldad artera de la muerte.

Las acciones de la joven muestran que tal vez es una Huérfana, pero no es tonta. De hecho, su capacidad para cuestionar y dudar hace que sea más bien una Peregrina, en especial cuando se abre camino por la tenebrosa selva. Seguramente necesitó valentía para hacerlo. Cuando llega a la casa desolada, el pájaro enjaulado le dice que debe huir de la casa del asesino, pero ella no huye. Después de todo, a un pájaro se le puede enseñar a decir cualquier cosa, así que tal vez lo que dice no es verdad. Pero si vemos esto en forma simbólica, también podríamos ver al pájaro como un representante del mundo natural que ha sido encerrado en una jaula y ha sido obligado a hablar sobre los horrores antinaturales que han estado ocurriendo en la casa.

La joven sigue buscando en la casa y encuentra a la anciana en el sótano, en los rincones más profundos de la casa. Podemos suponer que a la anciana no se la comieron ni la agredieron sexualmente porque es demasiado vieja y fea, pero siente que no puede irse. Cuando llega la joven, la anciana sabe que hay un lugar a donde puede huir y una ruta que puede seguir para llegar allá, y por eso está ansiosa por ayudar a la joven.

Se podría decir que la anciana representa lo que puede sucederle a la persona más débil de la pareja en un matrimonio o en una situación doméstica donde hay abusos. Ella siente que no puede irse, no puede enfrentar las malas acciones de este hombre, y envejece y se vuelve indefensa en forma prematura. Tal vez representa el destino potencial de la joven.

Si aceptamos esto, podríamos decir que los asesinatos que se han estado cometiendo en la casa simbolizan el tipo de agresión que las mujeres sufren en cualquier matrimonio que mata su espíritu y las deja indefensas. Son Huérfanas en su propia casa. En nuestros tiempos, hay mujeres golpeadas y agredidas; algunas de ellas mueren a causa de los golpes de sus esposos, así que no se requiere mucha imaginación para relacionar las ideas que enfrentamos aquí, con lo que ocurre en nuestros tiempos.

También debemos señalar que esta escena de violación, asesinato y canibalismo ocurre en el sótano de la casa. Es decir, en los rincones oscuros e incontrolables del alma humana. ¿Qué podríamos aprender de esto? En cierta medida, el impulso sexual que sienten las personas que están a punto de casarse es fiero e incontrolable. El deseo de poseer a otra persona sexualmente, de disfrutar los placeres de la carne, es una sensación que el matrimonio intenta reglamentar y confinar. La joven se enfrenta a los aspectos más oscuros de algo que debería ser una sensación que da vida y que afirma que es posible fortalecer la confianza y el amor. Siendo una mujer que algún día se casará con alguien, está recibiendo una lección importante sobre las formas en que el deseo puede degradarse y convertirse en mera lujuria y en actitudes destructivas.

Es una lección que todos debemos enfrentar porque tenemos que aprender la diferencia entre el sexo como una forma de ejercer poder y dominación, y el sexo como un acto de amor. La joven ha visto las tinieblas que existen en el alma de cada uno de nosotros, y por lo tanto no es probable que más tarde cometa un error en su propia vida. Se ha topado con su yo sombrío pero no cedió ante él.

Conocer el aspecto sombrío y no ceder ante su incontrolable atractivo es una tarea que brota del arquetipo del Guerrero Enamorado que debe elegir lo que es correcto y luchar por ello. Eso es lo que hace la joven en este relato, pues siempre que rechazamos una opción que es maligna y depravada, no sólo estamos diciendo "no" a lo que está mal, sino que estamos diciendo "sí" a lo que es correcto.

El detalle del dedo cercenado que cae en el escote de la joven tampoco es accidental. En este dedo hay un anillo, lo que trae a nuestra mente los anillos de matrimonio, pero también llega al corazón de la joven, el órgano que simboliza al amor y la confianza. Es posible que la chica asesinada haya sido otra novia engañada. De ser así, este detalle sirve para mostrarnos que la protagonista de esta historia es más sabia y cautelosa que otras jóvenes, y conservará la lección que aprendió muy cerca de su corazón por siempre.

A lo largo de este proceso, se transmite el mensaje primordial de la historia. El mal existe, pero una persona no puede enfrentarse a él con éxito si actúa sola. El mal debe denunciarse con la ayuda de toda la comunidad. En este relato, la joven, al hacerlo, podrá asegurarse de que no fue su culpa caer en una situación difícil. Si toda la comunidad se une e identifica al malhechor, la posibilidad de hundirse en la culpa es menor. Este es un mensaje importante, porque en situaciones de abuso y violación por parte de la pareja, la víctima frecuentemente puede acabar sintiendo que ella en cierta forma es responsable de lo que ha ocurrido.

Cuando trabajo con personas (por lo general mujeres) que han sido víctimas de abuso sexual, ellas a menudo sienten que son culpables, creen que seguramente provocaron el ataque y que como resultado han sido "dañadas". Esto es lo que suele pasar cuando el ataque se mantiene en secreto o no se habla de él en público. Lo que vemos en este relato es un ejemplo de la forma en que se puede enfrentar esta posibilidad.

Como ya se mencionó, lo que marca la diferencia es el dedo cercenado. El padre no puede aparentar que el dedo no existe y tampoco puede aparentar que la anciana es producto de la imaginación. Al hacer una acusación pública, la joven puede ver la reacción de toda la comunidad y recibir su apoyo. Además, eso resuelve cualesquiera sentimientos de recriminación personal que la joven pudiera tener pensando que ella fue la causante de esta experiencia por no confiar en sus propias intuiciones en un principio. Recordemos que el pájaro enjaulado que la joven encuentra al entrar a la casa le dice la verdad, ¡pero ella no le cree! Por tanto, ella es un ejemplo de la forma en que las acusaciones, sin importar lo verdaderas que sean, pueden no tomarse en cuenta, y podrían no haber creído en ella, si no hubiera sido por ese dedo.

Si queremos ver esta historia en relación con los arquetipos, de nuevo podríamos decir que la muchacha se niega a ser una Huérfana pasiva que acepta sin cuestionar al hombre que ha sido elegido para ser su esposo. Su intuición le dice que no todo está bien, así que lleva las lentejas y los chícharos, simplemente como una medida de seguridad. Camina por el oscuro bosque, explora la cabaña, se muestra valiente y se atreve a cuestionar; en realidad es una Peregrina que desea descubrir la verdad.

Por fortuna, su valentía anima a la anciana quien se podría decir que no tiene esperanza. Es una Huérfana que no tiene otro lugar a donde ir. La anciana decide ocultar a la chica, distraer a los ladrones y poner en su bebida una pócima que los hará dormir. El valor engendra más valor. Cuando la chica y la anciana huyen, caminan toda la noche y llegan a la aldea al amanecer; ahora podemos ver que la luz del día y la bondad tienen vínculos muy obvios y que estas dos mujeres se dirigen una vez más hacia la bondad.

La joven no pierde tiempo y narra su historia de inmediato, y ya sea que ella haya sido la que organizó la farsa de la boda o haya sido su padre, ella es la que usa el subterfugio del sueño para presentar su acusación cara a cara. Esto también requiere de mucha valentía. Se podría decir que la joven está afirmando valores que vale la pena defender y que además son necesarios en un matrimonio auténtico que se basa en el afecto mutuo; valores que están ausentes en la casa del ladrón.

En este momento ella es una guerrera enamorada. Cuando presenta su caso, moviliza a toda su comunidad para que tomen una decisión moral, lo que permite que ella entre al arquetipo del monarca. No necesita emitir un juicio; el ladrón es juzgado por un jurado de personas de su misma categoría. La situación en sí requiere un remedio adecuado. Este no es un crudo relato de venganza, es un relato en el que se restablecen las acciones correctas en una sociedad funcional; eso en sí es una especie de magia.

Esta historia podría verse como un relato sencillo que presenta una advertencia, pero creo que también podemos darnos cuenta de que explora la naturaleza del bien y el mal y la forma de enfrentar el mal con éxito. También examina el problema del daño que se causa a las víctimas de abuso y violación y sugiere una manera de asegurarnos de que los malhechores reciban el castigo que merecen y las personas inocentes no sean agredidas por informar sobre las malas acciones de otros. Este problema, por supuesto, sigue siendo tema de debates en la actualidad, pues en nuestro sistema legal cuando alguien denuncia una violación, a menudo la víctima acaba sintiéndose más perjudicada que antes.

Sería fácil descartar este relato diciendo simplemente que el final es un acto básico de venganza contra la persona culpable, y que ese es un final común que se usa en "Barba azul" y en otro relato que lleva el título de "El pájaro del brujo". Es cierto que los finales de estos dos relatos son muy parecidos. Sin embargo, en cada caso el relato termina cuando la comunidad o la familia determinan que el comportamiento de los asesinos no es aceptable. En "El pájaro del brujo", los parientes de la novia encierran en el castillo a todo el grupo nupcial que acompaña al hechicero, y después le prenden fuego para acabar con el hechicero y con todas las personas que seguramente han sido sus cómplices secretos en sus numerosos matrimonios con jovencitas que han sido secuestradas. En "Barba azul", los familiares de la novia llegan a la hora en que se les citó y asesinan a Barba azul, salvando a la joven que estaba a punto de ser asesinada. Esto no es venganza: es justicia.

Esto nos deja con un detalle más que debemos considerar. La jovencita siente que algo está mal en relación con su novio, pero de todos modos va a su casa. Llega a la casa y el pájaro le dice que se vaya, pero ella no se va. En este momento, el relato nos dice que si confiamos en nuestros instintos, nos ayudarán a evitar dificultades. Esto es lo que deberíamos hacer, pero no lo hacemos. Esa es, con mucha frecuencia, nuestra forma de actuar: no tomamos en cuenta nuestros instintos. Parte de la sabiduría de este relato es que reconoce este error humano fundamental.

El hecho es que esto es mucho más frecuente de lo que pensamos. En una encuesta informal que hice con todas las personas divorciadas que conozco lo suficientemente bien como para hacerles este tipo de preguntas, les pedí que me hablaran de su primer matrimonio, en el que habían fracasado, y les pregunté si antes de la boda habían tenido alguna duda. Cada una de las personas a quienes les hice esta pregunta me dieron respuestas de este tipo: "Supe que no era una buena idea incluso cuando iba camino a la ceremonia". Una mujer me dijo que cuando iba en el coche rumbo a la iglesia tenía la esperanza de que algún tipo de desastre causara que la ceremonia se suspendiera; visualizó un ataque terrorista con aviones de combate. Ahora bien, podría considerarse que esta manera de pensar es una visión en retrospectiva, o tal vez indica que muy a menudo las presiones sociales hacen que no tomemos en cuenta nuestros instintos positivos. Después de todo, en el relato, el padre de la joven piensa que el pretendiente será un buen partido, y sus argumentos pueden ser muy persuasivos.

Podemos ver claramente que el mensaje es: Escucha tu intuición y evita el mal cuando puedas. Sin embargo, debemos decir que si la joven hubiera huido en un principio no habría tenido la posibilidad de crecer y fortalecerse. Así como las personas divorciadas que participaron en mi encuesta aprendieron algunas lecciones espirituales y emocionales importantes de su matrimonio fallido, la joven del relato sólo pudo aprender yendo al lugar que es la fuente de las dificultades y la desesperación. En este caso, la ruta segura es de hecho la ruta que ofrece menos oportunidades de crecimiento. Si la joven hubiera salido de la casa de inmediato, simplemente habría vuelto con su padre, como una buena Huérfana, hasta que él encontrara otro pretendiente poco confiable. A pesar de lo horrenda que es la historia, nos advierte que todos tenemos que enfrentar situaciones extremas, cosas que podrían destruirnos, para así poder crecer, encontrarle sentido a lo que ocurrió y sanar.

Las dos historias que se presentan en este capítulo son fascinantes porque representan dos formas de enfrentar al mal. En cada caso, el origen del mal es un error del padre. La doncella sin manos es la primera que saluda a su padre y este promete dársela al demonio, y en La novia del bandolero es el esposo que el padre elije para su hija. En cada uno de estos relatos la chica es inocente y no ha hecho nada malo; pero el parecido entre estas chicas termina ahí. Dios y los ángeles premian a La doncella sin manos, pero la que resuelve el problema en La novia del bandolero, es la joven y lo hace mediante su propio esfuerzo. Estos mensajes parecen totalmente contradictorios; uno se relaciona con el ámbito espiritual y el otro con el mundo práctico.

Si llevamos esta idea un poco más allá, vemos que en ambas historias la idea central es que a la persona dañada no se le daña más en el proceso que corregir las cosas. En otras palabras, La doncella sin manos no permite que su situación la llene de amargura, por el contrario, la acerca más a la santidad, y aunque está triste, su psique no experimenta frustración. Por el contrario, La novia del bandolero sigue un curso de acción que reduce la posibilidad de sentirse culpable y disminuye la tendencia a sentir odio hacia sí misma al estar en esa situación. El mensaje parece claro: no te rebajes vengándote; hay formas mejores, formas que son menos costosas para la psique.

Una de estas historias contiene un consejo espiritual sobre la manera de resolver la tendencia general del mundo para crear el mal, y la forma en que podemos enfrentarlo. La otra contiene un consejo relacionado con el mundo, ante un caso específico de maldad. Por tanto, las historias no se contradicen; por el contrario, señalan una distinción muy valiosa, pues indican las cualidades que podemos cultivar en nosotros mismos para superar problemas muy diferentes.

CAPÍTULO 7

La pequeña Blanca Nieves y Allerleirauh

Rivalidad sexual, narcisismo e incesto

Después de analizar los temas del bien y el mal en "La doncella sin manos" y el tema del asesinato y el canibalismo en "La novia del bandolero", reconocemos que los cuentos de los hermanos Grimm abordan algunas pasiones humanas muy siniestras. Por ejemplo, la famosa historia de "La pequeña Blanca Nieves" (el cuento número 53), señala que la rivalidad sexual entre una madrastra y su hija es mortal. Ciertamente, si nos interesa observar, casi en cualquier lugar podríamos encontrar madres y madrastras que envidian a sus hijas; sin embargo, pocas madrastras o padrastros llegan a asesinar a sus hijos o hijas. Es obvio, por lo tanto, que las acciones extremas que se describen en esta historia sirven para enfatizar la situación ante el lector. Sean o no extremas, vale la pena analizar más de cerca estas pasiones.

Estamos familiarizados con este relato, pero tal vez queremos ver con claridad exactamente lo que registraron los hermanos Grimm. En su versión, una reina está sentada junto a una ventana cosiendo. Se pica el dedo con la aguja y tres gotas de su sangre caen en la nieve. Ella desea tener una hija "tan blanca como la nieve, tan roja como la sangre y tan negra como la madera de marco de su ventana". La hija que ella da a luz tiene piel blanca, mejillas rojas y cabello negro como el ébano. Por desgracia, la reina muere y el rey vuelve a casarse. La nueva reina es hermosa pero "orgullosa y arrogante", y se nos dice que "no soportaba escuchar que alguien pudiera superar su belleza". Su espejo mágico le dice que ella es la más bella, hasta que Blanca Nieves cumple siete años; entonces el espejo le dice a la reina que Blanca Nieves es la más hermosa.

Furiosa, la reina manda llamar a un cazador y le pide que lleve a Blanca Nieves al bosque, la mate y le traiga sus pulmones y su hígado para que ella se los coma. Es obvio que esto no es una antipatía ordinaria, sino un odio patológico. Indica que la malvada reina siente que la niña es una amenaza para su existencia. Por fortuna, el cazador deja que Blanca Nieves se vaya y le lleva a la reina los pulmones y el hígado de un jabalí. Entonces, Blanca Nieves, vaga sin rumbo por el bosque hasta que encuentra la cabaña de los siete enanos, y ellos la aceptan como ama de casa. Pero el espejo mágico le informa a la reina que Blanca Nieves sigue viva y la reina malvada va a buscarla.

Después aparece ante Blanca Nieves disfrazada de vendedora de cintas de corsé; se las ata a Blanca Nieves con tal fuerza que ella se colapsa como si estuviera muerta. Los enanos regresan, aflojan las cintas y le salvan la vida. Cuando el espejo le dice a la reina que fracasó en su intento y que Blanca Nieves sigue siendo la más hermosa de esas tierras, la reina vuelve con un peine envenenado. Blanca Nieves se lo pone en el cabello y se desmaya... pero una vez más los enanos llegan a tiempo para salvarla.

De nuevo, el espejo le da la noticia a la reina, y en esta ocasión vuelve con una manzana, una mitad está envenenada y la otra mitad no. Se disfraza de nuevo y le ofrece a Blanca Nieves la mitad de la manzana; ella se come la otra mitad para darle a entender que no corre ningún riesgo. Entonces Blanca Nieves se come la manzana y cae al suelo, sin vida; parece que la madrastra logró lo que quería.

En esta ocasión, los enanos no pueden revivir a Blanca Nieves. Abrumados por la tristeza, no pueden soportar la idea de enterrarla y en lugar de hacerlo la ponen en un ataúd de cristal en la ladera de una colina. Ahí la encuentra el hijo del rey, les pide a los enanos que le den el ataúd y hace los preparativos para moverlo. El movimiento hace que el fragmento de manzana que está atorado en su garganta se suelte y Blanca Nieves vuelve a la vida. Se casa con el hijo del rey, y la reina malvada asiste a la boda, sintiéndose llena de temor y rabia. Ahí recibe su castigo pues tiene que ponerse unos zapatos ardientes, y la obligan a bailar hasta que muere.

Es interesante que en "La pequeña Blanca Nieves", la madrastra tiene un espejo mágico que ella consulta y le dice que ella es la más hermosa del país hasta que queda eclipsada por su hijastra. Esta acción de verse constantemente en el espejo representa una fuerza importante que impulsa su vida: el narcisismo. ¿Qué significa eso?

Se podría decir que la madre narcisista se concentra tanto en sí misma, que nunca puede llegar a ser una madre comprensiva en el mundo real. En su narcisismo, no puede ver a su hija como una persona separada e independiente, y siempre la trata como una extensión de su valía personal y por lo tanto de su amor propio. Si entonces la hija se va y tiene su propia vida, es probable que la madre se vuelva violentamente iracunda, y aunque la competencia ya no es evidente para nadie más, la madre la seguirá viendo como algo vital para destruir o controlar a su hija.

Esto es lo que vemos en "La pequeña Blanca Nieves" y ciertamente es lo que observamos en el mundo actual, en el que hay tantas madres que creen que sus hijas sólo son valiosas si impulsan la reputación de la madre, quien conserva su posición de superioridad. Sin importar que la madre sea sobreprotectora o que controle demasiado, el efecto es esencialmente el mismo: se limita a la hija, se le obliga a seguir siendo dependiente e inferior. Tal vez no se trate de un auténtico asesinato, pero su efecto puede ser la destrucción del alma de la hija.

Obviamente este es un tema fuerte y perturbador. Muchas personas que aman a su madre podrían considerar que esto es inaceptable para empezar, y por eso en este relato se cambia a la madre por una madrastra. Es más fácil aceptar este tipo de comportamiento cuando la persona no tiene una relación familiar directa, sino que sólo está representando un papel maternal o paternal. Además es más "realista", pues a veces hay mucha fricción entre las madrastras o padrastros y las hijastras o hijastros. No es necesario llegar muy lejos en nuestro mundo de padres divorciados y familias mezcladas para ver que la cantidad de ejemplos de conflicto es similar a la cantidad de ejemplos de armonía.

En nuestro mundo actual, podemos ver esto cuando la madre o madrastra siente que sus hijos e hijas deben ser un "motivo de orgullo" para ella y deben hacer lo que ella quiere, sin importar lo que quiera el hijo o la hija. Son las madres que programan demasiadas actividades para sus hijos e hijas porque eso es lo que la sociedad espera de las familias. Todo se centra en ella, no en lo que los hijos podrían desear.

Una versión común de esto es la madre que quiere ser "la mejor amiga" de su hija y apoyarla en actividades como los deportes. Ese tipo de madre organiza equipos, viaja miles de kilómetros y sacrifica horas de trabajo que nadie le paga para impulsar la carrera de su hija. Lo hace porque es la madre de la jugadora estrella, ¡y más vale que todos se enteren! Así, adquiere una categoría social que en cierta medida deja a su hija en la sombra. Al parecer la madre está haciendo mucho por su hija, pero el hecho es que en algunos casos está controlando a su hija. La chica tiene que participar en este "juego" y no tiene la opción de abandonarlo o de fracasar. "¿Darte por vencida? ¿Después de todo lo que he hecho por ti? ¿No quieres seguir adelante después de todo lo que hemos vivido?". Podemos imaginar el diálogo. Estas son realidades que vemos a nuestro alrededor todos los días, pero que no por ser frecuentes dejan de ser dañinas.

En este relato puede verse un estrato más significativo: la madrastra se disfraza tres veces como vendedora de diversos objetos diseñados para matar a Blanca Nieves. Lo primero que le vende es un juego de cintas para corsé. A menudo se obligaba a las jovencitas a usar vestidos que tenían cintas o ataduras en la parte de atrás del corpiño; era una versión pequeña y menos ajustada de la ropa que usaban las mujeres adultas. Algunas de estas cintas eran de colores brillantes. La madrastra aprieta tanto las cintas que Blanca Nieves se desmaya y cae al suelo, e incluso podría morir. Por fortuna, los siete enanos llegan a la casa y le quitan las cintas.

Esto podría verse como la tentación que representa la ropa de las mujeres adultas que enfatiza los aspectos sexuales. Las cintas tienen un único propósito: distorsionar el cuerpo apretando la cintura y levantar el pecho, y cuanto más se aprieten mejor lo logran. Pero no es apropiado que las usen las niñas. El relato describe a Blanca Nieves diciendo que es una niña que ha sido una amenaza para su madre desde que tenía siete años, así que incluso en esta etapa ella no tiene edad suficiente para usar corsés o corpiños para levantar el pecho. El relato dice, una y otra vez, que Blanca Nieves es "pequeña", y debemos recordar que el título completo de la historia es "Pequeña Blanca Nieves"; así que indudablemente es muy joven y relativamente inmadura. Es obvio que le interesa la ropa que usan las mujeres mayores; la mayoría de las niñas juegan a vestirse con la ropa de su mamá. Pero aquí un juego inocente tiene un giro siniestro.

No podemos evitar pensar en las niñas cuyas madres las inscriben en concursos de belleza y las maquillan y las visten enfatizando su sexualidad antes de tiempo, y es inevitable pensar en el daño que esto puede causar a su psique. Esto a menudo se hace exclusivamente para hacer que sus madres queden bien ante la sociedad y para fortalecer su sentido personal de orgullo. Las cintas para corsé son, por lo tanto, una metáfora que señala la manera en que se "da forma" a una niña o en que se le obliga a ser algo para lo cual todavía no está preparada; también son una metáfora del hecho de que si esto se hace a una edad demasiado temprana puede matar el espíritu de cualquier niña. Es cierto que muy a menudo las niñas están muy dispuestas a hacer lo que quieren las personas mayores, y esto es parte de la tragedia. Renuncian a su individualidad para agradar a sus padres.

Esto sucede porque el ego de la niña está en sus primeras etapas de desarrollo. Desafortunadamente, en nuestra época el hecho de que la niña esté de acuerdo se usa a menudo como una excusa para el comportamiento de los padres. Ellos aseguran que a la niña le gusta ir de cacería (esto se dijo de una niña de nueve años que había matado a su primer jabalí, en un artículo publicado por *The Boston Globe*), o que a un niño le encanta cierto deporte, cuando lo que sucede en realidad es que el niño está tratando de agradar a sus padres y estar cerca de ellos. Es un equilibrio delicado, y el relato de Blanca Nieves lo refleja en una forma sorprendentemente sofisticada.[1]

El segundo intento de matar a Blanca Nieves tiene que ver con un peine envenenado que los enanos descubren y le quitan justo a tiempo. Una vez más, la agresión se relaciona con la apariencia física, lo que tiene una relación muy cercana con la manera de pensar de la reina narcisista. Como sabemos, a las niñas de nueve años o más les interesa mucho el aspecto de su cabello. En realidad, la reina está introduciendo a Blanca Nieves a su propia obsesión por el arreglo personal, una obsesión que la ha llevado a convertirse en el ser monstruoso que es.

Una vez más, la reina quiere que Blanca Nieves haga lo que ella le pide para poder matarla, y una vez más vemos la metáfora relacionada con destruir el espíritu. Como bien lo saben las madres, el cabello puede ser un reto, pues peinarlo es una forma de "domar" su rebeldía; esta descripción puede aplicarse al cabello de muchos niños y niñas. Una vez más, la madrastra trata de llevar a la chica al mundo del control, donde ella pueda domarla. Por lo tanto, se podría decir que al hacer que la niña actúe de acuerdo con su punto de vista, la reina ciertamente estaría matando a la criatura libre de espíritu que es Blanca Nieves. Es interesante que una vez más los enanos salven a Blanca Nieves. Es casi como si lo único que pudiera salvarla fuera la excentricidad casi infantil de vivir en el bosque, lo cual pone a los enanos fuera del ámbito de las relaciones humanas normales. Ayudan a Blanca Nieves a rechazar estos regalos envenenados del mundo de las mujeres "adultas".

Esto me recuerda mis propias experiencias escolares, cuando todos corríamos como niños casi salvajes de nueve o diez años, y cuando peinarnos era tan difícil para los niños como para las niñas. Pero un día llegó a la escuela una niña con un permanente perfecto. Continuamente decía que su mamá no quería que participara en nuestros juegos y competencias porque eso echaría a perder su nuevo corte de pelo. Esa actitud le duró hasta la hora de la comida. Al día siguiente, llegó y dijo que esta vez realmente no podía participar en los juegos porque su madre se había molestado con ella el día anterior. De nuevo, su determinación se desvaneció y al final del día estaba corriendo de un lado a otro con todos nosotros. El tercer día apareció con un suéter nuevo; le había prometido a su mamá que no lo ensuciaría. En esta ocasión no jugó con nosotros en todo el día. Día tras día, parecía estar más triste, se quedaba parada a un lado observándonos. Bueno, éramos niños y poco a poco olvidamos incluirla en nuestros juegos como lo habíamos hecho antes. Ni siquiera todo el patio de la escuela, lleno de enanos juguetones, pudo hacer que volviera a ser la niña auténtica que siempre habíamos conocido. Ya no era ella misma; era la creación de su madre.

La última tentación, es por supuesto, la manzana, una mitad de la cual está envenenada. Cuando un tentador ofrece una manzana, no podemos evitar pensar en Eva, en el Jardín del Edén y en la tentación de la serpiente. En este caso, al igual que Eva, Blanca Nieves no se puede resistir. Es difícil evitar ver esto como una metáfora de una tentación sexual: la mitad de la manzana que se come la madrastra, y que no está envenenada, simboliza la experiencia del sexo cuando uno es mayor y está listo para ella; pero la parte de la manzana que Blanca Nieves se come, y que está envenenada y se atora en su garganta, nos indica que a esa edad, ella simplemente no está lista para el sexo todavía.

¿Cómo podemos entender esto? En el mundo moderno ciertamente existen madres de familia absortas en sí mismas que estarían felices si pudieran ver a sus hijas comportándose como adultas en el aspecto sexual, como si supieran más de lo que saben otras niñas de su edad. Esto da a la madre la oportunidad de también parecer superior y de dominar a su hija, ya que ahora tiene que depender de su madre para que la aconseje, pues ninguna de sus amigas puede ayudarle todavía a este respecto.

De hecho, esta es otra forma de aplastar a la hija, otra forma de asesinato del espíritu. En realidad podemos ver esto siempre que las chicas pasan a través del ritual de la preparatoria y del baile de graduación. Las chicas usan vestidos parecidos a los de las mujeres adultas que a menudo son de estilo provocativo; con frecuencia se ven algo nerviosas al hacerlo y se esfuerzan mucho por ocultarlo. Por lo que he observado, y por lo que he descubierto hablando con mis amistades que son padres de familia y con profesores, con frecuencia surgen preguntas relacionadas con el ritual del baile de graduación y con la forma en que estas jóvenes enfrentarán la repentina expectativa de ser "adultas" y sexuales. Algunas están listas, pero hay otras que a pesar de tener la edad cronológica adecuada para estar listas, no están equipadas emocionalmente para hacerlo. Apresurar a una chica hacia la actividad sexual a menudo sólo lleva a confusiones persistentes y a la pérdida de la autoestima. Esto puede ser una fuerza tan destructiva como cualquier otra cosa que la joven deba enfrentar.

En la historia de Blanca Nieves, los enanos llegan, encuentran a Blanca Nieves aparentemente muerta y se hunden en la tristeza. La colocan en un ataúd de cristal donde puedan verla. Es necesario recordar que los enanos son hombres, pero no representan al mundo masculino plenamente desarrollado;

en cierta forma son machos neutrales. Hoy en día podríamos encontrar una versión de esto en las mujeres que prefieren pasar el tiempo con amigos gay, o con hombres que no se perciben como sexuales sino como excéntricos o payasos. Blanca Nieves todavía es una niña, pero la peligrosa necesidad que tiene su madrastra de ser admirada por su belleza (suponemos que desea la admiración de los hombres) ha hecho que Blanca Nieves se conforme con compañeros que pueden admirarla por su trabajo como ama de casa y que no reaccionan ante ella como alguien que un día crecerá y tendrá una dimensión sexual. Ella encuentra un lugar seguro y agradable donde puede quedarse, aunque las tentaciones del mundo del sexo estén empezando parecerle atractivas. Después de todo, las cintas de corsé y las peinetas sí *le gustan*.

De manera similar, llega un momento en que los hijos e hijas de madres narcisistas a veces deciden deliberadamente permanecer "jóvenes" en su comportamiento y estilo de vida. Al hacerlo, evitan reclamar su verdadera identidad como jóvenes, pues hacerlo representaría un reto a la atención que se centra en su madre. Pero aquí debemos ser cuidadosos porque en la historia de "La pequeña Blanca Nieves" los enanos significan algo más. Es obvio que la aman, así que podríamos decir que son hombres que no representan un riesgo para ella y que le ofrecen amor incondicional y aceptación. Por tanto, se les puede ver como lo que ella necesita para recuperar su bienestar mental después de los ataques de la madrastra. Como la niña del patio de la escuela, lo que Blanca Nieves necesita al principio de la historia es ser una niña feliz aceptada por sus compañeros. Eso es en parte lo que está detrás del simbolismo del hecho de que los enanos lleguen y la salven en dos ocasiones. Le ofrecen el amor que ella necesita en esa etapa de su vida.

Pero cuando llega el príncipe, un hombre verdadero, y mueven el ataúd, la manzana sale de su garganta y Blanca

Nieves vuelve a la vida. Es probable que decir que "sale" sea un eufemismo del hecho de vomitar y expulsar la manzana. Psicológicamente, Blanca Nieves ha llegado al punto en que puede rechazar los aspectos enfermizos de una sexualización prematura que la ha llevado a una especie de estado de shock. Ha estado en animación suspendida; esta es una forma de describir el periodo latente que normalmente ocurre entre los cinco años de edad y el inicio de la pubertad. Blanca Nieves no ha estado inerte, sólo ha estado madurando en silencio sin muchos signos visibles.

Otra forma de considerar esto, es decir que el miedo y los primeros traumas sexuales a veces pueden retrasar el inicio de la maduración sexual en las jovencitas. Puede retrasarse el inicio de la menstruación, quizás por años. A veces el miedo también se muestra en otras formas. Por ejemplo, una joven que ha sido víctima de este tipo de miedo podría usar demasiado maquillaje y verse muy atractiva, pero se comporta con frialdad y su actitud rechaza a todo el que se le acerca. Cuando esto ocurre, la joven no puede estar totalmente presente en su vida. Su comportamiento indica que se le puede ver pero no se le puede tocar; el ataúd de cristal en el que yace Blanca Nieves es un símbolo elocuente de este estado mental.

Ahora que está lista, se encuentra con su pareja. La seguridad y el amor que le dan los enanos le permite liberarse de su madrastra y crecer lo suficiente para poder estar lista para amar. Su yo infantil ha "muerto", y ella ha dedicado algo de tiempo a evaluarse, lo que se simboliza por el periodo que pasó en el ataúd de cristal, y ahora la mujer está lista para salir de un periodo de crecimiento latente.

Esta historia trata numerosos temas, pero uno de los más prominentes es la forma en que los padres dañan a las jovencitas cuando se involucran personalmente con acciones que pueden dañar su espíritu. Por fortuna, al evaluar el problema, la historia también nos dice cuál es la solución: el amor seguro e incondicional.

Cuando trabajé con adolescentes angustiados, traté a varias jovencitas que parecían estar en esta situación. La madre de una en particular la había obligado a ser prostituta cuando tenía aproximadamente doce años. Le dio ropa sexy, le hizo un corte de pelo provocativo y le dijo cómo actuar. La niña se sentía aterrorizada con todo esto; pero al principio actuó de acuerdo a los deseos de su madre, por supuesto. Después de todo, era su madre y eso es lo que las niñas hacen a esa edad. Tal vez necesitó ser muy valiente, pero se las arregló para huir varias veces y al final las autoridades se hicieron cargo de ella.

En una ocasión, antes de huir, se puso un cojín bajo la ropa para que pareciera que estaba embarazada, con la esperanza de que esto hiciera que su madre la dejara en paz. Este tipo de acciones nos recuerdan al ataúd de cristal, pues indican que cualquiera puede mirarla pero no tocarla. Lo que la jovencita necesitaba para sanar era sentirse libre y saber que los hombres no iban a intentar llevársela a la cama en toda oportunidad. Al parecer necesitaba el amor incondicional que no había recibido de su madre, y al parecer necesitaba espacio para ser niña.

Si estos ejemplos parecen extremos, y esta historia en sí contiene acciones extremas, tal vez quisiéramos intentar vincular la historia más de cerca con la vida diaria. Después de todo, no todos los hijos tienen una madre narcisista. Y sin embargo todos los padres tienden al narcicismo, una tendencia contra la que es necesario luchar. Los padres adquieren cierta categoría por el hecho de tener un hijo. Si ese hijo es divertido o esa hija es atractiva, entonces se considerará que la madre, especialmente, es afortunada. La madre, por supuesto, querrá que sus hijos crezcan y actúen como la madre considera que es mejor. Esto es fundamental para ayudarles a socializar y también para formarlos de acuerdo con lo que la madre considera mejor, así que inevitablemente el deseo de controlarlos y formarlos siempre está presente. El problema es llegar al equilibrio adecuado entre ayudar a los hijos a socializar y por otra parte ejercer coerción sobre ellos.

Cuanto más fuerte es la voluntad de la madre, o cuanto más profundas sean sus necesidades, más difícil será encontrar este equilibrio. Al relacionar los sucesos de la historia con la madrastra, es más fácil considerar las formas en que toda relación con los padres contiene una semilla de narcisismo la cual tiene la esperanza de crecer si tiene la oportunidad. Si vemos esto como algo que sólo se aplica a las madrastras o padrastros, como podría ocurrir a menudo, podríamos pasar por alto el hecho de que surge en casi todas las situaciones que involucran a los padres de familia. De hecho, es una parte perfectamente normal de la psicología de la paternidad, una parte que debe tomarse en cuenta si deseamos que el hijo o la hija sean emocionalmente sanos.

Y esto inevitablemente nos lleva al tema del padre de Blanca Nieves. ¿Dónde estaba mientras ocurría todo esto? Su ausencia es notable. Debería haber protegido a su hija, pero nadie sabe dónde está. La madrastra se las arregló para engancharlo en el matrimonio, probablemente por ser hermosa y por sentir que su valía se basa parcialmente en el hecho de que él la valore. Si su pareja la valorara por ser lo que es, y ella no tuviera que consultar al espejo para confirmar su valía, tendríamos un personaje que no necesita una reafirmación compulsiva. La madrastra, al igual que Blanca Nieves, necesita aceptación y amor incondicional. Pero se desquita con la niña cuando sus frustraciones la abruman.

En nuestros tiempos, vemos muchos ejemplos de celebridades que sacrifican el bienestar de sus hijos para fortalecer su propio perfil como personas famosas. Hay estrellas, desde Britney Spears hasta Tom Cruise y Katie Holmes, que han usado a sus hijos como una forma de conseguir más oportunidades para que se les tomen fotografías. Britney Spears era una mujer frágil que no parecía tener la capacidad de percibir las necesidades de los niños. De hecho, perdió la custodia de sus hijos porque su propia vida estaba llena de confusiones emocionales. No le faltaba dinero ni oportunidades; pero simplemente no sabía quién era cuando las cámaras no se enfocaban en ella.

En nuestra cultura, los hijos de las celebridades en realidad nunca escapan de sus padres famosos y a veces su deseo de reflejar la imagen de sus padres podría hacer que tengan vidas atrofiadas. ¿Cómo puede alguien seguir a un padre carismático o a una madre atractiva que es líder? Después del asesinato del Presidente John F. Kennedy, los miembros de su familia se esforzaron mucho por alcanzar el éxito, pero al parecer algunos de ellos no pudieron ser felices a nivel personal. El segundo George Bush no fue el tipo de líder que había sido su padre; Julian Lennon no es un músico de la calidad de su padre, y así sucesivamente. Uno se pregunta qué pasará con Chelsea Clinton, hija de dos personas de muy alto perfil. No es que los hijos de los famosos no puedan tener éxito y ser felices; es que el accidente de haber nacido entre celebridades les presenta fuertes desafíos y exigencias.

Esas exigencias, en cierta medida, están presentes en cualquier familia. Actualmente (a finales de 2009), la prensa amarillista informa que Chastity, hija de la cantante Cher, que hace tiempo aceptó ser lesbiana, ha iniciado el proceso de someterse a una cirugía de reasignación de sexo para convertirse en un hombre llamado Chas y vivir en una relación heterosexual con su novia.[2] Como Cher es famosa por sus cirugías cosméticas, por ejemplo, la extracción de costillas, y por diversos tratamientos que hacen que parezca mucho más joven de lo que es, esta es una situación interesante. Podríamos considerar que las acciones de su hija reflejan un deseo de seguir el ejemplo de su madre, podríamos verlas como un deseo de captar su atención, y en esta etapa final, también podrían considerarse un rechazo de algunos de los valores de su madre en relación con lo que significa "verse bien". Dudo que alguna vez lleguemos a conocer los detalles exactos. Lo único que necesitamos observar aquí es que es difícil crecer con una madre que está demasiado involucrada en su propia apariencia y en su éxito, y esto crea para sus hijos un verdadero problema de identidad.

Antes de dejar atrás a "La pequeña Blanca Nieves", debemos analizar el final de la historia. Descubrimos que la reina está tan furiosa al saber que Blanca Nieves está viva, que es muy difícil para ella asistir a la boda. Cuando finalmente llega, "se queda inmóvil, presa de la ira y el temor". Pero será sometida a un juicio: sujetan a sus pies unos zapatos de hierro incandescentes y la obligan a bailar hasta que cae muerta.

Esta es una parodia horrible del baile de una boda que la mayoría de las madres disfrutan y en el que ceden el lugar de honor a sus hijas. Como metáfora de la forma en que los narcisistas se esfuerzan al máximo por llegar a ser el centro de atención, incluso cuando esa atención sea grotesca, esta escena es siniestramente apropiada. El narcisismo se ve como realmente es: algo estéril y contraproducente. En cierta forma, la historia se relaciona con la forma en que muy a menudo los narcisistas se aterrorizan por el hecho de que su cuerpo envejezca y por la posibilidad de la muerte. La historia también nos dice que los celos sexuales son la forma que los narcisistas eligen para expresar sus temores.

Pero los hermanos Grimm no se detuvieron en estas consideraciones. En el extraño relato de "Allerleirauh" (*Bestia peluda*, el cuento número 65), presentan el tema de un tipo diferente de tensión sexual: en lugar del narcicismo de la madre, tenemos los deseos incestuosos del padre.

La traducción literal del título de la historia en alemán es "todo tipo de pelaje", y se refiere al abrigo de pieles que usa la protagonista. Es un relato fuerte, cuya forma es similar a la de "Cenicienta". En este relato, un rey le promete a su bella esposa, en su lecho de muerte, que nunca se casará con nadie que sea menos bella que ella y que no tenga un cabello dorado como el de ella. Nadie puede igualar esos estándares hasta que su hija crece; el rey se da cuenta de que ella es más hermosa que su madre y tiene el mismo cabello dorado, así que decide casarse con ella.

La premisa de la historia es que el rey le promete a su esposa que va a obedecer sus deseos, pero como soberano del reino también se le exige tener una esposa. A primera vista, parece que debido a sus deberes como rey, está atrapado entre dos realidades imperativas que son externas a su persona; pero como podemos ver, él es quien decide que la nueva novia tiene que ser su hija, a pesar de las protestas de sus asesores y a pesar de que su posición es contraria a los mandamientos morales de la Sagrada Escritura.

La hija gana tiempo pidiendo tres vestidos espléndidos y un abrigo hecho con secciones de piel de cada una de las mil especies de animales que viven en el reino. Este abrigo de pieles une a la hija con la variedad natural de todo el reino animal, como queriendo decir que los deseos incestuosos del rey van contra todo lo que existe en el mundo natural. En cuanto la hija tiene la ropa que pidió, guarda todo en una cáscara de nuez y se lleva un anillo de oro, una rueca de oro, un carrete de oro, y se va lejos.

Encuentra trabajo en un castillo, cercano después de que los cazadores que están al servicio del rey de un país vecino la encuentran dormida, envuelta en su abrigo, aunque al principio piensan que es un animal salvaje. Trabaja en las cocinas, cubierta de cenizas y hollín, hasta que se celebra un suntuoso baile (aquí hay muchos detalles que nos recuerdan a Cenicienta). Ella pide media hora para ir a ver el festejo y se pone el primero de sus vestidos hermosos, se lava la cara y baila con el rey, que está encantado. Luego corre a su "guarida" (se repiten las referencias al mundo animal), y vuelve a ponerse su ropa sucia.

Mientras el cocinero se toma un tiempo para ver el baile, ella tiene la oportunidad de preparar la sopa del rey y coloca su anillo de oro en el fondo del plato. Al rey le gusta la sopa más que nunca y manda llamar a la chica. Ella aparece con la ropa sucia, el cocinero la llama "bestia peluda", y ella niega saber algo acerca del anillo. La próxima vez que hay un baile sucede lo mismo, pero ella usa su segundo vestido. El rey está encantado y la chica huye después de media hora, se cambia de ropa y vuelve a la cocina.

Estando de nuevo como sirvienta en la cocina, en esta ocasión ella pone su pequeña rueca de oro en la sopa. Vuelven a llamarla y lo niego todo, y una vez más todos la llaman "bestia peluda" por su abrigo. Poco después hay otro baile y la chica usa su tercer vestido, que es el más hermoso. El rey la saluda, estrecha sus manos con fuerza y desliza el anillo en su dedo sin que ella se dé cuenta. Pero ella escapa y sólo tiene tiempo de echarse el abrigo de pieles sobre el vestido antes de tener que volver a preparar la sopa. En esta ocasión, pone su carrete de oro en el tazón de la sopa. Una vez más el cocinero la llama "piel peluda" y "bruja". El rey encuentra que la sopa es más sabrosa que antes, la manda llamar, y en esta ocasión también nota el anillo en un dedo que ella olvidó cubrir de hollín. El rey puede ver el vestido de estrellas bajo el abrigo y la reconoce como la jovencita con la que él ha bailado. Se casan y viven felices por siempre.

En cierta medida, este relato se parece tanto al de "Cenicienta" que sería comprensible que no prestáramos atención a los detalles; sin embargo, precisamente de estos detalles brotan algunas cosas importantes.

El impulso incestuoso del padre se describe con fuerza. Aunque a toda la gente le repugna la idea, él está decidido a seguir adelante con su plan e incluso tiene excusas que lo respaldan. El hecho de que haya elegido a su hija tiene cierta lógica, pero es una lógica muy ajena a la realidad y a la moralidad. En este aspecto, el padre es una representación muy precisa de la forma en que los impulsos sexuales de un hombre pueden adoptar actitudes que parecen razonables para conseguir lo que desea. Es la forma de pensar del padre incestuoso que argumenta que con la madre no puede conseguir lo que desea, así que tiene derecho a tener sexo con la hija. En los casos de incesto que he atendido, esta parece ser la racionalización predominante. Este relato tiene una precisión macabra.

La chica hace lo único que puede hacer: se marcha. Se lleva sus vestidos porque sabe, en lo más profundo de su ser, que algún día necesitará reclamarse como una mujer atractiva, pero por el momento, está tan atemorizada que sólo puede mostrarse como un animal relativamente desagradable con su abrigo de diferentes pieles.

Esto parece auténtico en lo relacionado con el efecto psicológico del intento de incesto. Las jovencitas que se dan cuenta de que sólo se les valora por su belleza física pueden, en ocasiones, decidir encubrirla, ya sea vistiéndose mal (como lo hace la chica en este relato), subiendo mucho de peso o comportándose en forma desagradable. En nuestro tiempo es común que las mujeres usen el sobrepeso como una forma de asegurarse de no ser atractivas para los hombres, y de hecho todos hemos visto jóvenes que deciden vestirse en formas que parecen desafiar los estándares socialmente aceptables de lo que es atractivo. Cuando las mujeres sufren un trauma como el incesto, muy a menudo no quieren que se les considere atractivas porque temen la atención de los hombres. En una ocasión trabajé brevemente con una adolescente que era muy hermosa pero cuyo comportamiento era muy desagradable con todos los hombres. El mensaje era claro para todos los muchachos: aléjense, todos son unos pervertidos.

La presencia de tendencias incestuosas en la infancia puede tomar muchas formas, por supuesto, pero la historia no intenta definirlas todas; sólo muestra un ejemplo muy elocuente para que podamos hacer la conexión.

La historia menciona tazones de sopa en tres ocasiones y debemos preguntarnos lo que podrían significar. Como hemos visto, la jovencita resulta ser más diestra para preparar sopa que el cocinero. Esto podría tener muchos significados, uno de los cuales es que, estando en la cocina, ella aprende a ser una persona solícita y cariñosa. Por lo tanto, los objetos que pone en la sopa son indirectas muy elocuentes de que ella desea que se le descubra, de que quiere que se le aprecie por ser más que simplemente una buena cocinera o una cara bonita. Pero no sabe cómo decirlo en ninguna otra forma.

Eso es exactamente lo que les pasa a las personas que sufren un trauma. Quieren recibir ayuda para salir de su desgracia y usan indirectas que indican que están dispuestas a recibir ayuda, pero temen actuar en base a sus impulsos internos. En este relato, las acciones de la jovencita son una forma de pedir ayuda sin hacerlo directamente.

Por tanto, esto nos lleva a ver más de cerca la forma en que lo hace. Primero pone el anillo en la sopa, algo valioso escondido en algo humilde. Es una buena descripción de su propio disfraz. Además, un anillo siempre es un símbolo muy elocuente pues se relaciona con el matrimonio. La rueca (no estoy seguro de cómo se podría poner una rueca en un tazón de sopa) se relaciona con el trabajo de las hilanderas, que a menudo son mujeres solteras. Si quisiéramos, también podríamos considerar que el carrete de oro se relaciona con el hilo que pasa a través de todo o quizás como el producto del trabajo bien hecho de las hilanderas. Aquí vemos el uso de una clave privada o la poesía de los signos. La joven usa este vocabulario específico para decir que desea que se le reconozca y que se le "vea" plenamente, y el vocabulario que una persona elige en estas circunstancias tiende a ser tan específico como lo es la persona. Para nuestros propósitos, podemos decir que todos estos objetos son domésticos y tienen que ver con el trabajo productivo. Encontrar un clavo oxidado en nuestra sopa comunicaría un mensaje muy distinto al que recibiríamos al encontrar un carrete de oro.

¿Cómo podemos entender esto mejor? Recuerdo que hace muchos años trabajé con una jovencita que se vestía con ropa que parecía harapos negros. Durante cierto tiempo se mostró ferozmente crítica hacia mí, pero esto hizo que me sintiera animado porque eso significaba que ella al menos estaba consciente de mi existencia; pudo haberme ignorado. Su actitud displicente ofreció un punto de partida para el diálogo; era su forma "poética" de decirme que tal vez un día estaría dispuesta a confiar en mí. Al ser crítica, por ejemplo, quería ver si yo me ofendía y la rechazaba. Este era su patrón de conducta: actuaba en forma extrema para ver si otros la aceptaban, sin importar lo que hiciera. Era una forma de buscar el amor incondicional que no había recibido en la infancia. Después supe que cuando había llegado a la casa hogar donde vivía con un grupo de chicas, se había negado a lavarse o bañarse durante varias semanas, hasta que sus compañeras la llevaron a rastras a las regaderas y la bañaron. Tal vez esto fue aterrador en ese momento, pero después ella me dijo: "fue lo mejor que me había pasado en mi vida; me demostraron que me querían".

Esto debe recordarnos a la jovencita de este relato, pues cuando el rey le preguntó quién era, respondió: "Para lo único que sirvo es para que me avienten botas y me golpeen en la cabeza". Lo repite tres veces. Es obvio que en realidad no lo cree, pero como la chica que sus compañeras tuvieron que llevar a rastras a las regaderas, ella quiere que alguien reaccione y le muestre que en realidad se preocupa por ella.

Al paso del tiempo, la chica con la que yo trabajaba en esa casa hogar, empezó a criticarme menos. Nuestros encuentros eran cada vez más interesantes y hablábamos de muchas cosas, por ejemplo, de coches. Luego un día, ella me trajo un emblema que se había robado del toldo de un auto y que le quedaba muy bien al mío. Era un regalo que además era un objeto robado, y obviamente ella me estaba poniendo a prueba para ver cómo actuaba. ¿Rechazaría el regalo? ¿La acusaría de robo? No hice ninguna de esas dos cosas. Decidí pasar por alto la pequeña ofensa y ver el regalo como un gesto de la amistad que existía entre nosotros y que ella no sabía cómo expresar.

Este relato casi podría verse como un manual sobre lo que es necesario hacer para reconstruir el sentido de confianza que queda destrozado debido al incesto o a la explotación sexual. Lleva tiempo, se basa en apreciar los dones que ofrece la persona indirectamente, y poco a poco esa confianza se fortalece.

El rey ciertamente muestra esto. En el clímax de la historia, le arranca a la chica el abrigo de pieles con el que ella se disfraza, y cuando lo hace ella se revela ante todos con su verdadera gloria, luciendo su "vestido de estrellas" y su dorada cabellera. La joven ya no puede usar su disfraz para ocultarse de sí misma. Es una metáfora elegante. En cierta medida, todos queremos que alguien nos ayude a llegar a ser lo que realmente somos, queremos que otros nos vean como somos; pero muchos de nosotros sentimos miedo y no nos atrevemos a pedir esa ayuda.

Para considerar este relato en relación con los arquetipos que hay en él, simplemente debemos ver a la joven como una auténtica Huérfana que por un tiempo vivió como sirvienta en una cocina, para darnos cuenta del valor que demuestra al buscar al rey. Es una Peregrina, y este es su peregrinar. Lo busca tres veces, le da a entender lo que está sucediendo, y se podría decir que él va a su encuentro, recorriendo la mitad del camino. Cada uno está pidiendo que el otro lo vea y ambos están a punto de correr el riesgo de ser Guerreros Enamorados; un riesgo que podría llevar a la desgracia y el rechazo.

El rey sospecha que la cocinerita es la mujer hermosa con la que ha bailado y corre el riesgo de actuar en base a su sospecha. No es pusilánime y ella tampoco lo es; pero sus acciones exigen valor. La chica podría ser rechazada y la reputación del rey podría dañarse. No obstante, ellos tienen el valor de actuar basándose en lo que saben que es verdad. Juntos se convierten en Guerreros Enamorados, listos para hacer la transición y llegar a ser Monarcas. Después de todo, ella es una princesa y él es un rey, y ahora están listos para asumir la posición que les corresponde en el mundo. Al ver las cualidades de la joven, el rey puede demostrar su capacidad para confiar en sus propios juicios sobre otras personas y sobre su valía, sin importar su apariencia; esa es la tarea *por excelencia* de un Monarca, y la princesa, al superar su propio miedo a la tiranía del rey su padre, su fijación demente y su actitud extrema, demuestra que ella también ha crecido como persona y no sólo juzga a las personas por su rango. Desde el punto de vista de los arquetipos, ellos son iguales.

A lo largo de los años, este relato se ha ignorado en gran medida, y creo que eso se relaciona con el tema del incesto, que la mayoría de las personas preferirían no abordar. Sin embargo, es una especie de contraparte para la historia de "La pequeña Blanca Nieves" que trata sobre una madre destructiva y centrada en sí misma, mientras que "Allerleirauh" trata precisamente sobre la contraparte masculina: un padre egoísta. La belleza de estos relatos y el valor de los hermanos Grimm al seleccionarlos, están en el hecho de que temas tan importantes como éstos no pueden ocultarse bajo la alfombra. Si queremos entender el interés obsesivo del padre por su hija favorita y su posible resultado, y si queremos saber cómo corregirlo, entonces "Allerleirauh" es un relato importante.

CAPÍTULO 8

Juan Erizo

y

El burro

El rechazo de los padres y cómo recuperar la autenticidad personal

"Juan Erizo" (el cuento número 108) es muy interesante por ser tan extraño. Su naturaleza desafiante capta nuestra atención aunque en varios aspectos no sea un cuento atractivo.

Juan nace por el deseo de sus padres de tener un hijo, aunque resultó ser un erizo, que es lo que el padre dice un día sin miramientos. Vale la pena mencionar que los erizos europeos son de hecho criaturas bastante gentiles; a menudo son amigables con los seres humanos y de ninguna manera son feroces. Lo único que se dice de ellos en la tradición popular es que lamen las ubres de las vacas cuando éstas se echan, para tomar algo de leche. Pero su piel es muy áspera y cuando se asustan se enroscan y parecen una bola de púas. De ninguna manera se parecen al puerco espín que es famoso por la forma violenta en que se defiende. Los erizos europeos pueden tomarse con las manos aunque estén enroscados como una bola de púas para defenderse, pero debe uno hacerlo con gentileza. Esto podría ser una clave que más tarde podríamos usar para valorar esta historia.

Aunque la apariencia de Juan horroriza a sus padres, ellos deciden conservarlo, pues es humano de la cintura para abajo y es un erizo de la cintura para arriba. Bautizan a Juan, lo que indica que lo consideran humano, pero es obvio que no es precisamente lo que ellos quieren. Llega el momento en que Juan pide una gaita y se la dan. Luego pide que le pongan herraduras a su gallo, como si fuera un caballo, y pide que le den algunos cerdos y asnos. Dice que se irá con ellos al bosque. Se monta en el gallo y se va a la oscuridad del bosque, donde se sienta en un árbol y toca la gaita, mientras sus animales se multiplican mucho más de lo que él esperaba. Sus padres sienten alivio cuando Juan se va.

Hasta ese momento, éste es obviamente un relato extraño, hasta que nos damos cuenta de que la gaita hace que Juan tenga una relación muy cercana con el dios Pan, un dios griego de la naturaleza y la fertilidad que tocaba flautas hechas con los juncos del bosque. Esto explica por qué Juan monta un gallo, lo que obviamente es un símbolo de poder sexual. En la mitología griega y romana, Pan y sus sátiros aparecen como seres que son mitad hombre y mitad cabra. Son famosos por su energía sexual y a menudo se les muestra con el pene erecto. La forma en que los cerdos y asnos se multiplican parece ligarlo firmemente a este mito.

Poco después, aparece el rey y le pide a Juan que le diga cuál es el camino para salir del bosque. Juan está de acuerdo en decirle cómo salir del bosque si el rey le entrega la primera criatura que lo salude en su regreso a casa. El rey acepta, pero escribe un bono en el que incluye una palabra muy importante: "no". Como la primera criatura que saluda al rey cuando vuelve a casa es su hija, el rey se siente muy satisfecho por su astucia, y la hija está de acuerdo con lo que él hizo.

Un segundo rey aparece en el bosque y también pide informes sobre la manera de salir de ahí. Una vez más Juan le indica el camino pero le pone las mismas condiciones. Cuando este rey llega a su palacio y su hija es la primera que sale a saludarlo, él le habla de la promesa que hizo y ella está de acuerdo en que esa promesa debe cumplirse, aunque no le gusta la idea.

Entonces Juan decide regresar a casa y visitar a sus padres. Lleva consigo a su enorme piara de cerdos y la entrega a la gente del pueblo para que sacrifiquen a los cerdos y se alimenten con ellos. Pide que vuelvan a herrar a su gallo y sigue viajando. Una vez más, su padre siente alivio cuando él se va, y no le da las gracias por todos los cerdos que le regaló a la gente del pueblo.

Después, Juan va al castillo del primer rey, donde lo reciben soldados armados con picas (lo que refleja su propia piel llena de púas). Va montado en el gallo, vuela sobre los soldados, entra al castillo y le exige al rey que le entregue su recompensa porque si no lo hace él lo matará y matará a su hija. El primer rey está aterrorizado y le dice a su hija que tiene que irse con Juan para salvar su vida. Así que ella se va en un carruaje con Juan, su gaita y su gallo.

Después leemos: "A poca distancia del pueblo, Juan erizo le quitó a la princesa sus elegantes ropas, sus púas de erizo se le clavaron en la piel y ella quedó cubierta de sangre. Entonces él le dijo: 'Esa es la recompensa por la falsedad. Puedes irte. No quiero estar contigo'". Quizás esta es la escena que más lectores encuentran repugnante. Es una humillación y al mismo tiempo un abuso sexual, en especial cuando leemos que la hija del rey "sufrió una deshonra que le arruinó la vida". Esta es una escena clave y volveremos a ella.

Después Juan viaja al castillo del segundo rey. Aquí, a diferencia del primer castillo, el rey y su hija lo reciben con alegría y la hija acepta casarse con él, aunque su apariencia la aterroriza. Él le dice que no tenga miedo, que antes de irse a la cama con ella él se quitará la piel de erizo; cuatro hombres deben estar cerca, listos para lanzarla al fuego.

Todo sucede como lo describió Juan y él asume forma humana, excepto que es negro como el carbón. A la mañana siguiente llega el médico y le pone un ungüento. Poco a poco Juan se vuelve blanco y leemos que es "un joven apuesto". La hija del rey está feliz, y se celebra un matrimonio "con la solemnidad adecuada". Varios años después, Juan y su esposa visitan al padre de Juan, que al principio no reconoce a su hijo. Al final llega a convencerse de que en realidad lo es y todos están felices.

En algunos aspectos, este relato es muy similar a otro que aparece después en la colección y que lleva el título de "El burro" (el cuento número 144). En esa historia, el hijo del rey nace como un burro, aprende a tocar la lira y cuando conquista a la hija de otro rey (y el rey le ofrece su mano), se despoja de la piel de burro y se vuelve humano. En ese relato, el propio rey se lleva la piel de burro y la quema, pues El burro había expresado el deseo de regresar a su identidad animal durante las horas del día.

Ambos relatos son historias de transformación. Tienen mucho en común con "El Rey Rana", aunque definitivamente "Juan Erizo" tiene un trasfondo más violento. El tema de despojarse de la piel también se encuentra en la historia de "La pastora de ocas en la fuente" (el cuento número 179), en que la hermosa princesa se cubre con la piel de una fea pastora de ocas después de ser rechazada por su padre. Esto es muy similar a lo que ocurre en la historia de "Allerleirauh", en que la princesa usa un abrigo de pieles como una manera de protegerse, como ya lo hemos señalado.

Para poder descubrir el significado de todo esto, tal vez podríamos analizar las referencias sexuales, que son tan numerosas. Juan, que es similar a Pan, con su gaita y su don para lograr que los animales se reproduzcan, es un símbolo de la energía de sexo y de su insistencia animal, un aspecto del sexo que no es aceptable a nivel social. Como podemos recordar, los dos reyes que aparecen en este relato quieren encontrar el camino para salir del bosque. En una circunstancia difícil a menudo tenemos que pedir ayuda a personas a las que no recurriríamos en otras circunstancias, y después no podemos ignorarlas pues no sería conveniente.

De manera similar, en ocasiones tenemos que confiar en nuestros instintos, en especial cuando nos sentimos confundidos, y si confiamos en ellos para que nos muestren el camino a "casa", después no podemos fingir que no son una parte esencial de nosotros mismos y que no les debemos nada. En cada caso, los reyes pudieron haber ignorado a Juan, pero no lo hicieron, siguieron sus consejos. Recuerda que Juan es un hombre normal de la cintura para abajo, pero no es un hombre civilizado; es salvaje. Sin embargo, puede volverse civilizado si se le acepta, si se le trata con respeto y si se le ama, que es lo que le ofrecen el segundo rey y su hija. Si se le ve en esta forma, la historia de Juan tal vez pueda surgir como un símbolo de la forma en que todos debemos integrar a nuestra psique la parte de nosotros mismos que es salvaje e indómita, para que su energía pueda impulsar nuestra vida y permitir que encontremos nuestra "casa", nuestro sentido personal de autenticidad.

En estas circunstancias, la ansiedad sexual de la hija es comprensible; también es una ansiedad que muchas jovencitas sienten cuando piensan en los hombres y en el sexo por primera vez. Quizás la tarea es ver más allá del miedo al sexo y mirar otra cosa. Tal vez la princesa todavía no ama a Juan, pero su lealtad a su padre es un acto de amor. La hija buena, por lo tanto, puede ayudar a transformar este diamante en bruto en algo mucho más aceptable pues está dispuesta a dejar de juzgarlo.

¿Cómo podemos entender esto? Simplemente considera lo siguiente: hay en el mundo muchos muchachos que usan disfraces que son tan aterradores como las púas de Juan: cabello en punta y erizado, pulseras de metal con púas, cortes de pelo estilo *mohawk*; hemos visto de todo y estas cosas se ponen de moda y pasan de moda. Tal vez el comportamiento de estos chicos y chicas es desagradable, por ejemplo, el exceso de tatuajes y de *piercing* corporal; algunos jóvenes incluso podrían tener un aspecto definitivamente aterrador, pero en cada caso esto es un reflejo del sentimiento de no ser aceptados en los primeros años de su vida, como le sucedió a Juan. Recordemos que debido a sus púas, su madre ni siquiera pudo amamantarlo. Esa es la forma más básica y primordial de aceptación, y no ser capaz de recibirla es una gran pérdida para el individuo en lo relacionado con poder sentir y expresar el amor.

Esto nos hace pensar en los jóvenes de hoy, que son relativamente aterradores. El mensaje que muchos de ellos nos transmiten es: "Yo les provocaré repugnancia antes de que ustedes tengan la oportunidad de rechazarme, y eso me pone en una posición de mayor poder". Es una forma lógica de autoprotección. Por tanto, no debería sorprendernos que Juan se haya enfurecido tanto con el primer rey y su hija. Consideraron que él no era humano basándose sólo en su apariencia. Este es un tema muy delicado para él porque a pesar de todo él es humano; él salvó la vida del rey y merece respeto. Muchas personas que se comportan en formas diseñadas para hacer enojar a otros, en realidad sólo están pidiendo que se les trate mejor de lo que se les ha tratado; pero no saben cómo pedirlo directamente. En cierta medida, sus defensas reflejan la profundidad de sus anhelos.

La hija del segundo rey es honorable (apoya la promesa de su padre) y también es amorosa. Cumple la promesa porque ama a su padre: "Por amor a su padre, ella estaría dispuesta a irse con Juan si él llegara", nos dice el relato. Sabe lo que es el amor, y no actúa con el interés superficial y egoísta que mostraron el otro rey y su hija. Este amor es lo que permite que Juan haga a un lado su piel externa, la capa de defensas psicológicas, y llegue a ser totalmente humano; le devuelve la otra mitad de sí mismo. Pero debemos recordar que cuatro hombres tienen que llevarse la piel que él ha desechado y tienen que quemarla. Esto indica que las defensas que tenemos, aunque las hagamos a un lado voluntariamente, deben eliminarse por completo pues de lo contrario podríamos tener el deseo de volver a aferrarnos a ellas. Si cuatro hombres se llevan la piel de erizo, entonces Juan no tendrá que luchar para librarse de ella y el fuego consumirá la capa externa de las defensas que él ya no necesita.

Esta es la percepción psicológica que también está presente en el relato de "El burro", que es mucho más corto. En esta historia, el novio vuelve a cubrirse con su piel de burro cada mañana. Este detalle extraño nos revela que a menudo, cuando nos despojamos de comportamientos que hemos adoptado para preservar nuestro sentido personal herido, podemos sentirnos desnudos y desprotegidos. Juan, por ejemplo, se queda en la cama, incluso después de que ha perdido su piel de erizo, lo que indica que no ha sanado por completo. Llega el médico y le da ungüentos y bálsamos hasta que su negrura se vuelve blancura. Esta es una forma de decir que podemos renunciar a ciertos comportamientos, pero seguiremos teniendo vestigios de ellos hasta que nos demos la oportunidad de sanar.

Un ejemplo de esto podría ser el hombre que se deja la barba como una forma de evitar que otros lo vean tal como es. Puede quitarse la barba, pero eso no necesariamente significa que pueda ser más abierto con la gente y permitir que vean su alma. Eso podría llevar más tiempo. Quitarse la barba es el primer paso, y tal vez es el paso más simbólico, pero no representa el cambio total, todavía no. Este relato nos dice que el médico lava a Juan; es una especie de segundo bautismo que elimina el pasado y que libera a Juan.

En una cultura como la nuestra, en que los hombres, y a veces las mujeres, se visten en formas que prácticamente son disfraces, este relato revela algunas verdades útiles. En cualquier poblado de cualquier país, podemos ver hombres y mujeres con las camisetas de sus equipos deportivos favoritos, incluso con los nombres de sus jugadores favoritos en la espalda. Esta es una forma de vestirse que implica el deseo de asumir el poder de ese jugador, por asociación. Lo que estamos viendo es una versión en clave de lo que esta persona quisiera ser, no de lo que en realidad es. Por tanto, funciona igual que la piel de erizo de Juan: muestra un aspecto de la persona y oculta otros. Asumir una personalidad es necesario, aunque para algunas personas es confuso. Podemos apegarnos tanto a nuestra personalidad pública que podríamos olvidar lo que tal vez sería nuestra personalidad privada.

Varios programas de televisión recientes se han popularizado apoyándose en esta idea. Todos parecen concentrarse en un "cambio de imagen", ya sea en el guardarropa de la persona, en el maquillaje, en el peinado o en la decoración de su hogar. Ejemplos específicos incluyen: *Extreme Makeover (Reconstrucción Total)* y *What not to Wear (¡No te lo pongas!)*, al igual que *The Biggest Loser (Quién pierde más)*, en el que los concursantes compiten tratando de perder más peso que otros y así ganar premios.[1] Otros programas que están muy relacionados con éstos te dicen cómo hacer que tu casa sea más hermosa para venderla con éxito. En todos estos programas grupos de expertos le muestran a la gente cómo vestirse mejor, cómo ser más sexy, cómo vivir en casas más limpias y ordenadas, etc. Y al final de cada programa vemos la transformación y quedamos impactados. Lo que no nos dicen estos programas (o al menos no nos lo dicen con mucha frecuencia) es cómo están esas personas uno o dos años después. ¿Han podido mantener esa nueva versión de sí mismas? Estoy seguro de que en algunos casos han regresado a su piel de erizo original.

En Estados Unidos, un programa del canal BBC América, *How Clean is Your House (Hogar sucio hogar)* presenta a dos conductoras inglesas que son extraordinarias; le ayudan a la gente a arreglar casas que son tan aterradoras y repugnantes como la piel de Juan erizo.[2] Casi en cada caso, el desorden de la casa y el descuido en el trabajo doméstico son síntomas de un problema subyacente en las relaciones de las personas que viven en la casa. Después de todo, un programa de televisión de media hora no siempre puede resolver situaciones de falta de limpieza que tienen su origen en una autoestima dañada. El relato de "Juan Erizo" refleja esa realidad. Juan necesita más de una acción dramática para liberarse de su antiguo "yo". También necesita de los ungüentos.

Detrás de esto se encuentra una verdad más benigna. Todos estamos conscientes de la tendencia que tienen los niños a ser desaliñados o a estar hechos una facha en lugar de arreglarse bien. Hay una rima infantil que dice: "Los niñitos están hechos de gusanos, caracoles y colas de perrito". Si a eso añadimos el interés que muestran los niños en sus genitales y su tendencia a disfrutar objetos fálicos como palos y espadas de juguete y la forma en que juegan con ellos, podremos ver que la sexualidad de los niños varones puede ser bastante obvia y tal vez desconcertante.

Pero así son las cosas. En los muchachos adolescentes, su forma de mirar fijamente, los silbidos de admiración a las chicas y las propuestas indecorosas, podrían ser útiles para mostrar la presencia de un interés sexual, pero a menudo son tan desvergonzadas que lo único que logran es alejar a las chicas. Son pocas las jovencitas que responden favorablemente a este tipo de atención. El relato de "Juan Erizo" señala que a veces tenemos que aceptar esta sexualidad desvergonzada, que en el relato se expresa mediante el exterior repulsivo de Juan, y confiar en que el amor podrá transformarla en algo más aceptable pero igualmente vital.

Con esto volvemos a la escena desconcertante en que Juan lastima con sus púas a la hija del primer rey y la deshonra. Podríamos ver esta escena como una humillación, como una venganza misógina, y no llegar más a fondo; eso ciertamente sería apropiado si pensamos en el tono relativamente fiero de este relato, pero en mi opinión aquí hay algo más. Vemos que la hija del primer rey, cuya actitud es engañosa, ni siquiera está preparada para abrirse a la posibilidad de que esta criatura de apariencia extraña merezca algo remotamente parecido a una consideración positiva; de hecho, ella lo rechaza antes de haberlo visto. Comparemos esto con la actitud de la segunda hija, que acepta casarse con Juan a pesar de que está temblando de miedo. Incluso le dice a Juan que está temerosa, pero no tiene una actitud mental en su contra. ¿Lo hace por debilidad? ¿O lo hace por valor? Al final, por supuesto, su amor triunfa;

él se despoja de sus defensas y muestra aspectos más amables de su personalidad.

Tal vez esta es la pista que necesitamos: si queremos conocer el poder que tiene al amor para transformar, tendremos que permanecer abiertos al riesgo de ser lastimados. Si no podemos ser vulnerables, tampoco podremos ser reales. Nos arriesgamos a sentir dolor, ¿pero sin ese riesgo podría ocurrir algo verdaderamente genuino? La hija del primer rey tiene una actitud mental completamente contraria a Juan y él le restregó sus prejuicios en las narices. Eso es doloroso porque siempre es humillante enfrentarnos a nuestra falta de generosidad de espíritu.

La hija del segundo rey enfrenta la situación con una actitud más abierta y su recompensa es mucho mayor. Después de todo, al parecer Juan sabe que puede transformarse. Él da las instrucciones sobre lo que se tiene que hacer con su piel de erizo. Sabe lo que hay que hacer, está dispuesto a hacerlo y lo único que necesita es una persona que tenga una actitud suficientemente abierta para ayudarle a hacerlo, de tal manera que pueda ser vulnerable. Ha tenido muchas experiencias en que otros lo rechazaron y le mintieron, incluso después de hacer buenas obras; por tanto, este es un salto de fe y él está muy dispuesto a correr el riesgo que esa acción representa.

Las personas que se han alejado de la idea de "normalidad" que tiene la sociedad, necesitan ayuda para volver a tener una relación productiva con el resto del mundo. Todos lo sabemos. En cierta medida, todos hemos vivido esto si alguna vez insistimos en ser nosotros mismos. No podemos comprar la buena opinión de otros. Vemos esto en el relato cuando Juan ofrece sus cerdos como regalo a la gente de la aldea y la única recompensa que recibe es el alivio que siente su padre al saber que ya no volverá a verlo. Casi todos hemos sentido algo parecido a lo que sintió Juan porque casi todos, en algún momento, hemos hecho algo que hace que seamos diferentes de la generalidad de la gente, y por consiguiente nos hemos sentido como "extraños", en especial durante nuestros años de desarrollo. Dar regalos a la gente con la esperanza de agradarles es muy a menudo una total pérdida de tiempo y esfuerzo; crea una especie de obligación en la persona que recibe el regalo y permite que la persona que da el regalo se oculte detrás de ese regalo. Cuando les pedimos a los demás que nos vean como personas, independientemente de nuestro aspecto, puede ocurrir un cambio y puede empezar a darse una aceptación.

Tal vez un ejemplo sea de utilidad aquí. Conocí un hombre que era relativamente tímido y se esforzaba mucho por ayudar a otros. Si alguien necesitaba que se hiciera algo como arreglar un coche o ayudar en el trabajo del jardín, o si alguien necesitaba que lo llevaran en coche a algún lugar, él estaba dispuesto a hacerlo. Esperaba que sus acciones hicieran que otros lo quisieran. El problema era que sólo sentían una obligación hacia él. Es cierto que era generoso, pero como siempre estaba dando algo, no permitía que otros lo vieran como realmente era, y nunca pedía ayuda aunque la necesitara. Todos tenían una excelente opinión de él, pero casi nadie quería tenerlo cerca.

Las cosas sólo empezaron a cambiar cuando uno de sus parientes se enfermó y este hombre se dio cuenta de que tenía que pedir ayuda en ciertas cosas. Al principio se sintió mal por tener que pedir ayuda, pero cuando la pidió se dio cuenta de que las personas parecían sentir cierto alivio al poder darle algo como respuesta a lo que él les había dado antes. Por primera vez empezaron a verlo como una persona, como alguien que era igual a ellos, y eso abrió la puerta a la aceptación. Esto es muy similar a lo que le pasó a Juan erizo cuando le dijo a su padre en dos ocasiones que se iba a marchar y "nunca lo volverían a ver". Eso equivale a decir: no quiero que vuelvan a darme nada. Pero Juan regresa. Vuelve a ver a su padre (cuando le regala sus cerdos a la gente del pueblo), y luego cuando ya está casado y regresa a casa. Este detalle de la historia es vital. En realidad, Juan sí desea amor y aceptación, aunque diga lo contrario.

Los momentos en que nos sentimos más irritables y rechazamos a las personas son los momentos en que estamos más necesitados. Una popular novela de Muriel Barbery enfatiza esta idea. *La elegancia del erizo* es la historia de dos personas que se ocultan del mundo pues lo consideran idiota y poco compasivo.[3] El título se refiere a su manera de actuar, que utilizan como un disfraz; sin embargo estas personas están esperando una oportunidad para salir de esta vida oculta, y son muy parecidas a nosotros, los lectores. Esta metáfora sigue siendo relevante.

Si lo vemos en esta forma, el relato de los hermanos Grimm es una descripción muy realista de la actitud defensiva que encontramos en las personas que se sienten rechazadas, y también es un relato que sugiere en forma muy directa lo que puede hacerse para resolver esa situación. Lo que los lectores hagan con estos conceptos depende de ellos; sin embargo, creo que es evidente que la historia es una invitación a ver más allá de los comportamientos humanos obvios y entrar a las motivaciones y las necesidades que los respaldan. De nuevo, la historia tiene una sofisticación que va más allá de lo que podríamos esperar de los campesinos alemanes que vivían en un mundo limitado de escasez y trabajo arduo. Pero esos son prejuicios que ahora tenemos. No hay razón para creer que por su pobreza y por la distancia que nos separa de ellos en el tiempo, sean menos perceptivos que nosotros.[4]

Como arquetipo, Juan es un huérfano desde el principio. Entra al bosque como Peregrino, y mientras está ahí tocando sus flautas, parece entender quién es él. Después de todo, no está perdido, como los reyes. Puede encontrar el camino para volver a la civilización en cualquier momento; sólo que no está seguro si ya está listo para hacerlo. Así que intenta hacer un regalo llevando a sus cerdos al pueblo, pero eso no hace que la gente lo acepte. Después va a visitar al primer rey, pero sus soldados lo atacan y lo obligan a asumir la postura de un Guerrero, sin poder llegar al aspecto de Enamorado que tiene el arquetipo en su forma equilibrada.

Por el contrario, en el palacio del segundo rey, éste y su hija están dispuestos a darle la bienvenida y eso le permite dar el paso hacia la aceptación; ahora está listo para arriesgarse a estar desnudo, a abrirse y a llegar a ser un Guerrero Enamorado. La princesa, por su parte, tiene suficiente valentía, sentido del deber y libre albedrío para motivar estas cualidades. Al igual que Juan, ella refleja el arquetipo del Guerrero Enamorado que ha estado esperando que algo lo impulse.

Cuando se conocen dos personas que están a punto de descubrir la mejor parte de sí mismas en esta forma, su relación puede dar rienda suelta a los poderes vitales que han estado latentes durante mucho tiempo esperando expresarse en el mundo con toda amplitud. Ambos florecen en formas que parecen asombrosas, milagrosas y transformadoras. Cuando esto sucede, son irreconocibles para las personas que los conocieron antes. El padre de Juan no puede reconocerlo. En cierta medida, su padre nunca conoció al verdadero Juan; sólo podía ver su apariencia externa. Si vemos esta historia en esta forma, es conmovedora e inspiradora, y contiene una lección muy útil sobre lo que debemos buscar en el amor.

La historia de "Juan Erizo", que se presenta en este capítulo, y la de "Allerleirauh" que aparece en el capítulo anterior, podrían abordarse con provecho en esta forma ya que ambas son básicamente el mismo tipo de relato sobre la forma de sanar en el aspecto psíquico; en un caso se trata de un muchacho y en el otro de una muchacha. Los lectores casuales tienden a pensar que los cuentos de hadas siempre se relacionan con jovencitas que deben ser pacientes y sufrir, mientras los príncipes recorren sus palacios como personajes elegantes y perfectos. Esto ha llevado a la gente a creer que los cuentos son sexistas. En mi opinión, estos dos relatos nos ayudan a ver que para hacer una generalización de ese tipo una persona tendría que ser muy ignorante en cuanto a lo que realmente ocurre en estas historias.

CAPÍTULO 9

Las tres plumas

EL DESCENSO HACIA UNO MISMO

Estas historias a veces nos presentan un personaje poco inteligente que en ocasiones recibe el apodo de "Bobalicón" o "Simplón" (tontito), y que al final sale triunfador. Pero también hay relatos sobre personajes simplones que definitivamente son ridículos y no se les puede ver en otra forma.

Por ejemplo, es posible que "Elsa la lista" (el cuento número 34) haya sido una historia que motivó el sentido del humor de las audiencias de épocas pasadas, pero en la mayoría de los lectores de nuestro tiempo sólo provoca una sensación de estremecimiento. Elsa es tan simplona y se confunde con tanta facilidad que cuando despierta en la campiña donde tomó una siesta ya no sabe quién es. Así que corre a su casa y pregunta por Elsa. Su esposo la está esperando y le dice que Elsa sí está en casa. Pero como ella no sabe quién es, sale corriendo de la aldea "nunca más la vuelven a ver". Una historia similar, "Juan con suerte" (el cuento número 83), se centra en diversos intercambios desastrosos. Juan entrega una enorme pieza de oro (todo lo que había ganado por su trabajo de siete años) por un caballo. Luego sigue haciendo esa clase de trueques; cambia el caballo por una vaca, la vaca por un cerdo, el cerdo por un ganso y el ganso por la rueda de un afilador. Al final, la rueda se cae en un pozo y Juan queda libre de todas sus cargas y finalmente se siente satisfecho.

Es difícil saber cómo interpretar algunos de estos cuentos, y eso en sí es una clave. Es obvio que quienes los escuchaban en épocas pasadas disfrutaban al reírse de la estupidez de otros; eso es parte de la naturaleza humana. Por eso tenemos cuentos que muestran gente tonta haciendo cosas que ningún campesino inteligente haría. "Juan con suerte", "Juan el listo" (el cuento número 32), "La oca de oro" (el cuento número 64), y "Elsa la lista" son ejemplos de esto, y hay otros. También hay historias de personajes simples o estúpidos que prosperan, sin una razón que valga la pena. "Juan se casa" es un ejemplo de esto, como también lo son "El jugador" (el cuento número 82) y "El ladrón fullero y su maestro" (el cuento número 68).

Existe un tercer grupo de relatos en que aparecen personajes simplones que son despreciados pero que actúan correctamente. En este grupo, la simplicidad del personaje, que a menudo es el tercer hijo, debe verse en forma diferente; es decir, como pureza de corazón e inocencia.

La historia de "Las tres plumas" (el cuento número 63) que examinaremos en este capítulo, pertenece a este tercer grupo. Es interesante que "Las tres plumas" venga justo antes que "La oca de oro", donde la simpleza mental del protagonista se usa para producir un efecto cómico obvio. En "La oca de oro", el zoquete logra hacer reír a la princesa, algo que nadie más había logrado, pues la entretiene con su oca; una oca a la que están pegadas varias personas a causa de un hechizo mágico.

"Las tres plumas" ofrece otra forma de ver al personaje central. Un rey tiene tres hijos, uno de los cuales, el más joven, es apodado "El lelo". El rey no está seguro de cuál de sus hijos debería heredar su reino, así que les pone una prueba: deben encontrar el tapiz más hermoso del mundo.

Para decidir en qué dirección deben buscar el tapiz, el rey echó tres plumas al aire, sopló sobre ellas y cada uno de sus hijos estuvo de acuerdo en seguir a una de las plumas sin importar qué dirección tomaran. Una pluma voló hacia el Este, otra hacia el Oeste y la otra fue a dar directamente al suelo. Entonces, dos de los hermanos viajaron, uno al Este y otro al Oeste, respectivamente; pero el tercero, El Lelo, tuvo que quedarse donde estaba.

El lelo se sentó sintiéndose triste pues sus opciones eran muy limitadas. Entonces vio que a sus pies había una trampilla, la levantó, vio un hoyo y descendió por él. En su interior encontró un sapo enorme rodeado de muchos sapos pequeños. El sapo le preguntó qué quería y El lelo le pidió el tapiz más hermoso del mundo. El sapo cumple su deseo y le entrega el tapiz. El lelo vuelve a la superficie y le lleva el tapiz a su padre, quien se muestra muy satisfecho, ya que sus otros hijos sólo le llevaron unos pañuelos burdos que les dieron las esposas de unos pastores que encontraron en su camino.

El rey declara que su hijo menor, que es un simplón, heredará el reino, pero los otros dos hermanos exigen otra prueba. En esta ocasión, la tarea es encontrar el anillo más hermoso. Las plumas se echan al aire como antes, con el mismo resultado. Una vez más, El lelo baja por el hoyo, encuentra al sapo, hace su petición y recibe el anillo más fino. Los hermanos no se esfuerzan mucho y llegan con unos aros para carruaje, lo que significa que el menor vuelve a resultar victorioso.

Inevitablemente, los dos hermanos mayores exigen una tercera prueba. En esta ocasión, deben encontrar a la doncella más hermosa. Una vez más, el rey echa las plumas al aire y una vez más el resultado es el mismo que en las dos pruebas anteriores. El más joven entra al hoyo, encuentra al sapo y hace su petición. En esta ocasión, el sapo le entrega una zanahoria hueca y seis ratoncitos. Luego le dice que ponga en ella a uno de los sapos pequeños que están con él; en ese momento, la zanahoria se convierte en una carroza, los ratones se convierten en caballos y el sapo se transforma en una hermosa doncella. Esto es un eco de la versión de "Cenicienta" que publicó Perrault, en la que el hada madrina hace eso con la calabaza. El hijo más joven vuelve a la superficie con el carruaje, los caballos y la hermosa doncella.

Como sus hermanos sólo llevaron a las primeras campesinas que encontraron, el rey declara que el triunfador es su ingenuo hijo menor. Una vez más, los hermanos mayores exigen otra prueba. Piden que las campesinas que ellos trajeron salten por un aro que cuelgan en el centro de la sala. El rey está de acuerdo. Las campesinas saltan por el aro pero al hacerlo se caen y se rompen los brazos y las piernas; sin embargo, la hermosa doncella, que antes era un sapo, salta por el aro sin esfuerzo, lo que confirma la victoria de El lelo ante toda la corte.

Este relato podría ser el blanco de muchas objeciones. La más obvia es que el ingenuo hijo menor en realidad no hace nada, pues sólo le dan lo que pide. ¿Cómo es que eso lo califica para ser rey? Además se nos dice que cuando llega a ser rey, el hijo menor "gobierna con sabiduría". ¿Cuál es entonces la fuente de esa sabiduría?

Bueno, para empezar, podríamos señalar que el ingenuo hijo menor tiene una mejor actitud que sus hermanos. Se le asigna una tarea y él en realidad está dispuesto a esforzarse al máximo. Sus hermanos ni siquiera lo intentan. Consiguen pañuelos con las primeras esposas de pastores que encuentran. Los pastores llevaban sus rebaños a pastar y con frecuencia se ausentaban de su casa por mucho tiempo, así que sus esposas a veces quedaban a merced de hombres seductores.

Esto no sería tan importante si no tuviéramos la perturbadora información de que, cuando los hermanos mayores se enfrentaron a la tercera prueba, eligieron unas campesinas al azar como su versión de la doncella más hermosa del mundo. Se percibe que a estos hermanos no les interesa la tarea que les han asignado, sino que usan cualquier excusa para salir y divertirse con mujeres de clase baja, quizás buscando sexo.

De manera similar, cuando se enfrentan a la segunda prueba, en lo que concierne a los hermanos mayores, el anillo es simplemente el aro oxidado de un viejo carruaje. Pero un anillo, en especial uno muy hermoso, es algo que se le da a una persona que uno aprecia, o tal vez a su futura esposa. El anillo de un rey o el sello de un rey eran símbolos de poder y de prestigio, y a menudo se ponían en manos de mensajeros especiales, lo que daba entender que sus portadores tenían cierta autoridad. Los dos hermanos mayores no entienden nada de esto; sólo les interesa hacer las cosas siguiendo el camino fácil. De hecho, podríamos llegar a la conclusión de que en realidad no les interesa heredar el reino, pues si les interesara se esforzarían más.

Por tanto, lo que tenemos aquí es una historia en la que el ingenuo hermano menor tiene la bendición de contar con pureza de corazón y de intenciones, por eso no parece tan exitoso en términos mundanos. Cuando ve la trampilla, no duda en descender hacia el inframundo, el ámbito del inconsciente. No siente repugnancia cuando ve al sapo y no duda en pedirle lo que desea: un regalo que recibe de inmediato. Además, el hijo menor acepta las tres pruebas y no protesta cuando tiene que volver a descender por el hoyo para visitar al sapo en cada ocasión; y tampoco protesta cuando recibe el tercer regalo, la zanahoria y los ratones, aunque al principio no sabe lo que significan.

El Lelo tiene una cualidad importante: quiere hacer las cosas lo mejor que puede. Se entristece cuando la pluma aparentemente le da opciones limitadas. Pero reconoce que hay ocasiones en la vida en que debemos comenzar desde donde estamos y prestar atención a lo que está pasando, aunque signifique que tengamos que descender a lo profundo de nuestro ser. El inconsciente, representado por la cueva subterránea donde habita el sapo, es donde se encuentran todas las riquezas de la psique. Deben llevarse a la superficie para que cada uno de nosotros cumpla con su destino.

Esta habilidad es lo que hace que el ingenuo hermano menor destaque entre los demás. Es la lección que todos necesitamos asimilar para que no trabajemos a partir de la característica de arrogancia intelectual que caracteriza a los otros hermanos que suponen que son más inteligentes, sino a partir de la reflexión profunda y la humildad. Cuando sentimos que los sucesos nos bloquean, debemos ir a niveles más profundos con el fin de encontrar nuestra mejor estrategia para enfrentar una situación.

La última sección del relato, cuando la doncella que antes había sido sapo salta sin esfuerzo por el aro, no es una casualidad. Significa que la prueba es algo que en realidad se relaciona con su naturaleza original. No necesita intentar ser algo que no es para triunfar. Las campesinas, por el contrario, se esfuerzan tanto que se rompen los brazos y las piernas.

Al igual que en muchos otros relatos, cuando los personajes intentan algo y sólo pueden hacerlo lastimándose, eso indica que no son la persona adecuada para la tarea. Para entender esto, recuerda a las hermanastras de Cenicienta: sólo pueden ponerse la zapatilla de oro cortándose partes de sus pies. Para dar un ejemplo más cercano a nosotros, podríamos pensar en las personas que hacen bien su trabajo, pero a un costo excesivo en cuanto al esfuerzo espiritual y el agotamiento físico. El hombre que lucha por conservar su empleo en un puesto de alta tecnología y se presenta en su oficina todos los días, podría ser muy capaz, pero también tiene que darse valor día tras día tomando antidepresivos, alcohol o drogas para poder enfrentarse a su vida. No es una mala persona. Sólo que no es la persona idónea para el puesto. El salto perfecto de la doncella que había sido sapo, indica que el hijo menor está en un lugar para el que está capacitado por naturaleza.

El hecho es, por supuesto, que ser capaz de descender a ese oscuro mundo del inconsciente, aceptar las riquezas que contiene y traerlas a la superficie, es vital para el crecimiento. Los hermanos mayores sólo cuentan con un mero aprendizaje y son habilidosos. El hermano menor no se hace merecedor al reino por haber ganado las competencias, sino porque puede aprender a confiar en ese otro mundo. Si cuando enfrentamos dificultades y desastres personales, decidimos hacerlo de frente, algo cambia en nuestro interior; no tiene nada que ver con nuestra historia personal, con nuestro historial académico ni con lo que otros pudieran pensar.

La idea de descender al inconsciente es una lección de vida que no todos pueden asimilar y comprender, como bien lo demuestran los numerosos relatos que parecen centrarse en el tema de avergonzar a un protagonista simplón. Casi todos actuamos y juzgamos basándonos en los estándares del sentido práctico de la vida cotidiana, lo que tal vez no requiera mucha introspección, y no nos mantenemos abiertos a lo trascendente o a lo milagroso. Este relato nos señala que no hacerlo representa una pérdida para nosotros.

Desafortunadamente, las historias de este tipo no describen lo que hace que alguien sea un buen rey, ni las victorias de un personaje específico; más bien se relacionan con la capacidad de las personas que las leen o las escuchan para tener acceso a ese rico espacio interior. Para ser Monarcas en nuestra propia vida, debemos reconocer que no todo tiene que ver con el mundo material, y cuando algo obstaculiza nuestro avance, como sucede en el caso de un héroe ingenuo, la inteligencia no es importante: algunos problemas no se resuelven pensando, sino estando en contacto con la riqueza de nuestra voluntad inconsciente.

¿Pero qué interpretación le vamos a dar al hecho de que el rey les pida a sus hijos que le traigan el tapiz, el anillo y la mujer más hermosos? Cualquier artista puede confirmar que nunca podría haber un tapiz, un anillo o una mujer que toda la gente estuviera de acuerdo en que son "los más hermosos". Lo único que podemos hacer es descubrir una belleza que esté de acuerdo con nuestros estándares, y luego compartirla con el mundo. Algunos pintores que conozco en ocasiones han dicho sin timidez alguna: "Acabo de pintar el cuadro más hermoso". Lo que quieren decir es que *ellos* lo ven como algo muy hermoso, como algo que se les ha dado para que lo compartan con el mundo. No tiene que ver con ellos, tiene que ver con la belleza.

De manera similar, los ejecutivos en el campo de la publicidad podrían gastar una fortuna haciendo encuestas para saber quién es la modelo "más hermosa" o cuál es el producto más atractivo, pero creo que veríamos que el voto de la mayoría no es lo que se señala en el relato de "Las tres plumas". Los otros dos hermanos parecen pensar que simplemente pueden afirmar lo que es la belleza y listo. De hecho, parecen ser muy capaces de intimidar al rey. En tres ocasiones lo convencen para que ponga en marcha otra competencia, a pesar de que las evidencias no los favorecen.

Muchos de nosotros estamos familiarizados con este tipo de comportamiento pues hemos tenido la experiencia de conocer compañeros de trabajo y observar la forma en que trabajan los políticos; sin embargo, el hecho de que una persona insista en que algo debe ser en cierta forma, no hace que esa sea la forma correcta. No obstante, en todo el mundo hay comités y gobiernos dominados por personas cuya única característica es hablar a gritos y negarse a ser razonables.

Los cuentos de los hermanos Grimm señalan que debemos tomar en serio este mensaje. En "Las tres plumas" y en otros relatos, en especial en "El gnomo" (el cuento número 91) y en "El agua de la vida" (el cuento número 97), los hermanos no quieren ganarse un reino; quieren matar a su hermano. No tienen ningún reparo en hacerlo. El término "rivalidad entre hermanos" podría ser tan común en nuestros tiempos que tendemos a ignorarlo, pero esta colección de cuentos tradicionales publicada en 1812 revela abiertamente la naturaleza criminal de las luchas familiares por el poder y la supremacía, en especial cuando se relacionan con una herencia. Este es un aspecto de la lucha por la vida que tal vez todos querríamos ignorar, pero es una lección poderosa que es muy relevante hoy en día.

Así que los hermanos actúan basándose en un mundo centrado en el ego; un mundo en el que no hay sabiduría, mientras que El lelo actúa a partir de una actitud que confía en los procesos internos. El relato de "Las tres plumas" nos invita a confiar en el mundo interior.

En esta historia podemos encontrar los seis arquetipos. El joven ingenuo es un inocente, es sincero y franco, y cuando su pluma flota en el aire y no va a ninguna parte, él es el blanco de las burlas de su familia y debe decidir lo que tiene que hacer sin ayuda de nadie; en esta forma se convierte en un huérfano. Cuando sus hermanos se van de viaje para buscar los objetos que les pide el rey, nuestro sencillo héroe se siente triste. En cierto sentido, también le gustaría explorar el mundo, pero tiene que quedarse en casa. Esto lo lleva a explorar el mundo interior como un peregrino. No teme al sapo, lo que indica que tiene una valentía básica y se siente confiado cuando le presenta al rey el tapiz, el anillo y la doncella. Se esfuerza al máximo por luchar por lo que merece: el reino.

El hijo más joven supera la prueba más difícil del guerrero enamorado cuando el sapo le ofrece la zanahoria, los ratones y el sapo pequeño y él los acepta sin comprender en qué forma podrían ayudarle. Ha llegado a una etapa en que incluso las riquezas del inconsciente parecen haberle fallado. Pero no se desespera, sino que confía. Y por supuesto, la joven en el carruaje tirado por caballos aparece en el momento preciso en que él la necesita.

En ocasiones, al vivir la vida, llegamos a un punto de quietud en el que parece que nada llegará a nosotros. Para los escritores, podría ser una condición paralizante que los bloquea. El pánico que siente un escritor, un orador o un maestro cuando se pregunta "¿qué voy a decir?", es de hecho aterrador, en especial si de esa actividad dependen sus ingresos. En ese momento, nuestra única posibilidad es hacer a un lado nuestro deseo de controlar la situación y confiar en que se presentará algo que nos ayudará a salir adelante como lo hacíamos antes. Por supuesto, si vivimos esta clase de situación, siempre podremos encontrar algo de menor calidad que llene el hueco. Eso es exactamente lo que hacen los otros dos hermanos.

Usaré un ejemplo para ilustrar lo que quiero decir. Hace muchos años conocí a un hombre que me dijo que solía visitar a su novia todas las noches, y que antes de llegar pensaba en uno o dos temas sobre los cuales podría hablar. Hizo esto todas las noches durante varios años. Tenía tanto miedo de quedarse sin temas de conversación que prácticamente estaba escribiendo un guión para su vida. Esa es una forma de resolver la incertidumbre; pero como vemos en la historia de "Las tres plumas", en ocasiones simplemente debemos permitir que los sucesos sigan su curso, confiando en que de una u otra forma tendrán resultados positivos y sabiendo que lo más importante es tener una actitud auténtica.

Esto nos ayuda a entender las acciones del hijo ingenuo. En la vida, la forma en que amamos a otros es la forma en que nos amamos a nosotros mismos. El lelo es honesto y hace su mejor esfuerzo, y es obvio que ama a su padre, respeta las tareas de las que depende la elección del nuevo rey y sabe que al respetar este proceso, está amando a otros. Sus hermanos actúan con fingimiento y falta de respeto. Se aferran a respuestas fáciles en lugar de tomarse el tiempo para encontrar una solución basada en un enfoque más reflexivo. Tal vez tengan un ego enorme, pero el hecho es que no se aman a sí mismos ni aman a nadie más.

Para que un rey represente el arquetipo del monarca, debe amar y respetar a todos sus súbditos por igual y no actuar a partir del ego. Esa sería una descripción breve del hermano menor. Nunca pierde contacto con la pureza interna del arquetipo del inocente, con la habilidad de amar a otros y de confiar en ellos, al igual que con la habilidad de amarse y de confiar en sí mismo. Es un ser humano pleno. Tal vez hoy en día no sería el elegido si estuviéramos buscando un líder; al parecer en la actualidad premiamos al oportunista y al que es competente y hábil, pero él es un verdadero hombre, un individuo auténtico. Este es un tema que hemos visto en películas como *Forrest Gump* y *Bienvenido Mr. Chance (Being There)*, donde la pureza de corazón del protagonista es lo que hace que todo sea posible.

En cierta forma, este relato nos pregunta por qué en nuestro mundo no tenemos más espacio para esas almas puras y sublimes. Podemos responderla diciendo que las personas que todo el mundo adora y que han transformado a la sociedad, como Nelson Mandela, Martin Luther King Jr., Mahatma Gandhi y la Madre Teresa, son muy escasas pero aún existen. También debemos recordar que cada uno de estos reformadores que nos han inspirado vivieron momentos en que otros los consideraron como casos sin esperanza; cada uno de ellos fue víctima de desprecios y falta de respeto, y otros consideraron que eran tontos. Supongo que en este relato los dos hermanos nunca trataron a su hermano menor con respeto, ni siquiera cuando llegó a ser rey.

Tal vez sea difícil para algunos de nosotros relacionarnos con el descenso al ámbito profundo del inconsciente y aceptar lo que hay en él, que es lo que encontramos en el corazón de la historia de "Las tres plumas", así que presentaré un ejemplo que se relaciona específicamente con este relato.

Una amiga y colega mía quería cambiar su vida y encontrar otro trabajo y otra carrera. Su tendencia al emprender este cambio fue ligeramente al azar, pues se involucraba en posibilidades sin haberlas considerado a fondo. El negocio de los restaurantes le gustaba y empezó a hacer negociaciones para abrir una cafetería. Desafortunadamente, no había pensado en lo que significaba abrir y administrar un negocio de ese tipo; más tarde se desilusionó y abandonó el plan.

Luego imaginó la idea de comercializar ropa de niños, se emocionó con el proyecto y empezó a fabricar prendas de ropa invirtiendo una gran cantidad de energía para hacer despegar el negocio. Pero de pronto abandonó la idea antes de ponerla en marcha y decidió dedicarse al negocio de la decoración de interiores. Siguió con este tipo de actividad dispersa durante cierto tiempo. Esto parece recordarnos a los hermanos mayores de este relato: aceptan lo que parece más fácil.

Lo que llegó a ser cada vez más obvio en el comportamiento de esta mujer fue que nunca había dedicado tiempo a mirar profundamente hacia su interior para descubrir quién era ella en realidad. Si hubiera podido hacerlo, tal vez habría entendido que su deseo de encontrar una "respuesta fácil" era una acción con la que estaba encubriendo algo. En lo profundo de su corazón, ella en realidad no creía que pudiera ser ella misma y tener una carrera solvente y de éxito a lo largo de una vida. Sentía que lo mejor que podía hacer era tener pequeños éxitos de vez en cuando. Así que su tendencia era crear un drama en su mundo, de manera específica, para no tener que descender por la trampilla, encontrarse con un sapo grande y horrible y pedirle ayuda.

Sin detenernos en los detalles específicos, esta mujer rebotaba constantemente de una actividad fallida a otra, porque en lo más profundo de su ser quería que alguien la rescatara. Sus acciones eran un reflejo del anhelo que ella sentía por el padre que había abandonado a su familia y que ella esperaba que regresara e hiciera que todo volviera a estar bien. Bueno, el padre ausente no iba a regresar. Si esta mujer hubiera podido tomar las cosas con calma y ver hacia su interior, habría sido capaz de enfrentar este triste hecho, y al reconocerlo, habría podido tomar decisiones correctas en relación con su vida.

El "sapo horrible" es simplemente nuestra renuencia a enfrentar nuestras propias necesidades; por eso es horrible. Podríamos aceptar el don de una percepción real y decir: ahora sé lo que tengo que hacer para tener una vida razonablemente exitosa. En el caso de la mujer, la lección sería dejar de esperar que alguien la rescatara. Si pudiera llevar ese deseo inconsciente a la superficie, podría "tenerlo", podría ver que no era deshonroso, aprender esa valiosa lección y comenzar a rescatarse a sí misma.

La genialidad del relato de "Las tres plumas" es que nos da tres imágenes que representan lo que está pasando en la mente de la persona. Los dos hermanos dispersos y excesivamente entusiastas parecen subyugar al hermano menor que sabe centrarse en sus propósitos, del mismo modo en que las actividades frenéticas de esta mujer subyugaban la parte auténtica de sí misma. Así que este relato nos muestra el problema y también la solución, si nos molestamos en buscarla.

Esto nos lleva una vez más a los dos hermanos mayores. Sus intentos por ganar el reino para sí mismos son ridículos. No dedican pensamiento o energía a lo que presentan como una expresión de sus esfuerzos personales. Al parecer piensan que Papi debe darles todo. De hecho, esto en cierta medida nos recuerda el ejemplo de la mujer que se presentó antes. El problema de los hermanos es su incapacidad para reflexionar sobre su situación. Nunca han llegado a un nivel profundo, así que no tienen una riqueza personal que pueden ofrecer. Al parecer no saben qué los motiva, así que ni siquiera saben cuáles son las partes de sí mismos que todavía no pueden "poseer". Este relato nos plantea una pregunta como lectores: ¿Qué partes de nuestra propia vida no "poseemos" todavía? Se revelarán en las cosas ligeramente fuera de control que hacemos y que podrían destruir nuestras ambiciones si no les prestamos atención.

CAPÍTULO 10

El hábil cazador

Controlar las pasiones

La historia de "El hábil cazador" (el cuento número 111) ofrece varias posibilidades fascinantes, pero no es un relato conocido, así que tenemos que hablar sobre su trama.

Un joven entrenado como cerrajero se desilusiona y decide aprender a ser cazador. Podemos ver que al elegir su nueva profesión se da un cambio de la vida urbana, que se relaciona con cerrar puertas con llave y proteger la riqueza, a una vida orientada al exterior, a un entorno rural, donde el joven tendrá que sobrevivir aprovechando lo que pueda encontrar en el mundo de la naturaleza. Este cambio nos presenta de inmediato las dimensiones míticas de la historia.

El joven cazador pasa un tiempo como aprendiz. Antes de que empiece a trabajar por su cuenta, su maestro le da un rifle de aire comprimido, lo que garantiza que siempre dará en el blanco. Esta podría ser una versión modernizada de una ballesta, pero lo importante en el relato es que se trata de un arma de precisión y absolutamente silenciosa.

Va caminando por el oscuro bosque cuando llega la noche, así que se prepara una cama en la copa de un árbol para protegerse de las bestias salvajes. Vio una luz a lo lejos, notó la dirección de donde venía y lanzó su sombrero al suelo, para poder seguir un rumbo en línea recta desde el tronco del árbol hasta su sombrero y hacia el punto de donde vino la luz. Este detalle, digno de un leñador experto, nos ayuda a ver que el cazador no está perdido, como muchos personajes que vemos en muchos otros cuentos, sino que es una persona que es competente en su trabajo.

El cazador descubre que la luz proviene de una hoguera que encendieron tres gigantes para cocinar sus alimentos. Cuando el joven les dispara sacándoles la comida de la boca, los gigantes se asombran tanto que le piden que los acompañe en una aventura para capturar a una princesa. Necesitan su destreza en el manejo de su arma para matar al perrito que custodia el castillo.

El cazador se va con los gigantes, cruza un lago y mata al perro, utilizando su rifle de aire comprimido que es silencioso. Todos los que viven en el castillo están dormidos, así que el cazador entra a la fortaleza. Primero encuentra una espada que tiene el nombre del rey y una nota que dice que todo aquel que la use matará a todos sus adversarios. Después, el cazador encuentra a la princesa, una chica tan pura e inocente que él siente que simplemente no puede entregarla a los gigantes. Después encuentra las sandalias de la princesa; la sandalia izquierda tiene bordado el nombre de la princesa; la derecha tiene bordado el nombre del rey, su padre. Al elegir entre las dos sandalias, el cazador decide llevarse la sandalia derecha y dejar la izquierda. La princesa tiene una bufanda; su nombre está bordado en el lado izquierdo y el de su padre en el lado derecho. De nuevo elige entre los dos y corta el nombre del rey, que está a la derecha, dejando el nombre de la princesa, que está a la izquierda. Finalmente, el cazador ve que hay un bordado de la princesa en su camisón de dormir, así que corta un trocito del camisón y se va.

Estas son acciones extrañas pero en cada caso, el cazador deja el nombre de la princesa en su ropa y no la daña. El relato parece decirnos que cuando el cazador se lleva las cosas que tienen bordado el nombre de su padre, la está liberando del poder de su padre; un indicio que también se comprueba por el hecho de que él ahora posee la espada que tiene el nombre del padre de la princesa. Después de todo, una enorme espada de plata que puede matar a cualquier enemigo es un símbolo fálico, un símbolo masculino muy impactante.

Después, el cazador indica con ademanes a los gigantes que pueden entrar al castillo pasando por un hoyo que hay en la pared, cuando cada uno de ellos mete la cabeza al hoyo, el cazador agarra la cabeza de los cabellos, la jala y los decapita. Les corta las lenguas para conservarlas como trofeos y decide regresar a la casa de su padre. Hace todo esto sin despertar a nadie en el castillo y no considera que sea necesario que se le recompense por sus acciones. Es cierto que se lleva la espada, pero como lo dice la nota que la acompaña, prácticamente se supone que eso es lo que tendría que hacer. Simbólicamente, está tomando posesión de su poder masculino.

La gente del castillo despierta al amanecer; el rey ve los gigantes muertos y exige saber quién fue el responsable de su muerte. El capitán de la guardia, que es feo y tuerto, afirma que él acabó con los gigantes. Entonces el rey insiste en que su hija se case con él. La princesa se niega rotundamente y el rey le dice que, como castigo por su desobediencia, debe quitarse su ropa de princesa, ponerse una túnica de pobre y ganarse la vida vendiendo jarros en el mercado. La princesa ocupa sumisa su lugar en el mercado con sus jarros, pero el rey ordena que unas carretas destruyan su mercancía. Entonces la princesa le suplica que le dé más dinero para comprar más jarros, pero ni su padre ni el alfarero aceptan ayudarle. Una vez más, el rey ordena que la princesa se case con el capitán y cuando ella vuelve a negarse a hacerlo, el rey decreta que ella debe instalarse en una cabaña y preparar comida para distribuirla gratuitamente a todo el que la desee.

El cazador escucha hablar de la doncella que prepara comida y la distribuye gratuitamente a toda la gente, y decide que esa doncella sería una buena esposa para él, pues no tiene dinero. El cazador va a verla y queda fascinado con lo que ve. Por su parte la princesa ve la espada con el nombre de su padre y le pregunta cómo la consiguió. Cuando escucha el relato y ve las lenguas de los gigantes que el cazador lleva consigo, está feliz. Lo lleva a ver a su padre y cuando el cazador le muestra la zapatilla y los fragmentos de tela que cortó de la ropa de la princesa, lo que prueba que él salvó a toda la gente del castillo, todo es demasiado evidente para que alguien pueda negarlo, y el rey acepta que el cazador se case con su hija. Felices, el cazador y la princesa participan en una fiesta en el castillo. Entonces el rey le pregunta al capitán tuerto y feo qué haría en su lugar si tuviera que castigar a alguien que hubiera mentido en relación con la muerte de los gigantes. El capitán declara que esa persona debería ser "descuartizada", y en esa forma escribe su sentencia de muerte.

Este relato contiene varios factores que lo hacen más interesante que algunos otros relatos. Por ejemplo, el cazador no reclama a la princesa de inmediato; de hecho tiene que regresar y ser conquistado por ella en su rol más humilde, como cocinera, lo que nos dice que él no sólo está buscando dinero. También nos dice que ella lo atrae siendo lo que es en realidad, no por su rango. De manera similar, la princesa tiene que trabajar en oficios humildes, sin recibir una paga, porque rechaza al capitán.

No opta por el camino fácil. Su obstinación se ve como una virtud, pues no está dispuesta a hacer algo que es repugnante para ella; en otras palabras, casarse con alguien que odia. Su valentía y la solidez de sus principios corresponden a la osadía del cazador que no teme a los gigantes y decide hacer lo correcto y no secuestrar a la princesa. Son un reflejo uno del otro.

Pero aquí hay un detalle interesante: el cazador comienza como un oportunista. Le agrada la idea de sacar a la princesa del castillo, y aunque no podemos saber lo que los gigantes intentaban hacer con ella, podemos suponer que no serían benignos. De hecho, parece que esto es un indicio de secuestro y violación. Como la belleza inocente de la princesa conmueve al cazador y él se da cuenta de que hay un bordado de la princesa en su camisón de dormir, lo que representa su castidad sexual, él decide actuar con moralidad. Vale la pena señalar que él posee la gran espada de plata, la cual representa el poder sexual que él podría ejercer si quisiera hacerlo. De hecho, el rey cuyo nombre está grabado en la espada más tarde intenta ejercer su poder coercitivo sobre su hija, también por motivos sexuales. El rey quiere que su hija se case con el capitán, así que supone que él está a cargo de su sexualidad. El cazador pudo habérsela llevado o pudo haber abusado sexualmente de ella; pero prefiere un curso de acción moral y mata a quienes podrían haber abusado de ella.

Es útil recordar aquí que el cazador que aparece en este relato debe cruzar un lago para llegar al castillo. Para cruzar un lago o un río se requiere un bote; una experiencia muy distinta a caminar. Si viajara a pie, el cazador se habría topado con el castillo sin esforzarse por hacerlo. Pero para cruzar un lago y así poder llegar al castillo, se requiere de un verdadero esfuerzo. En forma simbólica, podríamos decir que el cazador tiene que hacer un esfuerzo consciente para cruzar el lago y así llegar a una tierra de gente dormida que está rodeada de agua.

No se trata precisamente del río Estigia, que los muertos tienen que cruzar para llegar al Inframundo en la mitología griega clásica, aunque el perrito que el cazador mata es un símbolo del Cerbero, el perro de tres cabezas que custodia al Hades. Esta similitud podría tener la intención de ser una alusión cómica de la mitología, o quizás simboliza el hecho de que el cazador está invadiendo una región que en realidad es un reino de los sueños. Vemos que en el castillo todos están dormidos.

Entonces surge esta pregunta: ¿cómo se relacionará el cazador con este extraño mundo? ¿Lo va a respetar? Los gigantes, que tienen una codicia sin límites y pasiones ingobernables, lo inducen con fuerza a hacer lo contrario. Como hemos visto, el cazador entra al oscuro bosque, cruza el lago, entra al castillo y encuentra la habitación de la princesa que está dormida. En cierta forma, ha llegado a un punto de quietud en el centro del castillo, y por lo tanto, ha llegado al centro de su ser.

Ahora empieza a desenvolverse el significado profundo de este relato. Podemos verlo como un viaje del cazador y de la princesa, en el que cada uno de ellos encuentra a su ser opuesto y reprimido. El aspecto reprimido del yo es un resultado natural de la socialización. Cuando crecemos y empezamos a identificarnos como hombres o como mujeres, lo hacemos en gran medida reprimiendo los aspectos de nosotros mismos que no corresponden a la identidad sexual que estamos asumiendo. Así, los muchachos llegan a ser muchachos llevando a cabo actividades masculinas y rechazando ciertos aspectos que ellos consideran femeninos. Las chicas hacen lo mismo en relación con las actividades "masculinas", aunque obviamente existen muchas variantes en esta hazaña de equilibrio. El problema es que esto puede separarnos de los aspectos de nuestra identidad que hemos rechazado, y una parte de la tarea de nuestra vida es recuperar esos aspectos de este "ser de sombras" y permitir que esas cualidades regresen a nuestra vida. En el caso de los hombres, las cualidades femeninas reprimidas reciben el nombre de *anima;* en el caso de las mujeres, las cualidades masculinas reprimidas reciben el nombre de *animus.*

El cazador, por ejemplo, tiene una ocupación muy masculina: cazar y matar animales. Se nos dice que la elige en forma deliberada y es muy competente en ella. Además, no es difícil para él unirse a los gigantes, unos secuestradores que tienen una actitud muy masculina y rebelde. De hecho, su fuerza masculina está en desequilibrio con su lado "femenino", que es más suave, y necesita volver a descubrir la misericordia y la compasión.

Si vemos el relato en esta forma, podemos entender que cuando el cazador desciende a lo profundo del subconsciente, que aquí se simboliza con el bosque oscuro, y luego entra al castillo, desciende a su ser de sombras para encontrarse con su *anima.* En el camino, seguramente encontrará las fuerzas poderosas y rebeldes que ha reprimido o negado, entre las que definitivamente se encuentran los deseos sexuales. En el relato, el cazador une fuerzas con los gigantes, personajes que aparecen en los cuentos y que son famosos por sus impulsos rudos e incontrolables, pero en lugar de seguir estas tendencias, el cazador se da cuenta de que tiene que controlarlas. Esto se muestra cuando el cazador encuentra la espada en la que está escrito el nombre del rey. Al tomarla en sus manos encuentra un poder invencible, ya que la espada tiene el poder de matar a cualquier enemigo contra el que se use.

Esto puede verse como un símbolo de lo que pasa cuando llegamos a lo profundo de nosotros mismos; descubrimos que poseemos un gran poder que puede usarse para el bien o para el mal. En este caso, el cazador ha encontrado la capacidad para matar. Recordemos que un cazador está acostumbrado a matar animales, así que no es un paso difícil para él dejar de mostrar interés por la vida. Este impulso anárquico debe enfrentarse y controlarse, y esto es exactamente lo que hace el cazador. Decide usar este poder con sabiduría y moralidad para derrotar a los gigantes. Pero sólo puede hacerlo porque se conmovió al ver a la princesa dormida. Ha visto su *anima,* la parte más suave y femenina de sí mismo que él ha sepultado e ignorado hasta ahora, pero ha sentido su fuerza. Sin embargo, no la despierta. Es casi como si temiera reconocer plenamente esa parte de sí mismo.

Cuando toma la zapatilla de la princesa en la que está bordado el nombre de su padre y corta de su bufanda la parte que tiene el nombre de su padre, está haciendo algo que también es muy interesante simbólicamente. Al quitar el nombre bordado de su padre, deja a la princesa solo con su propio nombre. Por lo tanto, está liberando a su *anima* para que pueda ser ella misma. Como hay un bordado de la princesa en su camisón de dormir, esto indica que no está disponible sexualmente y nos revela su virginidad y su castidad. Pero también nos revela que está aprisionada por aquellos que quieren que siga siendo tal como es. Después de todo, cualquier persona cuya imagen esté bordada en una prenda no puede quitársela con mucha facilidad, y en primer lugar debe haber estado de acuerdo en que se le bordara ahí.

El cazador corta un trocito del camisón, lo que simbólicamente le muestra a la princesa que hay un camino hacia la libertad. Y como podemos ver, ella despierta y rechaza la orden de su padre de que se case con el capitán tuerto. La sumisa y tranquila "niña de papi" no va a permitir imposiciones en la parte más íntima de su ser, su identidad sexual. No acepta ser la esposa de alguien que ella detesta. Así como el cazador descubre su aspecto "femenino" compasivo, la princesa descubre su propio aspecto "masculino" decidido. Cada uno de ellos liberó un aspecto vital del otro.

Cuando vuelven a encontrarse, el cazador la ve simplemente como una humilde cocinera y le gusta lo que ve. En vista de que su tarea como cocinera es preparar y regalar comida, el cazador ve en ella el aspecto compasivo y protector de su ser. Ella es generosa y paciente, aunque sus circunstancias sean humildes. Así como el cazador fue generoso al no secuestrarla y cuando mató a los gigantes sin pedir una recompensa, la princesa actúa basándose en sus principios, y tampoco recibe una recompensa. Al principio, el cazador no se da cuenta de que ella es la misma princesa que antes había visto. De hecho, ella es la que le pregunta sobre la espada que porta, lo que por supuesto hace posible que se reconstruya toda la secuencia de sucesos. Después de esto, pueden ir a ver al rey para explicarle lo que sucedió en realidad, usando las lenguas de los gigantes que el cazador lleva en su morral como prueba de que él fue quien los mató, y esta explicación permite que ellos se casen.

Podemos entender el significado de esto si consideramos que el cazador ha descubierto su *anima* y eso le ha permitido pensar en el matrimonio y en la compañía, y no en el secuestro y la recompensa. Cuando un hombre encuentra su *anima,* es menos probable que se confunda en relación con la clase de mujer con la que quiere casarse. Si pensamos en términos de la psicología de Jung, entenderemos que si uno no ha encontrado su *anima* (o *animus* en el caso de las mujeres), los atributos femeninos (o masculinos) que no se han examinado y que hemos enterrado en lo profundo de nuestro ser, se proyectarán en la primera figura conveniente que aparezca, sin importar si esa figura tiene o no esos atributos en realidad. Esto es lo que pasa con las obsesiones, pues el individuo no puede ver a la persona real porque la proyección es demasiado fuerte.

Con mucha frecuencia vemos este tipo de obsesiones en las personas que nos rodean. A veces conocemos a una pareja y decimos: "¿Qué puede ver esta mujer en ese tipo?". Y esa es una buena pregunta porque a veces la persona no ve lo que realmente hay ahí, sólo ve lo que desea ver, en base a sus propias confusiones. Esto significa que las personas que no han descendido al interior de sí mismas y no han encontrado a su *animus/anima,* tienden a idealizar lo que su pareja debería ser y visten esa imagen con los rasgos que la cultura actual considera adecuados. Por otra parte, si uno ha aceptado su propia *anima,* como lo hizo el cazador, entones sólo verá las cualidades que admira y necesita cuando en realidad están presentes, sin importar lo humilde que pueda parecer la otra persona. Esto es precisamente lo que hace el cazador. Reconoce que hay algo en la princesa que tiene eco en él, aunque él crea que es una cocinera.

Lo mismo aplica a la princesa. No ha visto su *animus* de la misma manera en que el cazador la ha visto a ella, simplemente porque estaba dormida en ese momento. Pero cuando ve la espada, la zapatilla y los fragmentos de tela, reconoce a la persona cuyas acciones simbólicas la liberaron de su categoría como propiedad de su padre, al llevarse los bordados que llevaban su nombre. Las acciones del cazador hacen que ella despierte y esté totalmente consciente de su identidad, esa misma identidad que después le permite rechazar la tiranía masculina de su padre sobre ella y al capitán tuerto.

Y esta es la clave de este simbolismo relativamente complejo. Cuando descubrimos las partes de nosotros que hemos reprimido, encontramos que nosotros fuimos los que las reprimimos; por lo tanto, somos los únicos que podemos liberarnos. En el relato, en cuanto el cazador hace esto, se vuelve moral, y sus pequeños trofeos son recordatorios permanentes de los hechos que ha visto. Sabe que tiene un lado tierno y moral. Este es un punto importante de desarrollo para los varones jóvenes, y este relato nos permite verlo. La princesa por su parte, descubre el valor para rechazar al capitán una y otra vez.

Este relato, por lo tanto, establece una dualidad: el impulso indómito del cazador debe domarse, pero el impulso rebelde de la princesa debe respetarse. En cada caso, es un sentimiento natural en relación con lo que es correcto y debe respetarse. Esta es una distinción importante ya que el deseo muy masculino del rey de humillar a su hija ciertamente no es correcto o moral en ningún sentido. Por lo tanto, tenemos varios conjuntos de impulsos fuertes que debemos considerar: el impulso inicial del cazador cuando decide no ser cerrajero; su impulso de ser un oportunista con los gigantes; y su deseo posterior de controlar el impulso cuando ve a la princesa. Después tenemos el deseo del rey de conservar su poder sobre su hija; el rechazo de la hija contra ese poder; y finalmente el oportunismo cínico del capitán, que se relaciona con el ego masculino y con la explotación.

El capitán es muy parecido a los gigantes porque es un oportunista y no altera su propósito ni cambia de opinión, y en este relato las personas que no cambian de opinión acaban muertas. Por tanto, este relato se relaciona con los impulsos masculinos: el cazador, el rey, los gigantes, el capitán…, y estos impulsos entran en conflicto con el impulso hacia la misericordia y la compasión que representa la princesa cuando regala la comida. El relato llega a una conclusión feliz cuando los impulsos masculinos se doman y los impulsos femeninos se respetan.

En lo que concierne a los arquetipos, este relato tiene un equilibrio extraordinario. El cazador es un Peregrino que se lanza a una búsqueda, pero cuando ve a la princesa dormida, hace una elección moral que requiere valentía. En esta forma, hace una transición hacia el arquetipo del Guerrero Enamorado. No teme luchar por lo que considera correcto y valioso, y no pide una recompensa ni la desea. Se podría decir que su decisión moral lo hace invencible, como lo simboliza la espada mágica.

La princesa, con monogramas bordados en su ropa, es propiedad del rey, pero cuando rechaza sus órdenes, se convierte en una huérfana. Su padre la echa del palacio y se podría decir que cuando se dedica a vender jarros está explorando otra forma de vivir; en ese momento ella es Peregrina. Cuando eso fracasa, la obligan a convertirse en una cocinera. Persiste durante un tiempo en lo que para ella es una situación degradante, lo que demuestra valor y una devoción a un ideal relacionado con lo que el amor y el matrimonio deberían ser. Está luchando por el derecho a ser ella misma y en ese momento es una Guerrera Enamorada.

Es entonces cuando vuelve a encontrarse con el cazador. Recordemos que ella es la que hace las preguntas sobre la espada; no huye con timidez, como lo vimos en Cenicienta. Las preguntas de la princesa le permiten identificar al cazador, no sólo como el hombre que mató a los gigantes, sino como un colega Guerrero Enamorado; alguien que hace lo correcto porque es correcto, no porque es rentable. Ahora están en el mismo nivel de desarrollo en lo relacionado con los arquetipos, de modo que pueden, apropiadamente, ser una pareja.

Se podría decir que estos dos Guerreros Enamorados son auténticos, mientras que el capitán, que ha sido un guerrero y se considera un enamorado, sólo tiene la apariencia externa del arquetipo, no sus valores internos. El hecho de que la princesa rechace al capitán, visto en esta forma, es el rechazo del mismo oportunismo sexual que el cazador tuvo que controlar en sí mismo. Ambos han aprendido las mismas lecciones.

Si el cazador y la princesa simplemente se hubieran casado cuando él dio muerte a los gigantes, eso habría sido conveniente para la historia, pero habría sido demasiado pronto en lo relacionado con su desarrollo, ya que la princesa no habría tenido la oportunidad de averiguar quién era ella o cuáles eran sus creencias. Cuando se casan, al final de la historia, están listos para convertirse en una pareja de futuros Monarcas, y su conocimiento y control de los impulsos oscuros de la psique humana es lo que garantizará la posibilidad de que lleguen a ser gobernantes ilustrados de su país.

Esta historia es importante porque muestra los impulsos profundos e indómitos de la psique y demuestra cómo deben entenderse, controlarse e incluso combatirse. ¿Quién de nosotros no ha sentido el deseo de hacer algo ilegal porque siente que puede quedar impune? Los gigantes son totalmente apetito; están devorando una res la primera vez que los vemos; y estas figuras enormes y poderosas están por encima de la ley, o eso es lo que piensan.

En caso de que pensemos que esto es relativamente teórico, sólo necesitamos considerar la historia reciente. Un ejemplo que llega a mi mente son los recientes escándalos sobre abusos sexuales en la Iglesia Católica, donde se ha acusado a algunos sacerdotes de acoso sexual contra niños. Seguramente, en ocasiones las personas en puestos de autoridad se ven tentadas a explorar una situación en la que otros son impotentes, y en que lo único que tienen es su propio sentido de lo que es correcto. Un sacerdote es una imagen "mayor que la vida" en cualquier comunidad; se podría decir que es un gigante entre los hombres. Y si los sacerdotes han abusado del poder, también lo han hecho los profesores universitarios, los maestros budistas, los gurús de yoga, los políticos y otras personas. La situación es demasiado común como para ignorarla.

El valor de este relato está en lo que puede decirnos sobre esta lucha. Como todas las historias de este tipo, puede señalar lo que es la lucha y la forma en que podemos superarla. Como los relatos son breves, no intentan transmitir la inquietud emocional que podría estar involucrada en las acciones que en estos relatos se describen. Sin embargo, lo que les falta en cuanto a atractivo emocional, se compensa en gran medida con su claridad.

El relato indica que si queremos ser felices en el amor, primero tenemos que renunciar a nuestras posturas (la amistad del cazador con los gigantes), luego tenemos que renunciar a nuestras proyecciones y debemos desenterrar las cualidades que están detrás de estas proyecciones. Sólo podremos hacer eso descendiendo a nuestro yo y viendo y reconociendo el poder latente de nuestras imágenes idealizadas de la masculinidad y la feminidad. Luego, cuando regresemos al mundo consciente, encontraremos que es mucho más fácil identificar a la persona que tiene las cualidades que están presentes en esa imagen.

Un ejemplo podría ayudar aquí. Una mujer que era mi colega solía salir con hombres que se veían muy jóvenes e inocentes porque decía que lo que quería era un amigo que fuera "inocente", es decir, que no fuera ladino o tortuoso. Acabó saliendo con hombres más jóvenes que ella que explotaban su idealismo y luego la dejaban. Tuvo que aprender la diferencia entre la apariencia externa y la cualidad interna que ella estaba buscando. Esa es la diferencia entre una proyección que se convierte en una obsesión y una conexión genuina con la necesidad que se expresa en el inconsciente. Los hombres con frecuencia hacen lo mismo cuando se sienten atraídos hacia mujeres más jóvenes; confunden la apariencia externa con las cualidades internas.

La historia de "El hábil cazador" puede verse como una historia con mayor poder y alcance que "La pequeña Blanca Nieves" o "Rosita Silvestre" (La Bella Durmiente). En esos dos relatos, el protagonista masculino (el príncipe) encuentra a la chica dormida o en un estado de animación suspendida, hace que vuelva a la vida y después se casa con ella. "El hábil cazador" es más vital porque en esta historia la mujer participa activamente en su propio desarrollo y también en el desarrollo del cazador, en formas que no se consideran en su totalidad en las otras dos historias.

"La pequeña Blanca Nieves" y "Rosita Silvestre" son parecidas en sus títulos y también en sus argumentos, lo que podría ser la razón por la que están una tan cerca en la colección, como los cuentos número 50 y número 53. En general, tratan sobre la maduración de una jovencita que se convierte en mujer y está lista para casarse. La historia de "El hábil cazador", por otra parte, trata sobre la maduración de las mujeres que llegan a ser esposas y la de los hombres que llegan a ser esposos, y la forma en que se encuentran. Al examinar la forma en que los hombres y las mujeres se eligen entre sí para formar parejas, entramos en una discusión más compleja. Esta es la diferencia entre un relato de preparación y un relato sobre la siguiente etapa.

Es interesante que esa "siguiente etapa" se haya eliminado en la película de "Cenicienta", pues la interacción entre Cenicienta, que busca al príncipe, y el príncipe, que busca a Cenicienta, se simplificó de una manera muy drástica en los Estudios Walt Disney. Sin embargo, cuando llegamos a "El Féretro de Cristal" (el cuento número 163) en la colección de los hermanos Grimm, vemos estos mismos temas presentados con fuerza y en forma muy completa. En todos estos relatos, y también en "El pájaro de oro" (el cuento número 57) que estudiaremos en el Capítulo 12, la presencia de una princesa dormida es primordial, pero "El hábil cazador" trata este tema en una forma mucho más sutil.

CAPÍTULO 11

Los dos príncipes

LAS FAMILIAS Y EL OLVIDO

Esta historia (el cuento número 113) es larga y combina diversos elementos que aparecen en otros relatos, así que nadie cometería un error si pensara que es una mezcla de uno o varios relatos. Este es un resumen de la historia:

Cuando un príncipe tenía dieciséis años de edad, le dijeron que un ciervo lo mataría. Un día, mientras cabalgaba por el bosque persiguiendo a un ciervo, vio de repente a "un hombre muy alto" que se lo llevó a rastras al palacio del rey.

Una vez que estuvo en el palacio, se le ordenó al príncipe que vigilara a las tres hijas del rey. Le dijeron que tenía que permanecer despierto toda la noche porque el rey pasaría cada hora para asegurarse de que él estuviera vigilando a la princesa que se le había asignado esa noche. Por fortuna para él, la hija mayor decide ayudarle y le ordena a la estatua de San Cristóbal que ella tiene en su habitación que le responda al rey cuando aparezca, y el joven príncipe puede acostarse en el suelo y dormir bien toda la noche. Todas las hijas del rey hacen lo mismo, pues cada una de ellas tiene una estatua parlante de San Cristóbal, pero cada estatua es más grande que la anterior.

Después el rey le asigna al príncipe otra serie de tareas. El primer día, le ordena que tale un bosque enorme; el segundo día le ordena que limpie y reconstruya un enorme estanque para peces; y el tercer día le ordena que arranque todas las zarzas de una montaña y que construya un castillo en la cumbre, pero el castillo tiene que estar completamente amueblado y equipado. En cada ocasión, el rey le da al príncipe herramientas de vidrio para trabajar, pero se rompen en cuanto empieza a usarlas. Por fortuna, el príncipe recibe la ayuda de la princesa más joven que suspira por él y quiere convertirlo en su esposo. Le lleva comida todos los días y al ver que está triste (pues cree que no podrá cumplir con la tarea que se le asignó y no podrá salvar su vida), ella espera a que él tome una siesta y luego saca su pañuelo, le hace un nudo y golpea el suelo con el pañuelo. De inmediato, aparece un ejército de "hombrecitos de la tierra" quienes realizan a toda velocidad la tarea que se le ha asignado al joven ese día. Cada tarde, cuando el reloj marca las seis, la tarea está terminada.

Las tareas en sí tienen cierta relevancia. Se relacionan con limpiar la tierra y conseguir leña, proporcionar agua potable y toda clase de peces, lo que es muy similar a proporcionar alimento, bebida y todo lo necesario para establecer un hogar. De hecho, las tareas se relacionan en gran medida con el tipo de evidencias que el padre de la novia exigiría de su futuro yerno para determinar cuáles son sus intenciones con respecto a su hija. ¿Tienes un lugar decente para que viva mi hija? ¿Puedes ganarte la vida? ¿Cuentas con servicios públicos y con excelentes instalaciones sanitarias e hidráulicas? La diferencia es que el rey quiere que el príncipe construya estas cosas, no que las herede.

Cuando las tareas se han llevado a cabo, el rey pone otra condición: el joven no puede casarse con su hija menor hasta que sus dos hijas mayores se hayan casado. Por tanto, la joven pareja decide huir. Cuando huyen, el rey los persigue, pero la hija transforma a su novio en una zarza y ella se transforma en una rosa que está en el centro de la zarza. El rey no puede entender lo que ha pasado y no sabe hacia dónde han desaparecido, así que trata de cortar la rosa, pero las espinas de la zarza lo lastiman y se da por vencido.

Al día siguiente, el rey de nuevo trata de encontrar a la pareja. Cuando llega al lugar donde cree que se están escondiendo, la hija transforma a su novio en una iglesia y ella se transforma en el sacerdote que está en la iglesia. El rey escucha un sermón y luego se va. Pero la reina sabe lo que está pasando y al día siguiente ella sale a buscar a la joven pareja. En esta ocasión, la princesa transforma al príncipe en un estanque y ella se transforma en los peces de ese estanque. La reina trata de atrapar a los peces tragándose toda el agua del estanque. Cuando lo vomita todo, acepta su derrota y le da a su hija tres nueces diciéndole que le serán útiles cuando tenga una gran necesidad.

La joven pareja continúa su viaje hacia la patria del príncipe. Cuando pueden ver el castillo, el príncipe le pide a la princesa que espere mientras él va a conseguir un carruaje para que ella viaje. Cuando llega al castillo lo reciben con mucha alegría, y estando a punto de disponer el carruaje, llega su madre y le da un beso; en ese momento se olvida de la princesa que lo está esperando.

La princesa espera durante mucho tiempo y al final acepta un trabajo humilde en un molino para mantenerse. Luego, un día se entera de que el hijo del rey se va a casar, pues su madre encontró la novia adecuada para él. La princesa abre una de sus nueces y en el interior encuentra un vestido muy hermoso. Entonces se dirige a la iglesia. Ahí, justo cuando los novios van a pronunciar sus votos matrimoniales, la novia ve el majestuoso vestido y se niega a casarse si no se lo pone.

La princesa negocia con ella; le dice que le entregará el vestido si puede dormir afuera de la puerta de la habitación del novio por una noche. La novia acepta, pero alguien, el cuento no menciona quién, les dice a los sirvientes que le den al príncipe una pócima que lo haga dormir. Entonces esa noche, cuando la princesa se sienta afuera de la puerta y le dice al príncipe todo lo que ha hecho por él, el príncipe está dormido y no la escucha. Pero los sirvientes sí la escuchan.

El segundo día, la princesa vuelve a presentarse en la boda, pero en esta ocasión el vestido que lleva es aún más hermoso. De nuevo, la princesa hace el mismo trato con la novia. Pero esa noche, el sirviente le lleva al príncipe una pócima que lo mantiene despierto y lo escucha todo. Empieza a recordar su vida anterior y trata de abrir la puerta, pero la reina la ha cerrado con llave. Al día siguiente, el príncipe encuentra a la princesa, le dice lo que ha pasado y le pide que no se enoje con él. Entonces ella abre la tercera nuez, encuentra un vestido aún más hermoso que los otros dos, y la pareja se casa. En la historia leemos que "la falsa madre y la novia tienen que marcharse".

Este relato es muy similar a varias otras historias de la colección, como "La novia verdadera" (el cuento número 186) y "El tambor" (el cuento número 193), en los que la princesa utiliza la magia para lograr que las tareas se lleven a cabo; en ambos casos, un beso de los padres hace que el príncipe olvide a la mujer que ama, y la princesa se ve obligada a aceptar un trabajo humilde hasta que los vestidos le permiten pasar tres noches en vigilia a las puertas de la habitación del príncipe.

Si vemos la historia de "Los dos príncipes" con escepticismo, podríamos decir que la joven princesa hace todo por ese joven inútil, y que en realidad se le humilla pues tiene que trabajar en un molino lavando ollas y luego tiene que pasar tres noches durmiendo a la puerta de la habitación del príncipe. Al parecer el mensaje es que se debe agredir a las mujeres.

Pero esto equivaldría a leer la historia eliminando sus elementos valiosos, de modo que tendríamos que decir que las tres noches que el príncipe vigila a las hijas del rey corresponden a las tres noches que la princesa pasa a su puerta (aunque en la tercera noche se rompe el patrón). También debemos notar que las tres tareas, en que el príncipe se duerme y la princesa llama a los "hombres de la tierra", corresponden a los tres días que ellos pasan huyendo. Además, tenemos una reina que trata de hacer que los jóvenes regresen y le da a su hija las tres nueces. Esto corresponde a la otra reina que también tiene sus propios planes sobre quién será la esposa de su hijo y en tres ocasiones intenta frustrar los planes de la joven pareja. Este patrón formal nos indica que hay algo más allá de lo obvio.

Empecemos por el principio, pero en esta ocasión veremos este relato como una estructura mítica. Se señala que el destino del joven es "morir" por el ataque de un venado a los dieciséis años de edad. Por lo general, a los dieciséis años un joven ya ha alcanzado la madurez sexual, aunque no la madurez emocional, y un venado macho ciertamente es una imagen de madurez sexual que cualquier persona puede identificar con facilidad. Sin embargo, el muchacho no muere; *se le aparta* de su vida ordinaria para someterlo a varias pruebas que lo llevarán al matrimonio, y por lo tanto, a la experiencia de la sexualidad.

El principio del relato parece decirnos que se trata de una historia sobre el proceso de maduración en la que un joven debe "morir" a su naturaleza anterior. El hecho de sustituir al venado que supuestamente lo atacaría con un "hombre muy alto", nos señala en forma muy elocuente que esta historia tiene que ver con un joven que se convierte en un hombre. Pero la amenaza de muerte nos advierte que el hecho de que alguien no logre crecer y madurar sería una falta grave. Un muchacho de dieciséis años que no puede crecer, prácticamente no alcanza una vida plena en absoluto.

Esto podría ayudarnos a comprender algunos otros detalles extraños. Es obvio que cuando el joven vigila a las hijas del rey está dentro de sus habitaciones. Por eso el rey necesita gritar desde el otro lado de la puerta y se le puede engañar con la voz de San Cristóbal que es el que está respondiendo. El hecho de que el joven se duerma parece indicar que no está sexualmente activo en relación con la otra persona que está en esa misma habitación, y la enorme figura parlante del santo es una precaución adicional, porque nadie querría hacer algo inmoral en la presencia de un ser tan imponente.

Simbólicamente, este es el ámbito de la tentación sexual que se presenta ante todos los jóvenes cuando crecen. ¿Actuará el joven en forma incontrolada y saltará a la cama de la primera persona que le ofrezca la mínima oportunidad? Bueno, no lo hace, pero tal vez sólo porque se le está vigilando muy de cerca. Sus escrúpulos religiosos impiden que actúe impulsivamente. A veces, esta es una forma de ejercer control que es eficaz y necesaria. El joven no quiere dañar a las hijas del rey y ellas no quieren dañarlo a él. Se aseguran de ayudarlo a engañar a su padre usando las estatuas parlantes, lo que indica que ellas están conscientes de lo irrazonable que es su padre, pero no le dan importancia al hecho.

El resultado de estas vigilias falsas es que la hija menor es la que le lleva de comer todos los días cuando él tiene que someterse a la serie de pruebas. A las otras dos hijas del rey simplemente no les interesa, así que la más joven se ve obligada a hacerlo. Cuando ve al príncipe, él está desesperado por la tarea que se le ha asignado y se niega a comer diciendo que de todos modos acabará muerto, así que no tiene caso comer. Leemos en el relato que entonces ella "le habla con tanta bondad" que él acepta comer algo, y también leemos que después de que él come, ella le acaricia el cabello y le "quita los piojos" (un aspecto muy íntimo del arreglo personal que no es muy común en nuestros tiempos), y cuando él se queda dormido (volvemos a ver el tema de dormir), ella llama a los "hombres de la tierra" para que lleven a cabo sus tareas.

Si queremos ver esto como un símbolo, podríamos decir que la princesa más joven actúa con amor hacia el príncipe y lo consuela. Por su parte, el príncipe no teme morir, sólo está triste al pensar en esa posibilidad. Esto indica valentía, mientras que la princesa lo anima a comer y lo estimula para que piense en vivir. Estando en su compañía, él se relaja lo suficiente como para quedarse dormido, tal vez con la cabeza en el regazo de la princesa, la postura usual para quitarle a alguien los piojos. Sin importar qué otra cosa quisiéramos ver ahí, es bastante obvio que hay aceptación física y que ambos se sienten cómodos. Ella lo anima para que coma y no se desespere, comparten la tranquilidad del contacto físico, aunque casto, y al parecer existe una simpatía real entre ellos. En momentos como este, en los que hay espontaneidad y apertura, y sentimos que podemos ser nosotros mismos, ocurren milagros.

Vemos que el hijo del rey no pregunta cómo logra la hija menor del rey que se realicen las tareas imposibles que se le han asignado, y no miente diciendo que él las realizó; sólo le dice al rey que están terminadas. El mensaje es que el hecho de que la princesa cambie su actitud hacia él, le permite tener acceso a un poder considerable que brota del inconsciente, y ella lo usa para ayudar al príncipe.

Expresemos esto en términos cotidianos. Es obvio que la joven princesa no es la primera mujer que asesora a su pareja potencial para que supere los peligros que enfrenta y cumpla con las exigencias y expectativas de la familia, algunas de las cuales podrían ser muy difíciles de satisfacer. Por ejemplo, tal vez no consideramos que sea una gran hazaña advertirle a nuestra pareja que no debe hablar de política con nuestro padre o que procure alabar la nueva vajilla de nuestra madre para hacerla sentir bien, pero se trata del mismo impulso básico que brota del amor. Quizás estos consejos no parecen importantes, pero son como las olas que se ven en la superficie de un lago, son las pequeñas señales de un afecto verdadero, de cariño y de amor, que cuando se combinan se convierten en una fuerza importante para una relación futura. La capacidad de la hija del rey para usar la magia es una versión muy elocuente de esto.

Simbólicamente, las herramientas inadecuadas que se le dan al joven para que lleve a cabo sus tareas no son un detalle accidental. El padre le impone una tarea imposible porque considera que nadie está a la altura de su querida hija. El rey simplemente no quiere que su hija se case. Es probable que las herramientas de vidrio señalen el hecho de que las cosas pueden parecer útiles, pero tal vez en realidad no soporten la presión del uso. Quizás el joven príncipe parece adecuado, ¿pero sólo es apariencia y no hay nada sustancial en él? La joven princesa, al hacer que otros cumplan con las tareas asignadas al príncipe, lo obliga a enfrentarse con su propia incapacidad, y al parecer él se siente bien cuando nadie descubre lo que está pasando en realidad.

Pero es obvio que esta no es una buena receta para una relación exitosa, así que sigamos adelante. Estas tareas son imposibles. Nadie podría hacerlas, así como nadie podría estar a la altura de la hija de un padre posesivo, al menos desde el punto de vista del padre. Pero la hija tiene un punto de vista diferente, así que le ayuda a su pretendiente porque reconoce que él es humano; y este es un paso de vital importancia en cualquier romance. La joven no idealiza a su novio, sino que le ayuda en todas sus fragilidades. ¡Esta es una expresión muy hermosa de aceptación!

El ejército de "hombrecitos de la tierra" también tiene trasfondos simbólicos. El poder de la tierra en sí se solidariza para ayudar a esta pareja; lo profundo de la naturaleza está de su lado. Al convocar este ejército, la joven princesa muestra que está en contacto con el impulso profundo, poderoso e instintivo del amor, y el joven acepta el don que ella le ofrece sin cuestionarlo. Si la fe puede mover montañas, este es un ejemplo de la fe en acción. Es la clase de imagen que es más elocuente que las palabras, y refleja la conexión vital que existe entre estos jóvenes.

Cuando la pareja huye, el simbolismo cambia. Huyen porque desean casarse y se les ha prohibido hacerlo hasta que las hermanas mayores se hayan casado. Esta extraña costumbre era común en el pasado, y la decisión de esta pareja de escapar refleja la urgencia de lo que sienten el uno por el otro. Existe una atracción verdadera. Entonces, cuando el rey y la reina persiguen a su hija y ella se transforma y transforma al príncipe, notamos el simbolismo de lo que ellos llegan a ser: el primer día, el príncipe se convierte en una zarza y la princesa se convierte en una rosa; en segundo día, el príncipe se convierte en una iglesia y la princesa se convierte en un sacerdote; y el tercer día, el príncipe se convierte en un estanque y la princesa se convierte en peces.

En cada caso, el príncipe es el entorno más grande que permite que la princesa exista. Son interdependientes, pues no son nada si no se tienen el uno al otro, pero uno de ellos es la fuerza básica y el otro es lo que da significado y valor a la estructura. En realidad es un patrón de imágenes muy hermoso, y refleja la naturaleza interdependiente del amor. De hecho, es una secuencia de imágenes tan eficaz que también se usa en otros cuentos. "El amadísimo Rolando" (el cuento número 56) es una historia muy similar que replica este tipo de patrón de imágenes, incluyendo los tres días que la novia tiene que esperar afuera de la puerta.

Estas imágenes nos dicen algo importante: Cuando dos personas están enamoradas y son la pareja ideal, ocurre algo milagroso. Siguen siendo ellas mismas, pero el estar con la otra persona les permite ser más de lo que eran a nivel individual. Una iglesia vacía no es muy especial. Un sacerdote a la vera del camino es simplemente otra persona. Pero juntos se convierten en una fuerza potente para el bien y para la enseñanza de la moralidad. Un estanque no es algo inusual y un pez que tuviera que sobrevivir por cuenta propia pronto morirá; pero un estanque con peces es un símbolo de vida. De manera similar, una zarza en sí es una planta resistente pero inconveniente que le estorba a todo el mundo. Una rosa que ha sido cortada se marchitará pronto. Pero una rosa que crece en medio de una zarza está viva y cuenta con la protección de la zarza; con el tiempo producirá semillas, lo que dará origen a otras zarzas. En cada caso tenemos símbolos de fuerza que son independientes. Cuando dos personas entregan lo mejor de sí mismas a través del amor, tenemos una pareja que es, de hecho, asombrosa.

Pero lo que es interesante en esta historia es que la reina sabe exactamente lo que está pasando. Por eso trata de beberse todo el estanque. Cuando no puede hacerlo, se da cuenta de que el amor de esta pareja es demasiado grande y que ella no puede controlarlo, demasiado grande para intentar asfixiarlo. Así que cede y bendice la unión a su manera dándole a su hija las nueces mágicas.

Cuando el hijo del rey llega a casa encontramos otra madre. En cuanto besa a su hijo y él olvida a su novia, de inmediato es obvio que estamos ante una figura materna que es controladora. Son incontables las madres que, a lo largo de la historia, han descartado las posibles novias de sus hijos sin siquiera haberlas visto, y mucho menos haber observado la calidad potencial de su relación. El hijo olvida por completo su vida con la princesa y nunca jamás vuelve a mencionarse la magia que su amada ha utilizado. Este también es un factor real en nuestro mundo y ha sido la causa de mucho sufrimiento para muchas parejas jóvenes. En la cultura popular hay una gran cantidad de chistes sobre las suegras que lo reflejan. Por tanto, así como la hija tuvo que liberarse del control de su padre, el hijo tiene que liberarse de los planes que su madre tiene para él. Estos dos "hijos de reyes" se enfrentan a una lucha similar y prácticamente son entre sí como imágenes reflejadas por un espejo.

Cuando la princesa puede pasar la noche afuera de la puerta del príncipe, podemos ver que suceden varias cosas. La primera es su devoción. La segunda es que nos damos cuenta de que la devoción que otra persona siente por nosotros puede quedar bloqueada de modo que no podemos estar conscientes de ella. El príncipe no puede oírla porque alguien (seguramente su madre) ordenó que se le drogara con una bebida. Esta escena es rica en simbolismo, pues es fácil imaginar la vocecita al otro lado de la puerta en medio de la noche que pregunta por qué él la ha olvidado; es como algo que pudiéramos soñar. Refleja la forma en que nuestros recuerdos nos acosan por la noche cuando la mente consciente está latente y la mente inconsciente está activa y nos recuerda lo que sabemos y lo que es verdad.

La segunda noche, cuando el príncipe escucha la voz, sabe quién es y entiende lo que le está diciendo; pero en esta ocasión, está encerrado con llave en su habitación y no puede salir. Eso significa que tendrá que ir a buscarla, tendrá que decirle que recuerda su relación y tendrá que ponerse en acción. Ahora nadie se opone a su matrimonio; lo que es una señal segura de que él está a cargo de su propia vida. Su madre no puede obligarlo a olvidar lo que él sabe que es verdad, y el relato también trae a nuestra memoria a la madre de la princesa al presentar el tercer vestido para la boda; el vestido más hermoso.

En nuestra vida moderna, todos podemos actuar en forma similar. Olvidamos la tranquilidad y la verdadera magia de las primeras relaciones que pudiéramos haber tenido y nos vemos seducidos por lo que otros esperan de nosotros, así que elegimos la pareja "adecuada" en lugar de la pareja con la que nos sentimos de maravilla, y con la que siempre nos sentimos así. Cuando la oposición es muy fuerte, olvidamos lo que sabemos, olvidamos nuestra sabiduría profunda.

En este relato podemos ver que la oposición de la familia llega de diferentes direcciones. En primer lugar, el joven tiene que domar sus propios impulsos sexuales cuando guarda sus tres vigilias, y el rey, como un chaperón indiscreto en una fiesta de adolescentes, insiste en asegurarse de que el joven al parecer esté obedeciendo las reglas. Es el padre de familia que insiste en que sus hijos o hijas vuelvan a casa a las 11:00 p. m., pero no se molesta en preguntar qué pasó en realidad antes de las 11:00 p. m. Tal vez la lección aquí es que todos debemos aprender a respetar e incluso a temer la autoridad de un rey, pero que no sería prudente ceder ante él en cosas importantes que se relacionan con nuestras elecciones personales. Y esa es precisamente la razón por la cual el joven decide huir con la hija del rey, no van a quedarse esperando durante años sólo porque existe una costumbre que ordena que primero deben casarse las hermanas mayores.

De manera similar, el relato señala que es absolutamente razonable huir y evitar a la reina, pero que al huir, también hay que estar preparados para luchar. Cuando huye, la hija se está separando de su madre, lo que es un paso importante en el desarrollo de cualquier mujer, y al final la hija vence a la madre. La reina no puede asimilar lo que está pasando pero tampoco puede controlarlo. El amor de la pareja resulta ser demasiado poderoso para ella.

El joven se enfrenta a la misma lucha cuando vuelve a casa. Tal vez su madre tenga planes bien intencionados, pero no es ella la que tendrá que vivir con los resultados. El relato nos muestra un detalle interesante al mencionar que la madre ve a la princesa cuando está trabajando en el molino. Siente admiración por ella y dice: "¡Es una muchacha excelente y muy fuerte! ¡Me agrada!". Basándonos en esto podríamos suponer que la madre de hecho podría aprobar a la mujer que su hijo ha elegido y que ellos finalmente se casarán, pero la madre tiene otros planes que le impiden actuar en base a la evidencia que tiene justo frente a sus ojos. La madre no es una mala persona, ni es incapaz de percibir la realidad, pero comete un error de terribles consecuencias.

Al ver el relato en esta forma, podemos considerarlo un esquema sutil e importante de la forma en que los hombres y las mujeres pueden madurar, y la oposición que cualquiera de nosotros podría enfrentar en este proceso de maduración. Recordemos que San Cristóbal es el santo que llevó sobre sus hombros a Jesús al atravesar un vado. Es el santo patrono de los viajeros y por lo tanto de las transiciones, en las cuales uno deja un sitio, pasa al siguiente y crece, llegando a ser algo diferente a lo largo del trayecto. Su estatua está en cada una de las habitaciones de las princesas y eso ayuda a que el príncipe pueda dormir y descansar durante la noche. Es casi como si San Cristóbal estuviera supervisando toda la situación y asegurándose de que las princesas y el príncipe tengan un trayecto seguro hacia la madurez.

Este relato también es muy provechoso si lo relacionamos con los arquetipos, pues podemos ver al príncipe como un huérfano que es sometido a varias pruebas (lo que siempre ha estado en los dominios del peregrino) que lo llevan a una relación de amor con la princesa más joven. Ambos deben luchar para aferrarse a su amor, y podríamos decir que al hacerlo crean un equilibrio mutuo. El enamorado y el guerrero están presentes en el príncipe y en la princesa en grados similares, y la interdependencia que se refleja en las imágenes de la zarza y la rosa, el sacerdote y la iglesia, y los peces y el estanque, muestra que se necesitan mutuamente. De hecho, cada uno de ellos es un enamorado y un guerrero que lucha por lo que necesita para alcanzar su felicidad.

El hecho de que la joven princesa parezca ser capaz de utilizar la magia es un detalle interesante, y esta magia es una función de su relación. No es probable que la hija del rey tuviera esta habilidad antes de conocer al joven; si la hubiera tenido, su padre no le habría permitido que le ayudara. La magia ocurre *porque* ellos están juntos. Aquí vemos que cuando una relación es fuerte y prometedora, la magia se presenta en momentos poco usuales porque las personas pueden tener acceso al arquetipo del mago. La pureza, e incluso la inocencia del amor que comparten, demuestran que ellos todavía tienen un contacto muy poderoso con la capacidad del Inocente para amar sin dudas o incertidumbre. Como hemos visto, esta es una conexión que el arquetipo del mago debe hacer, y esta pareja de jóvenes tiene esa habilidad.

En términos más ordinarios, cuando el amor entre dos personas crece, lo que pueden lograr es a veces asombroso. Las parejas de mayor edad a menudo recuerdan los primeros

días de su vida juntos y se preguntan cómo se las arreglaron para conservar un empleo, para crear una carrera profesional, para reconstruir y redecorar una casa, para encargarse
de la tía Martha y además educar a sus hijos. En una visión
retrospectiva, parece imposible, milagroso. En esa época, era
simplemente lo que ellos tenían que hacer. Esto es lo que señala este relato.

Pero así como una pareja puede seguir adelante en esta
forma, también podría retroceder. En el relato, el joven olvida por completo a su amada cuando su madre se hace cargo
de él. Esta es una acción extrema, pero se percibe como algo
absolutamente real desde el punto de vista psicológico. Cuando volvemos a ver a nuestros padres después de un episodio
de nuestra vida en el que tuvimos cambios vitales, si nuestros
padres no estuvieron presentes para ver lo que ocurrió, existe
en ellos una fuerte tendencia a vernos tal como éramos la última vez que nos vieron... antes de que ocurrieran en nosotros
esos cambios vitales. Esto puede ser una fuente importante de
fricción para muchos jóvenes a medida que se desarrollan y
maduran.

Y eso es exactamente lo que vemos en la reina. Se hace
cargo del príncipe como si nunca hubiera estado lejos viviendo su extraordinario peregrinaje, y él hace lo que muchos de
nosotros tendemos a hacer: olvidamos lo que sabemos y perdemos de vista nuestra verdadera sabiduría cuando nuestros padres nos tratan como personas menos capaces de lo que somos
en realidad. He visto esto en mi vida como maestro. Los estudiantes a nivel licenciatura vuelven a casa en las vacaciones, en
los fines de semana o en periodos de fiestas como la Navidad, y
a menudo regresan a la universidad furiosos porque sus padres
los trataron como si otra vez tuvieran quince años, en lugar de
verlos como lo que ahora son: Universitarios de veinte o veintidós años de edad. Un periodo de unos cuantos años puede

marcar una gran diferencia, pero los padres lo olvidan y sufren las consecuencias.

En ocasiones, por supuesto, los jóvenes terminan sus estudios universitarios, regresan a la casa de sus padres y esta experiencia produce en ellos una reacción infantil. Se vuelven dependientes y menos capaces de lo que eran antes. Para volver a hacerse cargo de su vida, necesitan recordar sus verdaderos puntos fuertes. ¡A menudo una indirecta no es suficiente! En este relato, es necesario vivir esas tres noches de vigilia (que también se repiten en "El horno de hierro", el cuento número 127), para sacudir a la persona y hacer que vuelva a asumir la dirección de sí misma (un auténtico llamado a despertar y a estar atento). Con frecuencia, este empujón viene de los amigos del joven que han estado activos en el mundo, como la joven cuando acepta un trabajo humilde o como aquellos que han labrado su propio camino en la vida. Este es un detalle elocuente, incluso en nuestros días, y es muy real desde el punto de vista psicológico.

Por lo tanto, esta historia nos recuerda que el desarrollo que se basa en los arquetipos no siempre es una transición suave que constantemente va en ascenso, sino que el progreso puede descarrilarse. Por fortuna, la valentía y la persistencia de la princesa, que persistió frente a la puerta de la habitación de su amado, tuvo resultados favorables. Estas cualidades definitivamente se encuentran en el ámbito del guerrero enamorado. La princesa sabe lo que quiere y las inquietudes relacionadas con el ego y con perder la dignidad, simplemente no son parte de su percepción. Reconocer lo que ella ha hecho y recordar lo que la pareja ha vivido, es suficiente para sacar al joven de su fase pasiva como huérfano y hacer que vuelva a la categoría plena de un guerrero enamorado. La "pócima que hace que se duerma" y que impide que escuche a su amada que está al otro lado de la puerta en la primera noche, representa la forma en que se puede adormecer a alguien y llevarlo a la tranquilidad narcótica que se vive en la categoría del huérfano.

Sin embargo, esto no debe confundirse con la siesta que toma el joven príncipe cuando los "hombrecitos de la tierra" llevan a cabo el trabajo que él supuestamente tenía que hacer. En ese caso, tal vez él no entienda exactamente cómo ocurren las cosas, pero puede ver los resultados con suficiente claridad y sabe que está ocurriendo algo extraordinario entre él y la joven, o mejor dicho, que ella hace que le sucedan a él cosas maravillosas. Tal vez ella siempre tuvo esta magia, pero antes simplemente no había tenido una razón para usarla, como la tiene ahora.

Como ya hemos señalado, el padre de la princesa no está consciente de esto, pues si lo hubiera estado no habría permitido que su hija le ayudara al joven en esa forma. Y ese es el mensaje. Los padres a menudo no perciben las maravillosas cualidades que tienen sus hijos porque han olvidado observar. La hija que viene de un excelente hogar suburbano y en la universidad resulta ser un genio para la organización, podría sorprender mucho a sus padres. Quizás esos talentos nunca tuvieron la oportunidad de brillar hasta que la hija se fue a la universidad. Esa podría ser una excelente versión alternativa de la joven que aparece en esta historia. O tal vez la hija que podría llegar a ser una actriz brillante o una artista excelente y que quizás nunca lo mostró en el hogar, donde los padres se concentraban en otras cosas. Tal vez en esta forma podríamos explicar la situación de la princesa en términos modernos.

No se requiere mucha imaginación para encontrar otros ejemplos. Entre mis estudiantes, puedo pensar en el jugador de futbol que llegó a ser un ídolo por su habilidad para correr, luego obtuvo una beca para la facultad de leyes. Esto sorprendió mucho a sus padres porque sólo lo veían como un deportista que aprovecharía ese aspecto de su identidad para desarrollarse en una carrera futura. Su hijo los desconcertó y sentían que en realidad ya no lo conocían.

También puedo pensar en las personas que eligieron a su pareja y florecieron al ser parte de la sociedad que formaron con ella. Quizás cada persona sola nunca habría podido generar la sinergia que les permitió crecer y llegar a ser plenamente lo que pudieron ser juntas. Esa es la magia a la que tiene acceso la princesa.

Por consiguiente, cuando los dos jóvenes que aparecen en este relato se casan, ya tienen experiencia en la vida en este mundo y saben una o dos cosas sobre la forma en que el poder puede usarse para aplastar la iniciativa del individuo y lo que necesita hacerse al respecto. Al saber esto, están preparados para gobernar un reino; y lo que es más importante, están preparados para gobernar su propia vida. Aquí alcanzan el arquetipo del Monarca, y pueden tener acceso al poder del Mago cuando sea necesario.

Para terminar, regresaré al principio de la historia. A los dieciséis años de edad, le dicen al joven que será asesinado. Pero no muere sino que encuentra una vida nueva. Este relato se aplica a los chicos de dieciséis años y también a las chicas. En un sentido más general, se aplica a cualquier persona que se libere de un antiguo estilo de vida dominado por los padres.

CAPÍTULO 12

Beowulf
y
El pájaro de oro

LAS TRES PRUEBAS

Beowulf, el antiguo poema épico inglés, no es uno de los cuentos de la colección de los hermanos Grimm.[1] Se desarrolla en Escandinavia y se escribió durante el periodo anglosajón, probablemente en el siglo VIII, lo que lo ubica en una época muy remota, mil años antes de que los hermanos Grimm empezaran a coleccionar sus cuentos. Por tanto, podría parecer extraño que haya yo decidido incluirlo aquí. Pero lo incluyo para compararlo con el relato "El pájaro de oro" (el cuento número 57) de los hermanos Grimm, y en esa forma profundizar más en el mensaje que se comunica en estos relatos en sus niveles más profundos.

Una de las cosas que *Beowulf* puede decirnos se relaciona con la forma en que damos forma a nuestras experiencias. Para entender esto, tendremos que analizar su argumento y después el trasfondo que está presente dentro de la trama.

En esta historia, Beowulf, un guerrero joven, sale de su patria, la tierra de Geats en Suecia, y atraviesa los mares con sus hombres. Cuando llega a Heorot, la región del Rey Hrothgar en Dinamarca, es una especie de Huérfano que se ha convertido en Peregrino y ha iniciado un peregrinar para ayudar a los miembros de su familia. Ellos sufren los ataques de un monstruo llamado Grendel que está asolando a toda la comarca. No todos se alegran con la llegada de Beowulf; Unferth, uno de los hombres de Hrothgar, no quiere tenerlo cerca al principio, aunque otros están dispuestos a recibir con gusto a este pariente lejano. Gradualmente, lo reciben en el clan y él pone en marcha sus acciones.

Beowulf se convierte en un héroe cuando derrota al monstruo Grendel en una lucha mano a mano en la que Beowulf le arranca de tajo un brazo a Grendel. Su reputación se confirma cuando acaba con la madre de Grendel y se revela como un luchador fiel (un Guerrero Enamorado). Con el tiempo, Beowulf llega a ser un Monarca generoso que gobierna su propio reino. Al final del poema, él muere al tratar de matar a un dragón, y su ejemplo es una inspiración para todos; de modo que podemos ver que al final llega a la categoría de Mago. Es importante señalar que en su lucha final, Beowulf, no está solo como lo estuvo en sus luchas anteriores; va acompañado por un grupo de hombres, de los cuales sólo Wiflaf permanece con él hasta el final de la acción. Por lo tanto, Beowulf pasa a través de las etapas de los seis arquetipos en una forma muy directa. Además, en su arquetipo como Guerrero Enamorado, se concentra en el amor al reino que está defendiendo más que en el amor a un ser humano en particular.

¿Qué podemos entonces aprender de esta extraña historia? Suele comentarse en formas variadas, que por lo general se concentran en la importancia histórica del relato, pues es uno de los ejemplos más antiguos que se conservan de la narrativa épica; sin embargo, me gustaría señalar que su verdadera importancia se encuentra en otro aspecto.

Existen tres monstruos, y ya hemos visto que el número tres es un patrón que se repite en los cuentos de los hermanos Grimm. Así como al hablar solemos decir "bueno, mejor, óptimo", esta estructura de tres partes es algo muy básico en nosotros y en nuestro lenguaje. Por tanto, debemos concentrarnos en el hecho de que las tres luchas que se presentan en este poema son especialmente aterradoras; por lo tanto, es muy probable que nos estén transmitiendo una verdad importante.

Como siempre, los detalles ayudan a proporcionar las claves que necesitamos para comprender este patrón. Beowulf viaja al otro lado del mar porque siente que hay un monstruo contra el que tiene que luchar; de hecho, parece que percibe que sólo él puede luchar contra ese monstruo, y tal vez esa sea la razón por la cual decide luchar mano a mano contra Grendel en lugar de confiar en su espada y en su escudo, como lo hacen otros guerreros.

Ciertamente, luchar mano a mano con ese monstruo es una decisión poco usual, pues en el poema leemos que es una criatura que sobrevivió al Diluvio Universal y es pariente de Caín. Se sobreentiende que esta criatura de los pantanos es el enemigo personal de Beowulf, y por lo tanto la lucha debe ser a mano limpia, frente a frente. Beowulf puede arrancarle un brazo desde el hombro debido a su gran fuerza. Y para enfatizar esto, en el poema notamos que las espadas y los escudos normales no son muy eficaces. Los hombres de Beowulf que usan armadura, no pueden vencer a Grendel. Lo que permite que la lucha se lleve a cabo es el hecho de que Beowulf no lleva armadura.

Asimismo, cuando Beowulf más tarde encuentra a la madre de Grendel, la espada que le dio Unferth, que recibe el nombre de Hrunting, no puede atravesar la piel del dragón. Ni siquiera esta arma legendaria puede vencerlo. Se necesita una espada que haya estado en la guarida del dragón durante generaciones, un arma de otra época, para matar a la bestia. Es obvio que estamos en un mundo que no sigue las reglas usuales, y en el que la seguridad que dan las armas normales es ilusoria. Cada monstruo debe encontrarse y derrotarse a partir de sus propios estándares de conducta.

Si vemos este relato desde un punto de vista mítico, tenemos que hacernos una pregunta: ¿Cuáles son los monstruos que existen en cada uno de nosotros y que debemos matar? En algunos de nosotros, los monstruos tal vez no parezcan muy peligrosos, pero de todos modos hay que matarlos.

Grendel representa el espíritu de la discordia. No gana nada asolando la región de Heorot. Simplemente no le agrada que los seres humanos sean felices y vivan en paz. Es el espíritu de la alienación y la destrucción que, en cierta medida, todos tenemos en nuestro interior, con el que debemos luchar y al que tenemos que derrotar. Beowulf es un guerrero temible; como todos los destructores temibles, debe saber cuándo usar sus poderes en forma productiva, en forma controlada. Esa es la prueba que, como ya vimos, tuvo que superar el hábil cazador.

Por ejemplo, cuando Beowulf está en una sala y cuenta la historia de su competencia de natación contra Breca, la cual le piden que repita, Unferth hace comentarios burlones con la intención de iniciar una pelea. En el periodo anglosajón, los hombres luchaban a muerte cuando alguien les decía algo como lo que dijo Unferth (incluso su nombre significa "intranquilidad"). Pero Beowulf enfrenta el insulto con dignidad y firmeza. No es un asesino a sueldo sediento de sangre, y no suele enojarse. Su dominio de sí mismo nos indica que no se involucra en la lucha para gratificar su ego; su propósito es acabar con el monstruo. Por tanto, si recordamos esto, podemos ver que la lucha de Beowulf contra Grendel es la siguiente etapa de su lucha personal por usar el poder con sabiduría, y el argumento con Unferth es una escena preliminar que nos prepara para la acción.

Podemos entender esto en nuestra propia época recordando a los numerosos líderes importantes que empezaron bien pero que luego se volvieron tiranos. En Rusia, Stalin, el joven idealista, fue muy diferente al Stalin viejo embriagado con su propio éxito que llegó a ser uno de los asesinos múltiples más crueles del siglo XX. Fue un hombre que nunca aprendió a luchar contra su hambre de poder y nunca intentó superarla. Quizás este es un ejemplo extremo, pero Beowulf se enfrenta a la misma tentación. Las actividades en que destacamos, nuestras fuerzas interiores, nos exigen utilizar esas habilidades bien y con prudencia. El aspecto negativo, la sombra, debe reconocerse y domarse.

Beowulf se encuentra con Grendel en la oscura sala de reuniones de Heorot en medio de la noche. El sitio y la lucha presentan una imagen impactante de la lucha contra el lado oscuro de nuestro propio inconsciente, del descenso a las regiones del ser donde no hay leyes. Además, aquí es donde el poema se vuelve más interesante. Aunque Grendel esté muerto, los problemas que asolan al reino no se resuelven. La madre de Grendel, que es un dragón, decide vengar la muerte de su hijo. Desde el punto de vista de la historia, esto refleja con exactitud las costumbres de la época anglosajona, cuando el asesinato de un hombre a menudo desataba una reyerta familiar entre parientes cercanos que podía seguir a lo largo de generaciones. La madre es la única familia de Grendel, así que Beowulf también debe matarla para así acabar con la lucha.

Una vez más, Beowulf lleva a cabo la tarea sin ayuda de nadie. Sigue a la hembra dragón hasta el lago ardiente que es su guarida y entra a él de un salto, desciende a sus profundidades donde permanece hundido todo un día, hasta que encuentra a esta hembra dragón y la mata. Esta es otra imagen espléndida del descenso al interior de uno mismo. Beowulf no toma nada del tesoro, aunque hay montañas enormes de riquezas en la cueva, lo que indica que él no es codicioso o vanidoso; sólo se lleva lo que queda de la espada destruida, que se derrite cuando la cubre la sangre negra y ardiente de la madre de Grendel.

Al nivel de la psique, podemos ver que ocurren varias cosas. Cuando nos enfrentamos a nuestros propios monstruos internos, rara vez nos topamos con un solo problema. Está el problema en sí, luego está la situación emocional que causó el problema; podemos tratar el síntoma o podemos tratar la enfermedad.

En relación con mi trabajo como terapeuta, puedo decir que este relato se percibe como psicológicamente auténtico, como una descripción de la forma en que emerge el material que contiene información conflictiva. Por ejemplo, en algún momento en el curso de nuestras conversaciones, la persona llega a un punto en que piensa que ya se ha llevado a cabo todo el trabajo y dice: "Eso es todo. Tengo esto bajo control. Ya no necesito venir a hablar con usted". Siempre me da gusto escuchar esto; pero también sé que a menudo puede ser una defensa, un comportamiento que es una máscara para alguien que no quiere llegar más a fondo y desenterrar el verdadero problema. Bajo esas circunstancias, tengo que recordarle a esa persona que tal vez es necesario hacer algo más. De hecho, en una ocasión tuve que decirle a una mujer que aunque era obvio que estaba más feliz que antes, no habíamos resuelto por lo menos tres problemas que ella había venido a resolver a la terapia: su deprimente trabajo, su carrera y su matrimonio sin sexo.

Cuando luchamos con nuestros problemas personales (a mano limpia como Beowulf, porque no hay atajos), sólo podremos corregir un comportamiento totalmente a menos que también encontremos la fuente de ese comportamiento. Por ejemplo, una persona puede dejar de beber, pero si no encontramos por qué recurrió al alcohol en primer lugar, es posible que esa persona recurra a otra actividad adictiva. A veces esto puede llegar a ser así de grave. Lo que hay que hacer es llegar a niveles más profundos y resolver la causa que es la raíz del problema.

En cierta medida, todos tenemos la tendencia a actuar así; permanecemos en un estado en que evitamos las cosas lo más posible. Vamos al dentista y misteriosamente la muela deja de dolernos... hasta que llegamos a casa. Vamos a ver a nuestro jefe o a un pariente, y los problemas que queríamos discutir con ellos de pronto dejan de ser problemas... hasta que resurgen de nuevo la próxima semana. Hicimos la primera parte del trabajo; ir al dentista y llegar a la reunión, pero no resolvemos la situación en su totalidad.

La celebración prematura en Heorot, cuando Grendel está muerto, es simplemente una versión de esto. Beowulf tiene que enfrentar otro reto; en esta ocasión, será incluso más desafiante que el anterior porque no estará a la vista de los demás. Para enfrentarse a la madre de Grendel, que es una hembra dragón y que es la causa primordial de la maldición que aqueja a Heorot, Beowulf tiene que descender a lo profundo del lago, a lo profundo de su inconsciente, y luchar con la fuerza codiciosa, envidiosa, asesina que espera ahí para destruirlo. Tiene que descender a su ser sombrío y dominarlo por completo. Tiene que encontrar a este ser en su propio territorio, no en el suyo.

Cualquiera que haya sentido la emoción de una batalla y la arrolladora sensación de tener que matar a otro ser viviente, siempre se enfrenta a la dificultad de lograr una transición y volver a la vida "normal". Quienes han luchado contra la angustia mental y la han vencido, enfrentan una lucha similar; en otras palabras, tienen que vivir en el mundo cotidiano y tomarlo en serio. Las personas que han vencido las adicciones a las drogas y al alcohol se enfrentan a una tarea muy similar; tal vez ganaron la batalla contra la adición, pero nunca se liberan de la sensación de que en cualquier momento podrían recaer. Esa es en cierta medida la razón por la cual el lema de Alcohólicos Anónimos sea "un día a la vez", y de que siempre se diga que los adictos están "en recuperación" y no que "están curados".

Las implicaciones son claras: tal vez podremos recuperar el control de nosotros mismos, pero los demonios nunca mueren; siguen existiendo. Y por eso encontramos un tercer monstruo en ese poema.

El último dragón de la historia despierta de un letargo de muchos años cuando un sirviente entra a su guarida y se roba una copa de oro. La codicia del siervo desata la ira del dragón y Beowulf, que después de reinar durante cincuenta años debe estar cerca de los setenta años de edad, viste su armadura y una vez más se enfrenta a la tarea de matar a un dragón. Pero en esta ocasión se hace acompañar de su séquito. Seguramente sabe que esta aventura podría acabar con él, pero a pesar de eso la enfrenta; tiene que salvar a su pueblo. Si quisiéramos definir la valentía, tendríamos que definirla como la determinación tranquila del héroe para realizar la tarea, aunque es muy probable que no sobreviva.

Beowulf de hecho mata al dragón, pero en el proceso, el dragón le causa graves quemaduras. Valientemente, asume la tarea más peligrosa: enfrentar al dragón frente a frente, mientras Wiglaf lo ataca por un lado. Las heridas de Beowulf son tan severas que él muere poco después. Se podría decir que su ejemplo es una acción inspiradora para otros que hará que sean más valientes en el futuro. También se podría decir que Beowulf le ha dado a todo el reino una lección y les ha enseñado que la valentía no sólo se relaciona con la gloria personal sino también con trabajar juntos para compartir un resultado; ambas afirmaciones serían verdad. Y también podríamos decir que nuestros demonios internos nunca se alejan por completo y que estarán presentes el día de nuestra muerte; de hecho, ayudarán a matarnos. La valentía, la verdadera valentía, se presenta porque hemos mirado hacia lo profundo de nosotros mismos, porque hemos sentido miedo y lo hemos superado.

Para Beowulf esto significa que él no tiene opción y tiene que ponerse en acción y superar cualquier miedo natural que pudiera sentir. No se va a volver muy reflexivo en forma repentina ni va a diseñar una forma diferente de enfrentar a esta criatura, una forma en la que no arriesgue la vida. Tiene que ser valiente porque esa es la forma en que se ha desarrollado su psique, y debido a eso muere. No puede dejar de ser quien es. Tanto las tres pruebas o acertijos que encontramos con tanta frecuencia en los cuentos de hadas, como la estructura triple de las pruebas que Beowulf debe superar, nos recuerdan esta profunda verdad; una verdad que nos conviene recordar.

Me gustaría compartir con mis lectores una o dos anécdotas que ayuden a clarificar este concepto. Estoy pensando en el caballero de edad que en su juventud había aprendido a ser autosuficiente, en parte como resultado de haber tenido una infancia difícil y en parte por el hecho de que su esposa tuvo una muerte prematura. Se mantuvo independiente con tenacidad hasta que sufrió una caída en su casa y murió. Si hubiera escuchado a su familia, habría tenido algunas medidas de seguridad en su casa, lo que tal vez habría prolongado su vida, pero se negó a tenerlas. La familia nunca pudo entenderlo, pero todos estuvieron de acuerdo en que la forma en que él había organizado su vida era coherente con la clase de persona que era, y aceptaron su muerte como si de alguna manera la esperaran. Después de superar varias pruebas en su vida, había aprendido a ser autosuficiente porque eso era necesario para su supervivencia, y luego siguió viviendo en base a esa experiencia. Pedirle que dejara de ser independiente habría sido como pedirle que dejara de ser quien era.

Recuerdo también a mi propio padre, ya fallecido, cuyas últimas palabras coherentes fueron una serie de consejos relacionados con la forma de volar diferentes tipos de aeronaves, la mayoría de las cuales para entonces ya estaban en los museos, si es que habían sobrevivido. Esos consejos no fueron de ninguna utilidad para mi madre, que era la única persona presente en ese momento; pero mi padre le estaba dando buenos consejos provenientes del periodo de su vida en que fue oficial de la fuerza aérea y volaba en esos aviones enfrentándose a la muerte. Los traumas que habían dado forma a su vida resurgieron en sus últimas horas. Ahora estaba preparado, pero la lucha era interna, y al final, por supuesto, sucumbió.

Si el poema de *Beowulf* tuviera algo que decirnos, sería este mensaje sobre la naturaleza de nuestros propios demonios, sobre la manera de enfrentarlos frente a frente, y cómo a pesar de eso, estos demonios en realidad nunca nos permiten liberarnos. El pasado nunca queda atrás por completo.

Nuestro idealismo como seres humanos y nuestro deseo de terminar con ese pasado, es lo único que nos lleva a pensar en matar el dragón para darle fin a cualquier angustia. Debido al idealismo, se dijo que la Primera Guerra Mundial era la guerra que acabaría con todas las guerras. Bueno, ciertamente no lo fue, ya que la paz sólo duró veinte años. Se dijo que la Segunda Guerra Mundial era "la guerra contra el fascismo", pero sería absurdo afirmar que el fascismo terminó cuando cesaron los disparos. El fascismo sigue presente entre nosotros, entrando sigilosamente por los rincones. Estos males deben combatirse todos los días.

Si podemos ver esta pauta, veremos que hay fuertes ecos de ella en varios de los cuentos de hadas de los hermanos Grimm. En "El pájaro de oro", un zorro amigable le aconseja al hijo menor (de nuevo vemos el tema del hijo menor) que entre a un castillo donde todos los guardias están dormidos, y que se lleve al pájaro de oro que está en una sencilla jaula de madera. Le dice que todo saldrá bien, siempre y cuando no trate de meter al pájaro de oro en la jaula de oro que se encuentra cerca de ahí. El hijo menor encuentra al pájaro pero siente que sería absurdo dejar a un pájaro tan hermoso en una "jaula fea, común y corriente". Desafortunadamente, cuando intenta transferirlo a la jaula de oro, el pájaro despierta y hace ruido, lo que a su vez despierta a los soldados, quienes capturan al muchacho. Su error no sólo fue no seguir las instrucciones del zorro, sino honrar la belleza del pájaro; un error basado en la bondad.

Es condenado a muerte y sólo puede salvarse si encuentra un caballo de oro. El zorro le dice que debería haber escuchado sus consejos, pero acepta decirle cómo encontrar al caballo de oro. Después de viajar hasta el siguiente castillo, debe caminar hasta los establos donde se encuentra el caballo y donde todos los mozos de cuadra están dormidos, pero no debe ponerle al caballo la silla de montar de oro, sólo debe ponerle una silla de montar ordinaria de madera y cuero. El muchacho encuentra al caballo, pero siente que "este animal tan hermoso se avergonzaría" si se le pusiera una silla de montar común y corriente. Una vez más, lo que lo motiva no es el orgullo ni la codicia, sino el respeto hacia este noble animal. Por supuesto, en cuanto le pone la silla de montar de oro al caballo, todos despiertan y lo capturan.

Ahora, el hijo menor sólo puede salvarse si encuentra a la doncella de oro. El zorro vuelve a aconsejarlo, protestando porque el joven no siguió todas sus instrucciones. Ahora la situación es exactamente igual que antes en términos generales. Debe encontrar el castillo y esperar a que la doncella salga a bañarse. Entonces debe acercarse a ella y besarla. Ella de inmediato ofrecerá seguirlo pero antes debe despedirse de sus padres. El zorro le dice al joven que no debe permitírselo. Bueno, como es un hombre compasivo, permite que la doncella vaya a despedirse de sus padres, toda la gente del castillo despierta y se arma un gran alboroto, y ahora tiene que mover una montaña si quiere salvar su vida. En esta ocasión, el zorro es el que mueve la montaña. Entonces el joven toma a la doncella por esposa, reclama el caballo y el pájaro e inicia su trayecto a casa.

El crimen del joven, si pudiera decirse que es un crimen, es ser compasivo. Después, el zorro le pide algo más: le pide que le dispare, lo mate y le corte la cabeza y las patas. El joven se niega a hacerlo porque dice que esa no sería una forma de mostrar gratitud a alguien que lo ha ayudado tanto. Es la misma falta que cometió antes: no hace lo que se le dice porque es compasivo. El zorro se aleja, aconsejándole que no pague ningún rescate para salvar a un condenado a muerte y que evite sentarse en el borde de los pozos. El joven olvida esos consejos y paga el rescate de sus hermanos que están a punto de ser ahorcados, pero poco después los hermanos que él rescató casi logran asesinarlo cuando él ignora lo que le dijo el zorro cuando le aconsejó que evitara sentarse en el borde de un pozo. Había olvidado los consejos del zorro porque no sospechaba de la gente y tenía un corazón generoso.

Por fortuna, el hijo menor no muere al caer y aparece en el castillo de su padre. Cuando llega, El pájaro de oro está cantando de nuevo, el caballo de oro está comiendo en su establo una vez más y la doncella de oro está feliz. Los hermanos malvados son castigados y parece seguro que la historia tendrá un final feliz. Después de varios años, el joven vuelve a ver al zorro. En esta ocasión, acepta dispararle y cortarle la cabeza y las patas, pues al hacerlo liberará al zorro de un hechizo; resulta que es uno de los hermanos de la doncella de oro. Los tres viven felices por siempre. Se podría decir que ahora la bondad del joven está unida a la sabiduría astuta del zorro, y que a partir de ese momento sabrá tomar las decisiones correctas.

En lo que concierne a los arquetipos, el joven debe aprender a controlar su poder para actuar y su valor personal en relación con su actitud comprensiva y compasiva. Esto representa un equilibrio entre los arquetipos del Guerrero y el Enamorado que necesita resolverse antes de que el joven pueda llegar a ser un ser humano auténtico.

Es obvio que la visión que se encuentra en el corazón de este relato es menos sombría que la que encontramos en *Beowulf*, pero señala algo que no es del todo distinto: hasta las virtudes pueden causar dificultades, y esos rasgos del carácter nunca nos abandonan en realidad. La generosidad es una virtud, excepto cuando implica una amenaza de muerte. La compasión es buena, excepto cuando con ella se libera a unos asesinos que van a volver a matar. A veces tenemos que hacer cosas que nos desagradan.

Otros relatos ofrecen variaciones de esta estructura de tres partes. Parece ser universal en gran medida, como una estrategia para organizar los sucesos de una historia, y como ocurre en *Beowulf,* los tres sucesos se desarrollan en una continuidad temática. Después de todo, tres repeticiones establecen un patrón. El patrón podría tener que ver con cosas relativamente triviales, o podría tener que ver con movimientos psíquicos poderosos. Eso depende de la historia.

En lo que a nosotros concierne, comparar los cuentos de los hermanos Grimm con *Beowulf* podría llevarnos en direcciones interesantes. Por ejemplo, como vimos en "La Pequeña Blanca Nieves", las tres tentaciones tienen vínculos con la sexualidad. Todas son aspectos de la vida que Blanca Nieves tendrá que enfrentar en algún momento: tendrá que prestar atención a lo que siente en relación con su apariencia y con los cambios en la forma de su cuerpo (y el corsé definitivamente cambiará la forma de su cuerpo) y tendrá que hacerlo a lo largo de toda su vida. De manera similar, también tendrá que enfrentarse a la manzana de la tentación sexual.

Estos no son problemas que se alejan de nosotros después de que los examinamos una vez, tienden a regresar. Blanca Nieves aprendió de ellos al enfrentarlos una vez, es cierto; pero siempre estarán ahí como retos, y ella constantemente tendrá que estar consciente de lo que es apropiado y cuándo es apropiado. Es obvio que la madrastra no pudo aprender estas lecciones, pues sigue interesada en seguir siendo "la más hermosa del reino"; eso fue lo que hizo que se convirtiera en un monstruo. Repito, lo que amenaza con transformarnos en monstruos son nuestros puntos fuertes, como la belleza de la madrastra y la destreza de Beowulf como guerrero, si no reconocemos su poder, los controlamos y los usamos en forma apropiada.

Este patrón se repite con frecuencia en los cuentos. El hecho de percibirlo puede indicarnos cómo vivir, pero también da qué pensar. En cierta medida, todos somos prisioneros de nuestro propio carácter; y nuestro carácter es la fuerza impulsora que da forma a nuestra vida. Estamos destinados a ser honestos con nosotros mismos, de una u otra forma. A nosotros nos corresponde decidir qué identidad adoptamos como nuestro verdadero "yo".

CAPÍTULO 13

El ataúd de cristal

VALENTÍA CRECIENTE

Siguiendo con los temas de la sexualidad y la relación entre los sexos, examinemos ahora "El ataúd de cristal" (el cuento número 163), que ilustra estos temas en una forma especialmente reveladora. Una vez más, la primera frase de la historia es una advertencia que nos dice que estamos ante algo inusual:

> Nunca debemos decir que un sastre pobre no puede hacer grandes cosas y alcanzar altos honores; lo único que necesita hacer es recurrir a la herrería adecuada, y lo más importante es que tenga buena suerte.

No explica por qué un sastre tiene que ir a ver a un herrero, y como los herreros no se vuelven a mencionar en la historia, es perdonable que nos encojamos de hombros y descartemos esa advertencia; sin embargo, ignorar cualquier relato que anuncie sus intenciones en esta forma es ignorar la metáfora que la historia está a punto de presentar.

Los sastres eran legendarios por ser pequeños, poco atléticos y físicamente insignificantes. Su trabajo los obligaba a inclinarse sobre su costura, a sentarse a menudo con las pier-

nas cruzadas y a trabajar moviendo sólo las manos. Por consiguiente, se les consideraba afeminados, o al menos no se pensaba en ellos como hombres "verdaderos"; esa fue una especie
de broma que circuló en las obras teatrales de los siglos XVI y
XVII. ¿Entonces, por qué este sastre tiene que ir a una herrería?
Si pensamos en una herrería como un lugar de fuego y energía,
donde los metales se fortalecen y se convierten en objetos útiles, podemos ver que esta es una historia sobre un joven poco
prometedor al que se da forma a base de golpes, como se forja
una herramienta de hierro al calor de la fragua.

De hecho, al principio del relato el sastre es tan débil como
podríamos esperar. Está perdido en un gran bosque y decide
no dormir en el suelo "por miedo a las bestias salvajes", así que
sube a un árbol para pasar la noche. Trata de dormir "aunque tiene miedo y no puede dejar de temblar", así que no puede dormir. Entonces ve una casa. Se dirige a ella y encuentra a
un hombrecillo que al principio no quería dejarlo entrar. Pero
el sastre le suplica y al final consigue una cama. A la mañana
siguiente despierta al escuchar bramidos terribles. Entonces "el
sastre, lleno de un valor insólito" sale y ve a un toro luchando
contra un venado.

Las tres referencias al valor del sastre son bastante noto-
rias, en especial porque ahora el tímido sastre que teme a las
bestias salvajes se siente fascinado al ver a dos bestias enormes luchando frente a él, hasta que el venado mata al toro.
Es como si al despertar esa mañana hubiera despertado a una
nueva sensación del tipo de persona que él podría ser.

Antes de poder pensarlo dos veces, el venado lo levanta
con sus aspas y corre llevándoselo hasta un muro de roca que
empuja con sus aspas después de bajar al sastre. Se abre una
puerta y salen flamas de ella, lo que indica que es una puerta
hacia el infierno, o tal vez la herrería que se menciona al inicio

del relato. Desconcertado, el sastre considera la posibilidad de huir, pero una voz le dice: "Entra sin temor, no te pasará nada malo".

Una persona menos osada habría huido, pero el sastre entra, ve una gran sala y escucha otra voz que le dice que debe subirse a la piedra que está en medio de la sala pues si lo hace tendrá buena fortuna. Leemos que "su valor había crecido tanto que obedeció la orden", la piedra se hundió con él en ella y descendió a una cámara inferior donde él ve un cofre de cristal con un castillo en miniatura, vasos de cristal llenos de líquidos de colores o de humo, y una hermosa doncella en un ataúd de cristal.

La doncella despierta, le pide que la saque del ataúd de cristal, y leemos que ella de inmediato "se cubre con una gran capa". Es entonces cuando nos damos cuenta de que la doncella que "estaba envuelta en su larga cabellera como si fuera un manto precioso" estaba de hecho desnuda. Ella besa al sastre en los labios (para que no dudemos de la dirección que tiene esta historia) y le explica que ella va a casarse con él.

Luego le cuenta la historia del extraño que vino a quedarse con ella y con su hermano. Al parecer el extraño le gustó más a su hermano que a ella, y disfrutaban salir y dedicarse a actividades masculinas como la cacería. Pero una noche el extraño entró a la habitación de la doncella, atravesando las dos puertas que estaban "bien cerradas con trancas". Le explicó que conocía la magia, y que "había atravesado todas las cerraduras con la intención de ofrecerle su mano y su corazón". Ella lo rechazó, y él finalmente se marchó.

A la mañana siguiente, se levantó agotada y descubrió que su hermano y el extraño ya se habían ido de cacería, la típica actividad masculina de las clases altas de esa época. Alarmada por sus experiencias de la noche anterior, los persiguió a caballo, pero cuando llegó vio que su hermano había sido transformado en un venado. El extraño soltó una carcajada burlándose de ella; ella sacó su pistola y le disparó, pero la bala rebotó en su pecho y mató al caballo de la doncella. Cuando ella despertó, estaba en El ataúd de cristal; su castillo estaba encogido dentro de la otra vitrina de cristal y todos sus súbditos estaban en los vasos de cristal. El extraño le dijo que todo recuperaría su estado normal si ella cumplía sus deseos. Ella permaneció en silencio y se negó a responderle. Entonces él se transformó en un toro. Mientras estuvo encerrada en El ataúd de cristal, soñó que un día vendría un hombre y la salvaría. Ese toro era el que el sastre había visto morir hacía poco.

Es evidente que el sastre es el hombre que la princesa estaba esperando, y ella está fascinada con él. Luego le pide ayuda y sacan la vitrina de cristal donde está el castillo y los vasos de cristal. Estando en el exterior, su contenido recupera su tamaño normal, las personas salen de los vasos y se saludan entre sí. Cuando todo vuelve a la normalidad, la doncella se casa con el sastre y el venado recupera su forma y vuelve a ser el hermano de la doncella, pues cuando mató al toro rompió el hechizo.

Es necesario repetir muchos de los detalles de esta historia porque es obvio que tiene varios temas. Uno se relaciona con el crecimiento del valor del sastre. Empieza perdido y tímido, pero su valor parece crecer a medida que el relato avanza, aunque al principio sólo se nos habla de esto, no se nos muestra. Pero creo que cuando el sastre desciende a lo profundo de la prisión, vemos que no carece de valor.

El segundo tema también es bastante claro y se relaciona con los impulsos sexuales. El venado es una criatura noble y muy masculina (a menudo los venados tienen harems de muchas hembras en los bosques), y como hemos visto, lucha contra la obvia energía masculina del toro y lo derrota. La naturaleza violenta y la sexualidad desenfrenada del toro habrían sido obvias para cualquier persona que alguna vez hubiera estado cerca de una granja donde los toros son sementales y pueden ser peligrosos. Como contraste, la delicadeza refinada de la estructura física del venado refleja un carácter sexual tan masculino como el del toro, pero completamente distinto.

Aunque actualmente la idea de las despedidas de soltero (que en los países de habla inglesa se conocen como "stag party" [fiesta de venado]) tienen una reputación sospechosa, también pueden verse como la celebración de la masculinidad que será domada y canalizada exitosamente en el matrimonio. Cuando añadimos el hecho de que el extraño que se convirtió en toro también es el hombre que, como nos dice la historia, entró "por la fuerza" a la habitación de la doncella en medio de la noche, podemos ver que este toro es un depredador sexual. Quizás más tarde ofrece su mano, pero si en realidad fuera un hombre honorable, lo habría hecho a la luz del día, supuestamente con el acuerdo del hermano de la doncella. Lo único que ella puede hacer en ese momento es rechazarlo. La insistencia sexual del extraño, comparable a la de un toro, marca un contraste directo con la naturaleza del venado.

Esto indica que la egoísta impetuosidad sexual del extraño muestra que su comportamiento tiene mucho que ver con ejercer poder sobre otros y está muy cerca de la violación. Cuando esa impetuosidad se ve frustrada, encierra a la doncella, quien supuestamente no le dará lo que él desea, aunque dice que todo volverá a la normalidad si ella acepta casarse con él. Ella sigue negándose a hablar. Él puede controlar sus movimientos y reducir su castillo y sus súbditos, sometiéndolos a su poder, pero no puede controlar sus pensamientos internos, sus sueños y sus visiones. Por tanto, El ataúd de cristal es un símbolo de la actitud de la doncella, que se expresa como "no me toques"; al mismo tiempo, también es un símbolo de la sexualidad posesiva del extraño, cuyas acciones transmiten este mensaje: "Si no puedo tenerla, entonces nadie podrá". Esta clase de símbolo de dos lados es muy eficaz para transmitir un significado complejo en una forma comprimida.

Cuando consideramos las otras versiones de masculinidad que nos ofrece este relato, el sastre, que en realidad no está en la misma clase de masculinidad dominante que el extraño, en cierta forma es la pareja perfecta para la princesa. Él la libera, le devuelve lo que es suyo y no va a obligar a nadie a hacer nada. En esta forma, es más respetuoso y ciertamente más amable; además, no le falta valor, por lo tanto no es despreciable. Se podría decir que la "herrería" que visita, como leemos en la primera oración del relato, es el proceso que le permite crecer en valor y en valía. Se le refina y se le fortalece, como un trozo de hierro que trabaja un herrero hasta que se convierte en un trozo de acero. Tiene estas cualidades a lo largo de la historia. Simplemente nunca antes había tenido la oportunidad de usarlas.

La historia nos ofrece una verdad básica, que una mujer hermosa rodeada de machos alfa puede, de hecho, rechazar su comportamiento exageradamente machista y recluirse en su propio ataúd de cristal, rechazando sus avances y volviéndose más y más remota. La naturaleza femenina de la doncella de hecho se oculta bajo tierra. Lo que la vuelve a la vida y LE AYUDA A SALIR a campo abierto es la amabilidad del sastre, y cuando ella emerge, todo está listo para recuperar sus verdaderas dimensiones; ella está lista para compartir sus riquezas con el mundo una vez más.

Podemos ver esto una y otra vez a nuestro alrededor, si observamos. Las mujeres hermosas no siempre gravitan hacia los machos dominantes de nuestra sociedad; por el contrario, tal vez prefieran un compañero más amable. Por ejemplo, Peter Sellers era un magnífico comediante pero difícilmente tenía una presencia masculina arrolladora (ciertamente no la tenía en la pantalla), pero siempre se le veía con las mujeres más hermosas de la época, y a lo largo de su vida se casó con cuatro de ellas. Tal vez fue por su habilidad para hacer reír a las mujeres al no ser el estereotipo del hombre apuesto. También podríamos usar como ejemplos a Jim Carrey y a la antigua conejita de Playboy, Jenny McCarthy, aunque a ninguno de ellos le falta encanto físico. En una entrevista que se le hizo a Carrey cuando participó en una campaña de caridad con el hijo autista de McCarthy, él explicó que la gente sólo lo veía como un comediante, pero que eso no significaba que él no tuviera otras cualidades. Otro ejemplo podría ser Woody Allen, cuyo físico es poco atlético pero que al parecer nunca en su vida ha tenido dificultades para conquistar mujeres hermosas.

En lo que concierne a los comportamientos sexuales, el hombre que actúa como un toro en la recámara podría descubrir que hay momentos en que se paraliza y pierde esa presencia, pues como es natural la mayoría de las mujeres desean algo de intimidad y comprensión y no simplemente sexo desenfrenado todo el tiempo. Un fuerte impulso sexual, por sí mismo, nunca es suficiente para un matrimonio exitoso.

El hecho de que el venado mate al toro representa la moderación de la sexualidad que se requiere en una relación razonablemente amorosa, y el hecho de que el venado se transforme definitivamente y vuelva a la forma humana del hermano de la doncella, indica que el hermano también ha captado esta lección. Disfrutó el tiempo que pasó cazando con su amigo macho, pero conoce los límites de esa clase de relación. Es significativo que no rechace al sastre en absoluto, a pesar de que no tiene dinero ni pertenece a una familia de alcurnia. Acepta que él podría ser precisamente el esposo que necesita su hermana después de la difícil experiencia que acaba de vivir.

Tal vez detrás de esto tengamos un eco de las leyendas populares sobre el unicornio. En la mitología, el unicornio era un luchador feroz; sólo una virgen podía capturarlo y domarlo, y el unicornio se comportaba condescendiente ante ella. Parece que el venado tiene algunas de las propiedades de esta criatura mítica, pues protege a su hermana que es virgen; cuando vemos este relato en esta forma, ciertamente es una descripción de diferentes comportamientos sexuales, por tanto el eco es significativo en cierta medida.

También contiene otro significado al que podemos tener acceso con facilidad: el venado muda su cornamenta cada año. Cada año la nueva cornamenta es más grande y tiene más puntas. El venado la usa para presumirla, para impresionar a sus rivales cuando buscan hembras para aparearse y para luchar cuando es necesario. Nos damos cuenta de que, hasta ese momento, el venado del relato no había podido luchar contra el toro. Su cornamenta no era suficientemente grande y fuerte.

Este detalle, que tal vez habría sido bastante claro para los habitantes de una aldea europea cuando el relato se dio a conocer, nos revela que esta historia se relaciona con el tiempo y con elegir el momento oportuno. Hay un momento específico en que es posible actuar. El venado aprovecha el momento en que está listo para enfrentar al toro, y el sastre también lo hace a su manera. Acepta las oportunidades que encuentra en su camino y también crece y va al encuentro de la buena fortuna. El extraño que se transforma en toro impone a la joven sus reclamos sexuales de una manera que no es apropiada y no lo hace en un momento oportuno. Además, si llevamos el tema del intento de violación un poco más allá, podríamos decir que toda esta historia es de hecho una descripción profunda de lo que les puede suceder a las jovencitas que han sido atemorizadas por esta clase de experiencias. Podrían sentirse indefensas y refugiarse en su interior.

El silencio que la doncella ofrece como su única respuesta al extraño se refleja en cierta medida en la renuencia que muestran las personas que se someten a una terapia psicológica cuando tienen que hablar sobre estos temas. Por ejemplo, con frecuencia es muy difícil hacer que las mujeres hablen sobre sus experiencias de acoso sexual. Pero cuando una mujer finalmente se siente lo bastante segura como para hablar, tendrá una sensación de alivio al poder contarle toda la historia de su vida a alguien en quien siente que puede confiar.

Y eso es exactamente lo que hace la doncella. Incluso se niega a hablar con el extraño, pero le cuenta todo al sastre. Aquí debemos recordar que ella estaba dormida en su ataúd de cristal. Sabe que la han visto desnuda, cubierta sólo por su larga cabellera de oro, y que eso refleja la experiencia de haber sido vista, libre de disfraces y evasivas, sin que se le avergüence o se le humille. De hecho, esta es una metáfora delicada que se relaciona con la experiencia de ser comprendida y aceptada sin ser juzgada. Además, en ese momento, ella sabe que la situación es diferente a lo que ocurrió en su habitación, cuando se le despertó en una forma muy distinta.

Esto es esquemático, pero es una descripción que corresponde muy de cerca a lo que he observado al dar terapia a personas que han sufrido acosos sexuales. En cuanto sienten que se les acepta, que no se les critica, por primera vez pueden expresar lo que siente su corazón sobre lo que les sucedió; un hecho sobre el que han guardado silencio durante mucho tiempo. En muchas formas, este relato transmite un concepto que puede ayudarnos a reconocer a quienes han sido víctimas de este tipo de agresiones, y entonces vemos qué es lo que necesitan para sanar.

Otra característica significativa de este relato, como lo hemos visto en muchos otros que comparten aspectos de esta trama y de este diseño, es el descenso al Inframundo. En la mitología griega clásica, descender al Inframundo, o a Hades, significaba visitar a los muertos. En cierto sentido, la doncella *está* muerta; toda su belleza y toda su riqueza están encerradas, y ella de hecho está muerta para el mundo, es totalmente inaccesible.

Rescatar a los muertos y sacarlos del Hades era una tarea que requería valor y una fe absoluta. Como recordamos, Orfeo pierde a Eurídice porque él mira hacia atrás para asegurarse de que ella lo está siguiendo, pero se le había prohibido mirar hacia atrás.[1] El sastre no tiene esa clase de dudas o temores; él simplemente hace lo que le parece necesario. Cuando la doncella le dice que se casará con él, él no siente dudas. No le pregunta si está hablando en serio ni cómo van a vivir con lo que él gana, aunque ella le promete casarse con él antes de que el castillo recupere sus dimensiones reales. Él simplemente acepta.

¿Qué nos dice esto, entonces? En cierta forma, este es un relato espléndidamente democrático pues sugiere que cualquier persona, incluso un pobre sastre, puede crecer espiritualmente si tiene la fortuna de poder superar algunas dificultades. Por lo general, los sastres vivían en las aldeas o ciudades y trabajaban en el interior de sus casas, pero este sastre tuvo el valor de salir al mundo, como un Peregrino, y se perdió. Al perderse, también pierde su antigua forma de ser, pierde la timidez del sastre. Es testigo de las profundas pasiones de la naturaleza que se reflejan en el venado y en el toro; luego se permite explorar la naturaleza interna de su propia psique descendiendo al inconsciente.

Ahí descubre los anhelos reprimidos de sus sueños. La mujer hermosa que va a amarlo, el castillo... son aspectos de una vida de fantasía que la mayoría de los hombres tienen pero que a menudo reprimen; eso condena estos anhelos a permanecer en el inconsciente. Pensamos que nunca viviremos el futuro hermoso que soñamos. Renunciamos a nuestros sueños y eso hace que nuestra alma se empobrezca. Cuando el sastre se libera de la experiencia usual de su vida y su trabajo, encuentra en su interior la riqueza que contienen sus anhelos; bajo su guía, él puede llevar esa riqueza a la superficie, donde se vuelve real. Todos podemos hacerlo si escuchamos lo que está en lo profundo de nuestro ser y si permitimos que nos guie. Pero en general, somos demasiado temerosos para hacerlo.

Lo que impide que pongamos al descubierto nuestras propias riquezas internas es el temor a lo que podríamos encontrar. Cuando el sastre conoce a la doncella, no sólo descubre sus anhelos reprimidos sino también los aspectos femeninos de sí mismo que, como hombre, seguramente reprimió: su *anima*. Se podría decir que su tarea es como la del arquetipo del Guerrero que trata de encontrar el arquetipo del Enamorado, el *animus* masculino que encuentra al *anima* femenina y los une. Se casará con la doncella y tendrá hijos. El significado es claro: si no encontramos en lo profundo de nuestra alma la contraparte de nosotros mismos, no podremos llegar a ser totalmente productivos, ni podremos ser nosotros mismos en forma total y completa. Este es el viaje de la psique, la peregrinación hacia la plenitud que se nos invita a hacer, y que muchas personas rechazan.

En el mundo cotidiano, los "sastres" temerosos podrían ser las personas que dicen que algún día se dedicarán al arte, a la música, a la poesía o a escribir obras teatrales, o que dicen que algún día volverán a seguir sus sueños, pero que en ese momento no tienen tiempo o sienten que no pueden renunciar a su trabajo. En ocasiones, el destino nos lanza una oportunidad. Por ejemplo, podría suceder que cuando perdemos un empleo y empezamos a dedicarnos a actividades creativas durante el periodo en que nos vemos obligados a esperar, nos damos cuenta de que la actividad creativa es mucho más convincente que ninguna otra cosa. Cuando reconocemos ese aspecto de nosotros mismos, que habíamos reprimido, estamos descubriendo ese aspecto creativo que es "opuesto" a las actividades que por lo general nos vemos obligados a realizar. Este es el aspecto libre de nuestra psique que durante muchos años ha estado esperando para volver a salir a la luz; y esto es lo que le pasó a la doncella. A primera vista, podría parecer totalmente imposible y falto de sentido práctico (al principio, el sastre debió pensar que la princesa estaba completamente loca), pero debemos aprender del sastre y aceptar lo que llega a nosotros en esta forma, pues es la forma de avanzar que necesita nuestra alma.

Una broma que era común antaño es que todos los meseros de la Ciudad de Nueva York son actores que están esperando una oportunidad. Nunca he entendido por qué eso no podría ser motivo de una celebración. Piénsalo: en realidad, todas esas personas quieren explorar el mundo de la actuación y del teatro y están dispuestas a dejar en espera una carrera profesional convencional para poder hacerlo. ¡Es inspirador! Es obvio que algunas de ellas sólo piensan en el dinero y en la fama, pero de cualquier forma eso es mejor que renunciar a sus esperanzas y esmerarse por llevar a cabo un trabajo rutinario que les ahoga el alma, sólo para poder cobrar un sueldo. El mensaje de este relato es claro en relación con esto: cuando entramos al profundo espacio interior de los sueños y los anhelos, ya sea que decidamos hacerlo o que las circunstancias nos obliguen a hacerlo, podemos llegar a ser personas completamente distintas. Pero eso requiere valentía.

Muchos de nosotros nos quedamos atorados en la vida porque simplemente no podemos imaginar otra cosa, no podemos imaginar algo mejor. El mero hecho de pensar así crea una profecía en relación con nuestra realización personal y por supuesto eso es lo único que obtenemos. Cuando el sastre subió al árbol pudo haberse quedado ahí, pero no lo hizo: va a la casa, pide posada y cuando se la niegan, sigue insistiendo en lo que quiere hasta que lo consigue. Incluso en este nivel tan básico, el sastre no se conforma con algo de segunda categoría.

A veces pienso en el sastre cuando estoy en una cafetería o en un restaurante y el mesero me trae algo que no es exactamente lo que pedí. Sólo para evitar problemas, podría sonreír, decir "Está bien" y aceptar lo que me trae. Sería ceder en algo que no es muy importante (no sugiero que todos nos volvamos clientes difíciles cuando estamos en un restaurante), pero también revela lo que podríamos hacer el resto de nuestra vida si no prestamos atención a lo que pensamos. En lo relacionado con los aspectos más importantes de la vida, si entramos en nuestra psique y nos damos la oportunidad de reconocer nuestros anhelos, podremos poner en movimiento la energía necesaria para descubrir lo que deseamos y hacer que esos anhelos se hagan realidad.

Es difícil exagerar la importancia de este símbolo de descender a nuestro yo, al inconsciente, ya que está presente en tantos de estos relatos. La palabra "inconsciente", utilizada como se utiliza aquí, no empezó a ser de uso común sino hasta un siglo después de que los hermanos Grimm publicaran los cuentos, pero es obvio que la sabiduría popular siempre ha conocido el poder de la psique profunda, puesto que estos relatos presentan este poder en formas tan convincentes. Nunca se ha dudado que mirar hacia lo profundo de uno mismo sea valioso.

Antes de dejar este relato, hay otro aspecto del comportamiento que debemos examinar, un aspecto que es exactamente lo opuesto al descenso productivo hacia uno mismo que acabamos de ver; se relaciona con la figura del venado. Es difícil reconstruir el significado del venado con mucha precisión, pues existen muchas leyendas y significados relacionados con el venado.[2] Sólo podemos estar seguros de unas cuantas cosas. Una es que el venado macho es un animal noble que se venera y al que se otorga categoría prácticamente en todo el mundo; otra es que a los venados machos se les caza y se les mata ante todo como trofeos, pues su carne es menos sabrosa que la de las hembras.

Al transformar al joven príncipe en un venado, el extraño está reconociendo que tiene una naturaleza más fina, pero también lo está poniendo en una situación muy vulnerable al convertirlo en una presa que cualquiera podría cazar y destruir. Con estas acciones, logramos una percepción psicológica fascinante de la mente de un manipulador sexual. El extraño podría iniciar una relación con la hermana de su amigo usando el aprecio que éste le tiene para tratar de obligar a la joven a aceptar sus avances sexuales, y al mismo tiempo podría dominar y disfrutar el poder que tiene sobre el hermano, burlándose de él en forma sádica. Desde el punto de vista de la psicología, esta es una técnica clásica de "clivaje". Por lo general se basa en darle a cada persona o grupo de personas una versión ligeramente distinta de lo que está sucediendo. La versión más obvia de esto es un niño que le dice a Mamá que Papá dijo que algo era una buena idea, y luego le informa a Papá que Mamá dijo que eso era una buena idea.

Hay un ejemplo excepcional de esta "técnica de clivaje" en *An Education (Una educación)*, las memorias de la galardonada periodista Lynn Barber en las que describe sus años de adolescente en la década de 1960. Se publicaron extractos de esta obra en el periódico dominical británico *The Observer*, y más tarde se llevó a la pantalla.[3]

En sus memorias, la Sra. Barber describe cómo Simon, un admirador que era mayor que ella, se las arregló para engatusarla y llevársela a la cama siendo amable con ella y al mismo tiempo "cautivando" a sus padres que eran muy conservadores. Los padres bajaron la guardia dejando a su hija casi indefensa. En este caso, la aprobación de los padres llegó a ser tan fuerte que la chica sintió que no podía rechazar los planes que Simon tenía con respecto a ella, aunque era una estudiante muy talentosa y ya había sido aceptada en la Universidad de Oxford. Ella en realidad no amaba a Simon y sabía que si llegaba a ser su esposa no podría ir a la universidad. Esto seguramente fue muy difícil, pero resultó que Simon ya estaba casado. Sus manipulaciones eran un juego de poder para satisfacer sus propios deseos de engañar tanto a los padres como a la hija.

En cierta medida, esto es lo que vemos en esta historia: el extraño que parece apreciar al hermano y usa ese aprecio como una forma de engatusar a la hermana y a la larga humillarlos a ambos. Esta es una actitud malvada que por desgracia es frecuente. Es exactamente el tipo de comportamiento que se podría esperar de alguien que sólo ve lo que *cree* que desea; alguien que nunca llevó a cabo el descenso a lo profundo de sí mismo que le habría permitido estar consciente de lo que *necesita*. Es un atajo que se basa en el engaño. Quienes engañan a otros, básicamente se están engañando a sí mismos en relación con el valor real de los resultados que se tendrán.

CAPÍTULO 14

Rosita Silvestre
(La Bella Durmiente)

ORDEN DE NACIMIENTO EN LA FAMILIA; EL DORMIR COMO METÁFORA

Al comentar los cuentos de hadas de los hermanos Grimm y las tradiciones populares, hemos notado varias tendencias: el hecho de que los sucesos ocurran en grupos de tres y que el último sea más significativo que los otros dos, la preferencia que los padres muestran hacia el hermano o hermana menor, o hacia el personaje "simple o sencillo". Estas tendencias a menudo se combinan con la idea de tres hermanos o tres hermanas y de que el menor (o la menor) por lo general es más valiente, más bondadoso, más perceptivo, o mejor que los otros dos, de una u otra forma. Es el personaje que muy a menudo resuelve el conflicto de la historia, como en el caso de "La bola de cristal" (el cuento número 197), "El lebrato marino" (el cuento número 191), "La casa del bosque" (el cuento número 169), "Cenicienta", y otros.

La sabiduría que vemos aquí es algo que brota directamente de la observación directa de las dinámicas familiares y que a menudo puede verse cuando hay varios hijos o hijas en una familia. En otras palabras, el tercer hijo (o hija) se enfrenta a una lucha diferente en la estructura familiar, si se le compara con sus otros dos hermanos o hermanas.

Por lo general, el primogénito recibe mucha atención de los padres desde el principio. Esto podría llevarlo a seguir las órdenes de los padres y a ser conformista, pero si los padres son demasiado estrictos, el hijo podría huir. La presión de los padres se ve con mucha claridad en "La pequeña Blanca Nieves", por ejemplo, donde aparece en forma de celos. En "Rosita Silvestre" (el cuento número 50), se va al otro extremo y toma la forma de una sobreprotección. En esta historia, que la mayoría conocemos como "La Bella Durmiente", el título que le dio Disney, el rey ordena la destrucción de todos los husos (instrumentos para hilar) en el reino para evitar que su hija se lastime con un huso. Esto parece sensato, hasta que nos damos cuenta de que en la antigüedad, hilar y hacer ropa eran tareas vitales para las mujeres, de la misma manera en que arar la tierra y cosechar eran tareas vitales para los hombres. Por consiguiente, la sobreprotección del rey hacia su hija primogénita va contra el bien común.

El segundo hijo o hija podría ser rebelde, pero su lucha se concentra en recibir la misma atención que su hermano o hermana mayor por parte de la familia en general, pues para entonces, la familia estará bastante ocupada respondiendo a las necesidades cotidianas y otro hijo o hija podría recibir menos atención. A menudo, los relatos son vagos en lo que concierne al segundo hijo. Tenemos muchos casos de gemelos: "Los dos hermanos" (el cuento número 60), "Los niños de oro" (el cuento número 85), y otros; y tenemos la situación extraña de "Hänsel y Gretel", que casi son gemelos, en la que no se sabe quién de ellos es el mayor. Al parecer sucede lo mismo en "Hermano y hermana", que analizamos en el capítulo 3. En ese relato, el hermano es impulsivo y su hermana tiene que hacerse cargo de él; lo que sugiere que él es menor; pero se refiere a ella diciendo que es "su hermanita".

Por tanto, el predicamento del segundo hijo no parece estar presente en estos relatos. La única excepción parece ser "Un ojito, dos ojitos y tres ojitos" (el cuento número 130). En él, la hermana mayor tiene un ojo, la segunda tiene dos ojos y la tercera tiene tres ojos. La primera y la tercera creen que son especiales (y lo son, aunque no como ellas creen). Desprecian a su hermana que es más normal porque tiene dos ojos, pero ella resulta ser mucho más aceptable para el caballero que llega y se la lleva consigo. La humildad y generosidad de Dos Ojitos, al igual que su belleza, hacen que ella sea más deseable, pero sus hermanas se niegan a reconocerlo. Al parecer, aquí se describe con bastante precisión la situación de la hija de en medio.

En algunos relatos, el tercer hijo o hija tiende a recibir un tratamiento diferente. Podría llegar a ser el favorito o el consentido, como la princesa en "El Rey Rana", o podría ser un solitario que no participa en los dramas del hogar, y por lo tanto es más reflexivo e incluso más cariñoso o más compasivo. Se podría decir que es "ingenuo" o amoroso. Si pensamos en esto por un momento, es lógico que el tercer hijo o hija sea más sensible a las exigencias de otros, que sea más amable que sus hermanos o hermanas mayores. Dentro de la estructura familiar, es muy probable que el tercer hijo o hija sea menos capaz por ser más joven; por tanto, el recibir buenos tratos durante la infancia podría depender de ser amable, de ser aceptado, y de estar sólo un poquito más alerta a los detalles del comportamiento que los demás hermanos o hermanas. Esto tiene un dejo de verdad. En el mundo, los personajes más débiles de hecho tienen que prestar más atención a lo que está sucediendo. Los poderosos nunca tienen que recapacitar sobre la forma en que viven. ¿Por qué tendrían que hacerlo? Son poderosos y tienen éxito. Los menos exitosos son los que tienen que pensar, observar e innovar. En el caso de muchas personas, sólo un revés de fortuna o una derrota harían que reconsideraran lo que hacen y cómo lo hacen.

En esta forma, estos relatos dan un nuevo valor al poder del pensamiento, de la adaptación y del crecimiento personal, al mostrarnos que el tercer hijo o hija encuentra soluciones que sus hermanos o hermanas jamás soñaron. En "El lebrato marino", el tercer hijo ve que sus hermanos mayores no son capaces de ganarse a la princesa y como resultado son decapitados. Pero podemos suponer que el tercer hijo, que es encantador, está acostumbrado a manipular una situación familiar en la que no tiene poder, y logra convencer a otros para lograr arreglos que le convengan. Puede convencer a la princesa para que le de tres oportunidades para ganársela, no sólo una, como a sus hermanos. Bueno, esa es una manera impecable de lograr su cometido.

El relato sigue adelante y nos dice que la tarea del hijo menor es evitar que la princesa lo vea desde su torre. Esta torre tiene unas ventanas extraordinarias que le permiten ver el interior de cualquier cosa. Por tanto, el hijo menor hace que lo transformen en un "lebrato marino". Es tan bonito que la princesa ingenuamente lo compra el día anterior a la prueba. Cuando ella va a su torre para buscar al joven, el lebrato marino se mete entre su cabello acurrucándose como un gatito, pero la princesa no puede verlo porque está justamente bajo su barbilla. ¡Vaya forma de pasar desapercibido! Esta es la clase de comportamiento engañoso que se podría esperar de un tercer hijo. También nos revela algunas verdades crueles muy eficaces sobre la forma en que la gente tiende a actuar en el mundo; los poderosos ven hacia fuera, pero no pueden ver lo que está frente a sus narices.

Obviamente, esta clase de estereotipo no se aplica a todas las familias; sin embargo, creo que podemos ver que los relatos reflejan tendencias generales y reconocibles de modo que quienes los escuchaban o los leían pudieran decir: sí, eso ciertamente puede ser verdad sobre el tercer hijo. Por ejemplo, en la familia de mi abuelo, que era suizo, se esperaba que el hijo mayor heredara la granja, que el segundo fuera maestro, y que el tercero fuera abogado, una carrera en la que podría utilizar sus habilidades de persuasión. Esta pauta de conducta había existido en esa región rural de Suiza durante mucho tiempo.

Hoy en día tenemos sociólogos que usan encuestas que confirman en gran medida lo que durante generaciones se ha conocido como "sabiduría popular". El cuidadoso estudio de Frank Sulloway sobre el orden de nacimiento (rango de edad), que lleva el título de *Born to Rebel (Rebeldes de nacimiento)* aborda el tema exactamente en esta forma y llega más o menos a las mismas conclusiones.[1] Pero para nuestros propósitos, lo que necesitamos tomar en cuenta es que los relatos premian y alaban la habilidad de pensar en forma diferente (una idea innovadora) pero insisten en que el protagonista debe portarse bien (una idea conservadora). Los relatos, por supuesto, nos muestran cómo trabajar dentro de la estructura social existente, no cómo destruirla o desafiarla.

Otra característica que hemos encontrado en estos cuentos es la situación en que los personajes se quedan dormidos, están hechizados o incluso se les encarcela durante muchos años.

En ningún otro relato es esto más obvio que en "Rosita Silvestre", en la que ella se pica el dedo con un huso y todo el reino cae en un sueño profundo durante doscientos años antes de que el príncipe la despierte con un beso. Como ella tenía quince años cuando se lastimó el dedo con el huso, y como

hilar era a menudo la actividad primordial de las mujeres solteras que estaban esperando encontrar esposo, esto sugiere
que su "sueño" profundo es una metáfora del estado soñador
y despistado que viven algunas chicas durante la pubertad y la
adolescencia.

Cuando tienen esa edad, algunas jóvenes parecen vivir en
su propio mundo privado. Se pierden en el mundo de la lectu-
ra, son reservadas y se dejan absorber por una actividad (como
practicar deportes, escribir poesía o coleccionar cosas), o se
entregan al mundo extrovertido de una actividad que parece
centrarse en sí mismas. En ambos casos, es un mundo que no
está en contacto con la realidad cotidiana, y así es como los
padres lo perciben. A pesar de lo exasperante que esto parezca para los padres, sería un error decir que no está pasando
nada; ¡simplemente es difícil describirlo! Cuando el príncipe
despierta a Rosita Silvestre, puede hacerlo porque las zarzas
que la protegieron durante tanto tiempo han abierto un camino para él, pues ha llegado el momento oportuno.

Por tanto, estos periodos en que las chicas se retiran del
mundo que las rodea y entran en una especie de "sueño" nos
indican que algo está cambiando, algo que no debe interrum-
pirse. Esto lo entiende muy bien cualquier persona que se ha
ido a la cama agotada y despierta recuperada, y lo maravilloso de estos relatos es que usan las experiencias más comunes
como parte de lo que necesitan transmitir a un nivel profundo. El cambio ocurre, uno debe adaptarse a él, no es posible
apresurarlo. Se podría decir que cuando las chicas están listas
para el romance y para seleccionar un compañero para la vida,
estarán listas en su propio momento, pues este es un proceso interno que tiene muy poco que ver con la presión social.
Hasta que llega ese momento, tal vez se vean como siempre se
han visto, pero esas zarzas no permiten que nadie se acerque.
Eso es más o menos lo que vemos en el simbolismo de la boda

religiosa. El novio espera frente al altar y la novia llega a su propio tiempo, señalando el hecho de que se está entregando voluntariamente.

Esto podría ser muy fundamental si más padres de familia lo entendieran hoy en día. Muchos de ellos gastan enormes cantidades de dinero para inscribir a sus hijas en programas de aprendizaje y compran software educativo que les ayudará a aprender (software que en su mayoría al parecer no funciona). Obligan a sus hijas a participar en programas acelerados de uno u otro tipo y no permiten que sus hijas tengan tiempo para estar solas. Los fabricantes de estos juguetes "educativos" ganan mucho dinero, por supuesto, alimentando la neurosis de los padres sobre la forma en que sus hijas enfrentarán el mundo adulto. Pero las chicas que tienen horarios saturados, las que no tienen un momento de tranquilidad para estar solas y reflexionar las cosas a su ritmo, son chicas que después se sentirán confusas. Esto ocurre porque al saturar los horarios de la chica y presionarla, sólo se permitió el desarrollo de muy pocos mecanismos internos. Tal vez esto sea parte de la razón de que hoy en día tengamos tantas jóvenes a las que parece que nada les importa, jóvenes que no creen en muchas cosas, aparte de buscar su propia comodidad y sus propias ganancias personales.

Cuando trabajé con adolescentes perturbados en Inglaterra, en un entorno residencial comunitario, descubrí que la gente tenía un axioma relacionado con el tratamiento el cual afirmaba que estos jóvenes dañados vagarían sin rumbo sin hacer nada durante aproximadamente dos años. Luego, gradualmente, empezarían a querer asistir a clases y hacerse cargo de su vida. Durante este periodo de dos años no estaban precisamente "dormidos" porque presentaban numerosos problemas de comportamiento; no obstante, era un periodo en que se permitía que los jóvenes vagaran sin rumbo para poder lograr una nueva comprensión de sí mismos.

Algunas de las autoridades que financiaban el proyecto y ayudaban a los adolescentes a asistir a las reuniones, entendían esto, otras no. Querían tener resultados visibles de su inversión después de unos cuantos días. Los departamentos del gobierno dirigidos por personas que supuestamente eran especialistas en este campo, a veces mostraban la falta más alarmante de comprensión de lo que estaba pasando. El periodo de vida latente que necesitaban estos adolescentes para poder repensar y revaluar sus comportamientos y para volver a aprenderlos, requería más tiempo del que permitían las hojas electrónicas o las hojas de cálculo. Esta miopía arruinó muchas vidas jóvenes. Los relatos que hemos estado examinando parecen estar mucho más en armonía con lo que se requiere para sanar psíquicamente. Esto es parte de su profunda sabiduría. Necesitamos estos relatos más que nunca por la forma en que describen los problemas que nos acosan todos los días, y por las formas en que nos llevan a comprender lo que se necesita para sanar esos problemas.

Los cuentos de hadas de los hermanos Grimm no son la respuesta a todos los males del mundo; sin embargo en este libro he tratado de mostrar que son relatos que contienen una gran percepción y sabiduría que nosotros podemos aprovechar si estamos dispuestos a hacerlo. Abarcan muchos de los aspectos más complicados de la vida que es difícil abordar, desde los celos sexuales y los efectos de la violación y el incesto, hasta los problemas relacionados con el surgimiento de la identidad sexual. No es necesario que el incesto y la violación de hecho lleguen a ocurrir para que existan tensiones relacionadas con estos temas, tensiones que sentirán los niños, los jóvenes o los adultos. Estos relatos tienen un valor indiscutible pues señalan situaciones difíciles y, lo que es más importante, también nos muestran la forma para salir de esas situaciones en particular.

Estos relatos abordan las tensiones ordinarias que inevitablemente existen en cualquier grupo familiar o comunidad pequeña y las describen a lo grande para que podamos considerarlas. La exageración y el narrar historias tienen una utilidad. Nos permiten tratar ciertos temas sin considerarlos a nivel personal. Al hablar sobre la sexualidad depredadora del extraño en la historia de "El ataúd de cristal", por ejemplo, no se pone al descubierto ni se avergüenza a la persona que ha visto tales manipulaciones en acción. Esto permite que se comprendan, que se vean a mayor distancia y que ocurra una sanación. Pero hay un aspecto importante en el que estos relatos no exageran, y es la forma en que abordan el viaje profundo que realiza el alma para integrarse con los aspectos que ha reprimido; nos revelan la naturaleza de este viaje y lo que exige de nosotros, y sobre todo, nos dicen por qué es necesario. El triunfo de los relatos de los hermanos Grimm es que abordan estos temas difíciles mediante historias memorables y evocadoras, de modo que podamos reflexionar en ellas a nuestro modo y a nuestro ritmo. Hacen estos temas menos abstractos y más manejables. Esa es su verdadera genialidad.

Epílogo

¿POR QUÉ ESTOS CUENTOS EN PARTICULAR?

En este libro me he concentrado en varios cuentos de hadas de la colección de los hermanos Grimm que posiblemente algunos de los lectores no conocen. Lo hice por dos razones:

En primer lugar, no deseo repetir material que otros ya han escrito sobre "Caperucita", o dedicar tiempo a la historia de "Blanca Nieves" (que los estudios Disney presentaron como "Blanca Nieves y los siete enanos") o en otros relatos que otros escritores inteligentes han abordado con respeto. Decidí incluir "El Rey Rana" y "Cenicienta" porque siento que se han vapuleado mucho en nuestra cultura y merecen una nueva visión.

En segundo lugar, con frecuencia los relatos más populares se encuentran entre los primeros cincuenta o sesenta cuentos de la colección de los hermanos Grimm; es casi como si los lectores lograran llegar más o menos a la cuarta parte del libro y luego se detuvieran. Esto podría ser porque muchos de los primeros cuentos del libro son más accesibles para los niños, los niños pueden entenderlos y no contienen mucho material sobre temas abiertamente sexuales, al menos a primera vista, así que se utilizan mucho como cuentos que se leen a los niños antes de dormir. A los niños les encanta que las historias se repitan. Por tanto, es probable que las historias que han sido las favoritas durante mucho tiempo sean las que han llegado a conocerse mejor, mientras que las otras se han ignorado. Algunos de estos relatos han acabado hechos trizas, como ocurre con los juguetes favoritos de los niños, mientras que otros se han dejado a un lado y casi no se han utilizado.

Lamentablemente, esto significa que muchas historias excelentes se han descuidado; historias que tal vez se ignoraron porque son desconcertantes o porque exigen que esforcemos nuestra capacidad consciente como adultos. Pues tal vez quisiéramos recordar que estos relatos no sólo eran para niños, sino también para adultos, al menos en sus versiones originales. Claro que si sólo estamos tratando de entretener a los niños, tendremos que dejar a un lado algunos de estos relatos.

Otra razón por la cual algunos de estos relatos se descuidan se relaciona con la asociación: un relato de la colección que exige mucho de los lectores, podría agruparse con algunos otros que no son tan intensos o con relatos que básicamente son bromas, lo que podría hacer que se les hiciera a un lado. Después de todo, hay más de doscientos cuentos en la colección de los hermanos Grimm, así que los lectores podrían saltarse los cuentos que sienten que exigen demasiado de ellos. Así es como se pierde su sabiduría.

Lo que es más importante recordar es que los relatos que hemos analizado son sólo algunos de los que pueden proporcionar percepciones psicológicas significativas. Describen puntos específicos relacionados con las crisis que cualquier individuo podría enfrentar, y también ofrecen una forma de entender y resolver esas crisis. Por tanto, la sabiduría que nos presentan es de una clase específica; es la sabiduría de la sanación psíquica. Es el tipo de sabiduría que de ninguna manera debería perderse.

Aprendizaje temático

En parte, la razón por la cual los lectores modernos tienden a
no prestar mucha atención a estos cuentos es que, como hemos visto, hay en ellos cierta cantidad de duplicación temática
y de repeticiones. Esta clase de repeticiones son lo opuesto de
lo que hemos llegado a esperar de las obras de arte modernas.
Esto simplemente sucede porque estamos tan familiarizados
con las formas repetitivas de nuestra propia cultura que las pa-
samos por alto. Las consideramos normales; por consiguiente,
las formas de épocas pasadas, con las que no estamos familiarizados, podrían hacer que no comprendiéramos lo que estamos
mirando.

Estos relatos se basan en repeticiones. De hecho, se repe-
tían frente a las chimeneas, en reuniones en las que se disfrutaban varios relatos a la vez. Como sabemos, una historia de
fantasmas sirve de punto de partida para otra que tiene básicamente la misma trama, y cada historia adquiere más fuerza
debido a la que se contó antes. Los relatos de los hermanos
Grimm se reflejan entre sí y precisamente por esa razón la gente los escuchaba con tanto gusto. Este proceso permitía que los
elementos simbólicos se identificaran con más facilidad.

Quizás esta forma de "saber" es diferente a la que por lo
general usamos en la actualidad, pero es importante porque
señala las estructuras simbólicas que contienen estos relatos.
Por tanto, como ya hemos visto, el solo hecho de mencionar al
tercer hijo o al simplón habría establecido ciertas asociaciones
inmediatas en quienes escuchaban estos cuentos en la época en
que se dieron a conocer; asociaciones que se establecían gradualmente a través de muchos relatos. Son significados que tal
vez no se entiendan muy bien hoy en día. Lo que tenemos aquí
es un lenguaje simbólico que estaba al alcance de quienes leían
o escuchaban estos cuentos en la época en que se compilaron.

En términos generales, Hollywood ha seguido trabajando en la misma forma. Al ver casi cualquier película de Hollywood convencional hoy en día, podrías saber quién se va a enamorar de quién diez minutos después del inicio de la película. Al igual que en los cuentos de hadas, las razones por las cuales una película despierta nuestro interés llegan a nosotros telegráficamente en formas que no son "realistas" pero que pueden ser muy convincentes y lograr que la audiencia permanezca sentada durante noventa minutos en una sala de cine. En la actualidad no hay muchas princesas ni muchos reyes, pero con su atractivo físico las hermosas actrices y los apuestos actores transmiten el mismo mensaje, y eso los hace tan deseables como los reyes y las princesas de los cuentos de antaño. Mientras que los personajes menos atractivos del reparto probablemente resulten ser villanos, brujas o hechiceros.

Por lo general, los métodos para presentar la historia en las películas actuales son los mismos que se usaron en las fórmulas que vemos en los cuentos de hadas; sólo que los mensajes que transmiten las películas a menudo son muy endebles. Hollywood parece renuente a mostrar personajes que experimenten cambios reales y profundos; contamos con toda la maquinaria necesaria, pero en ocasiones las películas no comunican algo que valga la pena en relación con una comprensión de la psicología humana. Como en el caso de la historia de "Las tres hilanderas", las historias de Hollywood a menudo no son satisfactorias porque el conflicto que presenta la trama se resuelve sin que hayamos aprendido algo significativo a través de los protagonistas; la trama se reduce al nivel de un acertijo y la "forma" en que se resuelve el conflicto es más importante que la "razón" por la cual debe resolverse.

Los mejores relatos de la colección de los hermanos Grimm siempre nos llevan a preguntar "¿por qué?". ¿Por qué el héroe de "El pájaro de oro" sigue cometiendo esos errores? ¿Por qué el hábil cazador actúa como lo hace? ¿Por qué la madrastra de Blanca Nieves la odia tanto? Cuando preguntamos "por qué", entramos al ámbito de la psicología.

Las percepciones que ofrecen estos relatos pueden traer alivio a muchos momentos difíciles de la vida, si les prestamos atención. Por eso, los mejores de estos relatos son ante todo historias de sanación. Describen en detalle situaciones difíciles y dolorosas y luego usan nuestra comprensión de ellas para mostrarnos un camino para seguir adelante.

Si queremos, podemos clasificar los relatos que hemos analizado en cuatro grupos:

- **Relatos que se concentran en el tema universal de la maduración personal y sexual** ("El Rey Rana", "Cenicienta", "Rosita Silvestre" y "El fiel Juan"): En estos relatos, los personajes tienen que aprender algo sobre sí mismos para así poder desarrollar relaciones amorosas, una lección que tiene aplicaciones universales para todos nosotros.

- **Relatos que se concentran en sobrevivir a un ataque específico contra la persona** ("La pequeña Blanca Nieves", "Allerleirauh" y "Juan Erizo": Estos relatos se ocupan de divisiones familiares en las que los padres rechazan a sus hijos o los hijos rechazan a sus padres, una de las crisis más difíciles que alguien pudiera enfrentar. Tal vez esta situación sólo se refleja en unos cuantos lectores, pero todos estarían familiarizados con sus rasgos generales, pues llega el momento en que todos deben definir su posición en relación con sus padres.

- **Relatos que se centran en pasajes específicos de la vida** ("Hermano y hermana"): Esta historia se centra en la depresión posparto, donde la lucha es interna. El énfasis de esta historia está en el hecho de comprender una situación de modo que pueda resolverse y en respetar los procesos internos relacionados con ella.

- **Relatos que permiten que los personajes desciendan al ámbito del inconsciente, donde conocen a su ser "sombra" y aprenden a aceptar lo que este ser tiene que mostrarles** ("El ataúd de cristal", "Las tres plumas", "El hábil cazador", y "La novia del bandolero"): Este es un viaje que hará que el lector piense en su ser interno; por tanto, representa el material psíquico más exigente y que se expresa con mayor plenitud. Tal vez "El ataúd de cristal" y "El hábil cazador" son los relatos más interesantes de este grupo, pues tanto el héroe como la heroína descienden al inconsciente. El joven cazador viaja al centro de su ser. Cuando llega ahí, encuentra y observa a la princesa, que puede verse desde afuera y que está haciendo lo mismo. Nos revela que podemos llevar a cabo un viaje interior como parte de una peregrinación física, o en una forma más tranquila, más introvertida. Ambos métodos representan sucesos espirituales importantes que hacen que el alma del Peregrino llegue a su plenitud.

MÁS ALLÁ DE LA CATEGORIZACIÓN

El problema de dividir los relatos en las categorías que se presentaron antes, a pesar de lo útiles que estas categorías podrían ser, es que es una división simplista; un examen cuidadoso de los relatos nos mostrará que en cierta forma abarcan varias categorías. Es cierto que la historia de "Cenicienta" tiene que ver con la maduración, pero Cenicienta en sí, por el tiempo que pasa entre las cenizas, en cierta forma desciende hacia un conocimiento profundo de su identidad como ser. De modo que tal vez simplemente podríamos decir que en "Cenicienta" el énfasis está en la maduración más que en el descenso al interior de uno mismo.

Mi propósito no es meter estos relatos en cajas a mi conveniencia; eso de hecho no puede hacerse. Mi intención es en realidad mostrar que están en juego diversos énfasis. No es que una historia sea mejor que otra, sino que se mueven en direcciones ligeramente distintas, explorando la riqueza y la diversidad de la experiencia humana, e inevitablemente, algunas llegan a niveles más profundos que otras.

Joseph Campbell, el gran mitólogo, puede ser de ayuda aquí, pues resume lo que está implícito en estos relatos: que el descenso al interior del ser puede lograrse en diversas formas:

> Cuando hayas encontrado en tu interior el centro que es
> el contrapunto del espacio sagrado, no tienes que entrar
> en el bosque… Puedes vivir a partir de ese centro, aun-
> que permanezcas en relación con el mundo.[1]

En otras palabras, el trabajo profundo del alma que hemos visto que realizan los personajes masculinos cuando entran al bosque puede hacerse en una forma diferente, que es como normalmente lo hacen los personajes femeninos, sin salir de casa. Eso es lo que hace Cenicienta en las cenizas, y también lo hacen casi todos los personajes femeninos que encontramos. En "Allerleirauh", la princesa entra al bosque *y también* a las cenizas de la cocina, como si quisiera asegurarnos que se trata del mismo tipo de viaje.

En cada caso, los cuentos de los hermanos Grimm describen una situación, luego nos ofrecen una forma de seguir adelante para que podamos procesar estos sucesos en una forma que lleve al crecimiento y fortalecimiento personal: de hecho son historias que fomentan el regreso a la plenitud. Esto es importante porque la gente que vivía en el campo en los siglos XVIII y XIX, o en épocas anteriores, en realidad sólo contaba con los relatos populares y con la Biblia para orientarse en la vida.

Durante siglos, la Biblia fue la única fuerza literaria de importancia, pero desafortunadamente era la Sagrada Escritura, le indicaba a la gente cómo vivir pero no cómo se sentía el proceso de la vida. Era un guía espiritual, no una serie de percepciones sobre la forma de resolver conflictos personales. La vida de Jesús posiblemente era algo que alguien podría imitar, pero quienes la imitaban tendían a volverse sacerdotes o ermitaños. Leer sobre Jesús puede darnos muchas percepciones sobre muchas cosas, pero no nos ofrece una guía para elegir una pareja o sobre lo que uno siente en el proceso de la vida.

Los cuentos populares, sin embargo, circulaban ampliamente. Tal vez tuvieron una amplia difusión incluso antes de que la Biblia llegara a Europa, y muchos de ellos se valoraban como una guía práctica para los problemas de la vida cotidiana. Si la Biblia realmente hubiera respondido a todas las necesidades del pueblo, entonces estos relatos se habrían desvanecido antes del periodo medieval. Y sin embargo, perduraron. En la actualidad, son más los niños que saben algo sobre Blanca Nieves que los que saben algo sobre el Sermón de la Montaña, lo que nos guste o no, nos dice algo sobre la forma en que estos relatos captan nuestra imaginación. En estas páginas hemos analizado algunos (ciertamente no todos) de estos relatos de sanación, de crecimiento y de empoderamiento. Hay muchos más que están alcance de un lector atento.

Contexto histórico

SEXO, CUENTOS DE HADAS Y EL MOVIMIENTO ROMÁNTICO

En este libro hago ciertas afirmaciones sobre la forma en que el sexo y diferentes clases de impulsos inconscientes pueden verse en los cuentos de hadas. A primera vista, esto podría parecer poco probable porque tendemos a pensar que los narradores a quienes recurrieron los hermanos Grimm para conseguir sus relatos eran campesinos alemanes rústicos que limitaban el sexo a la recámara y no sabían nada sobre el inconsciente.

Nada podría estar más lejos de la verdad. El periodo en que los hermanos Grimm publicaron sus libros fue un periodo en el que se creía que las motivaciones primordiales de los seres humanos se expresaban y se sentían más plenamente en las narraciones populares y en los cuentos de hadas que prácticamente estaban por todas partes.

La colección de cuentos de hadas de los hermanos Grimm, que se publicó por primera vez en 1812, causó sensación virtualmente de la noche a la mañana. Su éxito se debió en parte a la influencia del movimiento romántico que comenzó casi al final del siglo XVIII y alcanzó su máxima fuerza a principios del siglo XIX. Los románticos veneraban la primacía de las experiencias emocionales de la persona. Eso a menudo significaba que consideraban que en cierta forma, las experiencias rústicas de los campesinos eran más "puras" que otras experiencias porque estaban más cerca de la naturaleza. Hay quienes podrían argumentar que Alemania fue en realidad el centro del movimiento romántico, con autores como Schiller, Goethe, Novalis y Kleist como su voz poética, aunque fue un fenómeno que se vivió en toda Europa. Por tanto, los hermanos Grimm estaban publicando un libro dirigido a una audiencia que estaba ansiosa por tener lo que ellos tenían que ofrecer.

Esta preferencia por los cantos y poemas relacionados con la vida rústica era más que un simple fenómeno local. En Gran Bretaña, por ejemplo, William Wordsworth, el poeta romántico más importante de ese país, veneraba los cantos de los campesinos y la vida de la gente ordinaria y de los muy pobres. *Baladas líricas* (1798), una colección de poemas que Wordsworth y otro colega poeta, Samuel Coleridge, compilaron específicamente para explorar la percepción profunda de la experiencia rústica, se escribió en "el lenguaje ordinario de los hombres", una decisión que se consideró revolucionaria en esa época. Además, Wordsworth basó toda su carrera poética en el Prefacio que escribió para *Baladas líricas*. Poco después escribió *The Ruined Cottage (La cabaña en ruinas)*. *The Prelude (El preludio)*, un poema que con el paso del tiempo se convirtió en trece libros, y en el que Wordsworth trabajó hasta su muerte; se publicó en diferentes versiones en 1799, 1805 y 1850. Mientras tanto, los experimentos de Coleridge con el opio y la creatividad lo llevaron al campo de quienes creían que era valioso permitir que el inconsciente se revelara en la expresión poética (el poema épico "Kubla Khan" es famoso pues llegó a considerarse como un sueño de opio).

Asimismo, es posible que el éxito extraordinario de Robert Burns (1759-1796), el "poeta labrador" escocés, no habría sido posible si hubiera vivido cien años antes, pues entonces no se habría apreciado su estilo de escribir usando el dialecto popular, que en su época se consideraba más cercano a la auténtica naturaleza humana que el estilo refinado de autores anteriores.

El efecto de este movimiento también se sintió en Estados Unidos, e incluso puede verse en la Declaración de Independencia, que es famosa por afirmar que "todos los hombres fueron creados como iguales"; una declaración que había sido despreciada cincuenta años antes. El sentido de que la experiencia individual es válida, permitió que Henry Wadsworth Longfellow recibiera la aclamación popular por su libro *Hiawatha* (1855), que relata las historias de los amerindios para un público ansioso de recibirlas. Todos estos escritores, y sus lectores, estaban fascinados con la perspicacia que ellos sentían que sólo estaba a su alcance en esta clase de obras auténticamente tradicionales.

Este es el trasfondo contra el que deben evaluarse los relatos de los hermanos Grimm. De hecho, los hermanos dudaron si deberían publicar algunos de los cuentos en los dialectos originales ya que, como ellos mismos señalaron, aunque el idioma alto alemán añadía claridad y comprensión, también "perdía en algo del sabor del relato, ya no transmitía una percepción tan firme del núcleo del significado de las cosas".[1]

Un contexto adicional para estos relatos se refleja en los comentarios del filósofo Arthur Schopenhauer quien en 1819 utilizó el concepto del inconsciente y reconoció la fuerza del impulso sexual que a menudo se expresó en esta forma: "El hombre es un instinto sexual encarnado, pues debe su origen a la cópula sexual, y el mayor de sus deseos es copular".[2] Esto fue casi ochenta años antes de que Sigmund Freud fuera reconocido como una figura notable por su valoración del contenido sexual de las obras literarias, de manera específica en sus obras sobre Edipo. Todo esto ayuda a mostrar que el mundo que leyó por primera vez los cuentos de los hermanos Grimm ya estaba en armonía con las corrientes profundas y poderosas que estaban a su alcance en la cultura popular y no desconocían los temas o las imágenes relacionados con el sexo.

Tal vez en tiempos más recientes los cuentos de hadas de los hermanos Grimm se han relegado a las guarderías infantiles, pero cuando se publicaron por primera vez no se consideraban cuentitos de poca importancia propios para niños. Se sentía que contenían percepciones importantes sobre la naturaleza humana, destellos de auténtica sabiduría que habría sido difícil expresar en otra forma. Esta sabiduría sigue siendo un conocimiento que puede ayudarnos a sanar.

Notas de pie

INTRODUCCIÓN

1. La historia sobre enseñanzas judías se tomó de la obra de Annette Simmons, *The Story Factor: Inspiration, Influence, and Persuation Through the Art of Storytelling* (Cambridge, MA: Perseus, 2002), p. 27. Este es un libro maravilloso sobre el poder de la narrativa.

2. Laura Warrell organizó las discusiones de "El panel de hombres" en Boston Massachusetts, en 2009. Siguen teniendo mucho éxito.

3. El hada madrina aparece en la versión de Charles Perrault, *Histoires ou Contes du Temps Passé,* (1697). En inglés se consigue con el título de *Mother Goose Tales* (Cuentos de mamá oca). Existen literalmente cientos de variaciones, algunas muy antiguas pero en su mayoría modernas, de la historia de Cenicienta.

4. *La princesa y la rana* (2009) de Walt Disney Pictures ocurre en Nueva Orleans, y la princesa del título no es una princesa. Disney ha producido una larga serie de cuentos de hadas alterados. En 1937, "La pequeña Blanca Nieves" se transformó en *Blanca Nieves y los siete enanos;* en 1950, apareció *Cenicienta* con el hada madrina e incluyendo a la calabaza; en 1959, "Rosita Silvestre" se convirtió en *La Bella Durmiente*; en 1989, apareció *La sirenita,* que se basa en la historia escrita por Hans Christian Andersen; en 1991 llegó *La Bella y la Bestia* (que no es un cuento de los hermanos Grimm); y en 1992 llegó *Ala-*

dino. Las versiones de relatos conocidos creadas por Disney son numerosas. El estudio ha llevado recientemente a la pantalla *Rapunzel,* la obra clásica animada número 48 de Disney. En estas circunstancias, no es una actitud quisquillosa desafiar la mercadotecnia con la que se manejan estos relatos que fueron diseñados para maximizar el "cross merchandising" de diversos tipos de muñecas de princesas.

5. Bruno Bettelheim, *The Uses of Enchantment* (New York Vintage, 1977).

6. Robert Bly, *Iron John* (Boston: Addison-Wesley, 1990).

7. La historia de Eco y Narciso se encuentra en el Libro III de la *Metamorfosis* de Ovidio.

8. Todas las citas de los cuentos de los hermanos Grimm son de *The Complete Grimm's Fairy Tales,* intro. Padraic Colum. (Nueva York: Pantheon, 1944). Texto Revisado y corregido por James Stern (Nueva York: Random House, 1972).

9. Frau Viehmann. Joseph Campbell hace una valoración histórica detallada de la forma en que los hermanos Grimm utilizaron la fuente de su material, en *Grimm's Fairy Tales (Cuentos de los Hermanos Grimm)* Op. Cit., págs. 833-856.

10. "La época de Lutero". El comentario se encuentra en Grimm, Op. Cit. págs.. 833-834.

11. Ruth Bottigheimer, *Fairy Tales: A New History* (New York: State University of New York Press, 2009).

12. Gregory of Tours se refiere a Hygelac como figura histórica dos siglos antes de que apareciera en *Beowulf. The Oxford Companion to English Literature,* 5th edition, (Oxford OUP, 985) pág. 90.

13. Helen Fielding, *Bridget Jones's Diary* (London and New York: Viking, 1996). Esta novela se basa directamente en *Orgullo y prejuicio* de Jane Austen (1810). Generó una película de éxito y una secuela. Más recientemente, Seth Grahame-Smith produjo *Pride and Prejudice and the Zombies*

(Philadelphia: Quirk, 2009), asegurando que usa aproximadamente un 80 por ciento del texto original, pero introduce a los zombies como un elemento de la trama. Se está vendiendo bien. Inspirado en esto, Ben H. Winters creó *Sense and Sensibility and Sea Monsters,* publicado también por Quick (2009). Para no quedarse atrás, Vera Nazarian produjo *Mansfield Park and Mummies: Monster Mayhem, Matrimony, Ancient Curses, True Love and other Dire Delights* (Winnetka: Curiosities Press, 2009). También tuvo una respuesta entusiasta. Estas tres obras son ejemplos de la forma en que una historia nueva puede beneficiarse de la reputación de una historia existente, y de la forma en que los autores pueden incorporar elementos que están de moda para asegurar el éxito. Tal vez estos son ejemplos extremos, y son más interesantes por aspecto sociológico que como observaciones sobre el comportamiento humano.

14. Allan Hunter, *Stories We Need to Know* (Scotland: Findhorn, 2008) y *The Six Archetypes of Love* (Scotland: Findhorn, 2008). Ambos libros tratan sobre la omnipresencia de los seis arquetipos a los que nos referimos aquí.

15. Carl G. Jung, *Man and His Symbols* (London: Pan, rpt. 1978). Otros autores han expandido el concepto de Jung sobre los arquetipos, por ejemplo, Carl Pearson y Sharon Seivert. Mis propios libros, *Stories We Need to Know* y *The Six Archetypes of Love,* que se citaron antes, producen un equilibrio.

16. Nicky Leach proporcionó la información sobre los peregrinos de Nuevo México.

17. Joseph Campbell con frecuencia hizo referencia a la obra de Adolf Bastian (1826-1905), de manera específica el concepto de *Elementargedanke,* es decir, ideas elementales, que fue la base de donde brotarían las variaciones locales de los arquetipos.

18. Las fuentes que usó Shakespeare para *Romeo y Julieta* incluyen también la historia de Luigi Da Porto sobre Romeo y

Julieta cuyo título completo es *Historia novellamente ritro-vata di due nobili amanti.* (Venecia, 1530). Arthur Brooke tradujo esta versión al inglés en 1562, y Gibbon considera que "se originó a partir de las tradiciones populares". The Arden Shakespeare: *Romeo and Juliet,* ed. Brian Gibbon (Methuen, 1980), págs. 32-33.

19. Joseph Campbell, "the picture language of the soul" [el lenguaje del alma que es un lenguaje de imágenes]; aparece en *Grimm's Fairy Tales,* Op. Cit., pág 869.

20. W. H. Auden, se cita en la portada de *Grimm's Fairy Tales,* Op. Cit.

21. Richard Adams, *ibid.*

CAPÍTULO 1

1. El sitio que la arqueóloga, Marija Gimbutas, excavó y describió en sus libros se llama Çatal Hüyük. Su libro más extenso sobre el tema es *The Civilization of the Goddess [La civilización de la diosa]* (Harper San Francisco, 1991). Gimbotas se refiere a la rana como un símbolo de regeneración (pág. 255) y añade: "Como una rana, ella es Holla, la que trajo la manzana roja, el símbolo de la vida, que ha vuelto a la tierra desde el pozo en el que cayó en el tiempo de la cosecha. Su reino son las profundidades de los montículos y las cuevas. Esta poderosa diosa no se borró del mundo mítico sino que vive en toda Europa como Ragana en el Báltico, como Jedza en Polonia, como Mora y Morava en Serbia, como Mari entre los Vascos, como Morrigan en Irlanda y como Baba Yaga en Rusia" (pág. 243). Esta tentadora visión fugaz de una diosa que saca objetos de los pozos para garantizar la fertilidad y que se sigue venerando como la "Madre de los muertos" hasta nuestros días, está presente en los temas de "El Rey Rana", como ya hemos visto. "La diosa con forma de rana o de sapo predomina en los templos, y sus íconos o amuletos

de mármol, alabastro, piedra verde, marfil o arcilla se encuentran a lo largo de la era neolítica, de la era de bronce, e incluso en épocas históricas" (pág. 244). Es significativo que el cuento número 24 de los hermanos Grimm se llame Frau Holle (Madre nieve) y se trate de una joven que deja caer su lanzadera para hilar en un pozo, se ve obligada a recuperarla de las profundidades y se transforma cuando llueve oro sobre ella a su regreso. Los ecos son tan potentes que no es posible ignorarlos.

Capítulo 2

1. La túnica de Neso. Deyanira le da la túnica de Neso a Hércules, su esposo, sin tener malas intenciones; la túnica está manchada con la sangre de Neso. Hércules se la pone y la túnica lo quema, pero no se la puede quitar. Desesperado, se lanza a la pira funeraria y muere.
2. Abraham e Isaac. La historia está en la Biblia, Génesis 22: 1-4.
3. Mark Twain, una cita muy conocida. Tomada de www. quotedb.com/quotes/1343.

Capítulo 4

1. Sting, "Rock Steady" sobre *The Dream of the Blue Turtles (El sueño de las tortugas azules),* A&M recordings, 1985.
2. Las fascinantes teorías de Elisabeth Young-Bruehl se tratan en forma muy persuasiva en su colección de ensayos, *Where Do We Fall When We Fall in Love (Dónde caemos cuando nos enamoramos,* New York: Other Press, 2003). La distinguida categoría de Young-Bruehl como investigadora y como biógrafa hace que sus descubrimientos sean persuasivos. Una información incidental interesante sobre este tema brota de una investigación sociológica del Dr. Malcolm Brynin de la Universidad de Essex (Reino Uni-

do), que declara que la experiencia de un primer romance apasionado puede de hecho dañar tanto a las personas, que creen que nunca volverán a sentir el mismo grado de apego y emoción. Esta información se presentó el 19 de enero de 2009. Ver: www.redorbit.com/news/oddities/1625350/study_first_love_can_hurt_future_romance/

3. Max Luthi, *Once Upon a Time* (Bloomington: Indiana University Press, Midland edition, 1976), pp. 118-119.

CAPÍTULO 5

1. El "Síndrome de Cenicienta" fue el nombre que se dio al fenómeno de los hijos adoptados que hacen acusaciones falsas diciendo que reciben malos tratos. El primero que lo identificó fue el Dr. Peter K. Lewin en 1976. Posteriormente, Colette Dowling describió el "Complejo de Cenicienta" para identificar la tendencia de las jovencitas a querer que otros cuiden de ellas y a renunciar a su independencia. Su libro, *The Cinderella Complex: Women's Hidden Fear of Independence (El complejo de Cenicienta: El miedo oculto a la independencia que sienten las mujeres.* New York: Summit Books, 1981 1990), ha popularizado el término. Como veremos, ninguno de estos dos investigadores tiene un firme control sobre la historia real.

2. Actualmente, el culto Emo es más grande que nunca. En la Ciudad de México surgieron escenas violentas en varias reuniones de grupos Emo que pedían que se les aceptara y ya no se les persiguiera. Información de BBC América, News, Nov. 3, 2009.

CAPÍTULO 7

1. Un artículo noticioso británico escrito por Ed Pilkington el 28 de noviembre de 2009, describe lo que él llama "Young Guns" [Jóvenes con armas], niños muy pequeños,

incluso de 5 años de edad que se inscriben en las competencias de tiro en Texas. Menciona a Sebastian Mann, un niño de ocho años de edad que recientemente mató su primer venado. www.guardian.co.uk/society/2009/nov/28/gunlobby-children-us. Pilkington menciona la revista *InSights* como fuente de parte de esta información.

2. El tema se trata al menos en dos artículos. Esto se refiere a: "Chastity Bono Undergoing Sex Change," *People Magazine,* Julio 21, 2009, escrito por Stephen M. Silverman. Este informe noticioso fue confirmado por informes más recientes.

Capítulo 8

1. *Extreme Makeover (Reconstrucción total)* se transmitió por primera vez en 2002. La *Home Edition (Edición del hogar)* empezó en 2003 y se siguió transmitiendo hasta 2007. En 2009, *What not to Wear (No te lo pongas),* tenía una versión en el Reino Unido y otra en Estados Unidos (transmitida por TLC), también se transmite en Colombia, Argentina y Canadá. *The Biggest Loser (Quién pierde más)* (NBC) se transmitió por primera vez en 2004. En 2009 se transmitió la octava temporada. Tiene versiones en Estados Unidos, en el Reino Unido y en Australia. También podríamos considerar programas como *How to Look Good Naked (Cómo verse bien sin ropa),* que se transmitió por primera vez en 2006 en el Canal 4 del Reino Unido. Ahora tiene ediciones en el Reino Unido y en Estados Unidos, y tiene otras variantes en otras partes del mundo. Hasta 2008, aparecieron cuatro series en el Reino Unido y dos en Estados Unidos (Lifetime TV).

2. *How Clean is Your House? (Hogar sucio hogar)* BBC America, 2009.

3. *The Elegance of the Hedgehog (La elegancia del erizo)*, Muriel Barbery, traducida por Alison Anderson (New York: Europa Editions, 2008).

4. Marija Gimbutas señala que el erizo es un símbolo religioso muy antiguo. "También se encontraron ánforas grandes, en forma de erizos, que contenían esqueletos de niños pequeños. Aquí tenemos una síntesis de tres símbolos relacionados: la tumba, el útero y el erizo" (Op. Cit. P. 244). Esto corresponde muy de cerca a la idea de que un aspecto de Juan debe "morir", para poder llegar a ser un esposo pleno para la princesa y que en el interior de la impresionante cubierta exterior hay un individuo tierno e inocente.

Capítulo 12

1. *Beowulf:* la mejor traducción moderna es la de Seamus Heaney, publicada en *The Norton Anthology of English Literature (Antología Norton de literatura inglesa),* ed. Greenblatt et al., (New York: Norton, 2006), Octava edición, vol. 1.

Capítulo 13

1. La leyenda de Orfeo y Eurídice existe en muchas formas. La versión a la que me refiero aquí data de la época de Virgilio (70 a. C. – 19 a. C.).

2. Probablemente, la leyenda más conocida sobre el venado es la de San Huberto que salió de cacería el Viernes Santo y encontró un venado con un crucifijo en la cornamenta. Al verlo, se convirtió al cristianismo (*Bibliotheca Hagiographica Latina* números 3994-4002). La idea de que el venado lleva consigo un valor sagrado también aparece en la leyenda de San Eustaquio. Tal vez sea un símbolo muy antiguo, pues el cetro que se encontró en el tesoro vikingo/anglosajón, Sutton Hoo, en Inglaterra tenía la figura de un venado en la parte superior (625 d. C.), y en los entierros de Pazyryk, del siglo V a. C., también había huesos de

venado, mientras que la sala que Beowulf protege se llama Heorot, la "sala del ciervo".

3. El artículo de Lynn Barber apareció en el periódico dominical británico *The Observer*, del 7 de junio de 2009. Se volvió a imprimir en The Guardian.co.uk. como "My Harsh Lesson in Love and Life" (Mi dura lección en el amor y en la vida) www.guardian.co.uk/culture/2009/ jun/07/lynn-barber-virginity-relationships. Las memorias de donde se tomó el artículo, *An Education (Una Educación.* London: Penguin, 2009) ha sido popular. Esto nos hace pensar que la situación coercitiva que Barber describe, se refleja en muchas mujeres. Las memorias de Barber se llevaron a la pantalla, y la película, cuyo guion fue escrito por Nick Hornby, fue merecedora de reconocimientos.

Capítulo 14

1. Frank J. Sulloway, *Born to Rebel: Birth Order, Family Dynamics and Creative Lives* (New York: Vintage, 1997).

Epílogo

1. Se cita a Joseph Campbell en Sharon Seivert, *The Balancing Act* (Rochester Vt.: Park Street Press, 2001), p. 40.

Apéndice

1. Padraic Colum cita la forma en que los hermanos Grimm usan dialectos, en *Grimm,* Op. Cit. p. viii.

2. Cita de Schopenhauer, en Robert Van De Castle, *Our Dreaming Mind* (New York: Ballantine, 1994) pp. 91-92. Van De Castle cita su fuente como H. Ellenberger, *The Discovery of the Unconscious* (Basic Books, 1970), p. 209.

Impreso en los talleres de
MUJICA IMPRESOR, S.A. DE C.V.
Calle Camelia No. 4, Col. El Manto,
Deleg. Iztapalapa, México, D.F.
Tel: 5686-3101.